Christabel Bielenberg

Es war ein weiter Weg nach Munny House

Christabel Bielenberg

Es war ein weiter Weg nach Munny House

Aus dem zerstörten Nachkriegsdeutschland nach Irland

Übertragen aus dem Englischen von Elke Langbehn

Piper
München Zürich

Die englische Ausgabe dieses Buches erschien
unter dem Titel »The road ahead« bei
Bantam Press in London.

ISBN 3-492-03489-6

Gesetzt aus der Baskerville-Antiqua
Gesamtherstellung: Clausen & Bosse, Leck
Printed in Germany

EINFÜHRUNG

Der Entschluß, eine Fortsetzung meines früheren Berichts über mein Leben im Hitler-Deutschland in den dreißiger Jahren und während des Krieges zu schreiben, nahm Gestalt an, als ich nach der Veröffentlichung meines ersten Buches, *Als ich Deutsche war*, zahlreiche Briefe bekam – im ganzen waren es über viertausend – in denen viele Leser ihrer Enttäuschung Ausdruck gaben, nun, nachdem sie sich so eng mit meiner Familie und ihrem Geschick verbunden fühlten, plötzlich in der Luft zu hängen, nicht zu erfahren, wie es uns später ergangen sei.

Alle, die erst jetzt mit meiner Geschichte bekannt werden, werden sich fragen, wieso die Bielenbergs, der deutsche Mann, seine englische Frau und ihre drei kleinen Söhne, damals zehn, neun und drei Jahre alt, das Kriegsende in Rohrbach, einem abgeschiedenen kleinen Dorf im Schwarzwald, erlebten. Ihnen diene als Erklärung, daß nach dem Fehlschlag des Attentats vom 20. Juli 1944, das Deutschland von Hitler befreien sollte, mein Mann Peter verhaftet wurde und fast sieben Monate im Konzentrationslager Ravensbrück gefangen war. Er wurde im Februar 1945 entlassen und einer Strafkompanie der Wehrmacht überstellt. Er entkam nach Rohrbach, wohin unsere Söhne und ich wegen der Luftangriffe auf Berlin evakuiert worden waren, und hielt sich dort bis zum Kriegsende versteckt.

Wenn ich mir diese Zeit vergegenwärtige, erkenne ich, daß weder er noch vermutlich wir anderen mit dem Leben davongekommen wären ohne die Integrität der Menschen von Rohrbach, denen das vorliegende Buch gewidmet ist.

Erster Teil

In der Heimat, in der Heimat
da gibt's ein Wiedersehn.

ERSTES KAPITEL

Am 20. April 1945 feierte Hitler seinen 56. Geburtstag, zehn Tage später war er tot.

Die Nachricht erreichte uns, als wir in der Stube des Gasthauses *Zum Adler* um den Ofen saßen und die Rundfunknachrichten hörten, unsere einzige noch verbliebene Verbindung zur Außenwelt.

Seit die Franzosen unsere kleine Nachbarstadt Furtwangen erreicht hatten, hatte der *Adler* ein wenig von seinem Vorkriegsruf wiedergewonnen und war abends der Treffpunkt für viele Rohrbacher geworden, die begierig waren, die allerneuesten Nachrichten zu hören, auch wenn Frau Muckles altes Gerät, das in der Ecke leise vor sich hin krächzte, oft ebenso konfus in der Programmwiedergabe schien wie wir verwirrten Zuhörer. Kamen diese Nachrichten von den Alliierten? Von den Deutschen? Welcher Seite gehörten diese Stimmen inzwischen an? Welcher Version sollten wir glauben, während Tag für Tag weitere Städte und Landstriche Deutschlands überrollt wurden und unter die Kontrolle der amerikanischen, britischen, russischen und französischen Streitkräfte gerieten?

Diesmal schien jedoch der Rundfunk seiner Botschaft sicher. Gerüchte hatte es viele gegeben, aber dies war ein Faktum. Einzelheiten über das Wo, Wie und Wann wurden nicht mitgeteilt, sondern lediglich etwas über den »Führer« gekrächzt, der noch Admiral Dönitz als Nachfolger eingesetzt hatte, ehe er sich entschloß, den Heldentod zu sterben, und diesen Entschluß auch in die Tat umsetzte.

Es senkte sich absolute Stille herab, während die Nachrichten in den üblichen technischen Geräuschen verebbten. Vielleicht haftet sogar noch dem Tod eines Teufels ein Fluch an; manche bekreuzigten sich aus Gewohnheit, andere blickten starr auf den Ofen oder nahmen kleine Schlucke aus den Limonadenflaschen, die Frau Muckle zu unserer Bewirtung hervorgezaubert hatte; wieder andere saugten an ihren Pfeifen – der Tabak war von der abrückenden Wehrmacht zurückgelassen worden. Nur das gleichmäßige Ticken der Kuckucksuhr hinter uns an der Wand unterbrach die Stille.

Na, ja – das war es also, er war tot. Obgleich die alliierten Bomber noch gelegentlich über uns hinwegdröhnten und daran gemahnten, daß gewissen Teilen Deutschlands die letzte Prüfung noch bevorstand, gab es ihn, Hitler, jedenfalls nicht mehr. Es konnte nicht mehr lange dauern, bis der *coup de grace*, der letzte tödliche Schlag fiel, der seinem irrwitzigen Traum ein Ende machte, ein tausendjähriges Reich zu schaffen, gereinigt von allem, was nicht deutsch war, nur noch lange, blonde Schädel, blaue Augen und reinrassige Arier – mein Gott, ja.

Wir hingegen, Peter und ich, unsere drei Söhne und die guten Freunde um uns herum waren noch am Leben, hatten ihn überlebt. Es war ihm nicht gelungen, uns mit sich zu zerren in ein groteskes, gespenstisches Walhalla. Dies war vielleicht unser aller Gedanke, als wir die Stille plötzlich brachen, einander ansahen, die Stühle zurückrückten, aufstanden, uns die Hände reichten, umarmten und unser Überleben feierten.

Der Tag, an dem schließlich der Waffenstillstand ausgerufen wurde und die Feindseligkeiten ein Ende fanden, war der erste einer ganzen Reihe herrlicher, klarer, warmer

Frühlingstage. Die Sonne schien auf den Schwarzwald herab, der Himmel blieb blau und wolkenlos. Als der letzte Schnee schmolz, nahmen die dunklen Fichten, die oben auf den Hügeln Wache standen, sanftere, verschwommenere Umrisse an, und über Nacht breiteten sich die Himmelsschlüsselchen wie ein goldener Teppich auf den Wiesen aus.

Bislang hatte man solche wolkenlosen Tage gefürchtet, jetzt hingegen barg der blaue Himmel keine Drohung. Es schien, als sage die ganze Schöpfung Dank, daß das Töten ein Ende gefunden hatte, und als riefe sie uns nun tröstlich in Erinnerung, daß das Leben weitergehen konnte. Wir alle bedurften einer solchen Tröstung dringend, und so hielt Pfarrer Kunz, der Dorfpriester eine Dankesmesse in unserer Kirche. Es kamen einige alte Männer, die ihre Jugendblüte lang hinter sich hatten, stille Frauen mit traurigen Augen und Kinder: alles, was von seinen Schäfchen übrig geblieben war. Er meinte es ohne Zweifel gut, aber waren sie denn schon fähig, Dankbarkeit zu empfinden?

Monate waren vergangen, seit die letzten Nachrichten von den Schlachtfeldern durchgesickert waren. Hatte es zuvor noch hastig gekritzelte, kurze Briefchen gegeben, oder auch einen hochtrabenden, offiziellen Bericht über den Heldentod eines tapferen Soldaten bei der Verteidigung seines Vaterlandes, so hatte die Post schließlich nur noch die lapidare Mitteilung gebracht, daß ein Ehemann oder ein Sohn vermißt war, irgendwo in den tobenden Infernos der Ost- oder Westfront. An Pfarrer Kurz' Dankesmesse konnten die Vermißten nur an den Seitenaltären als verblichene, abgegriffene, von Kerzen beleuchtete Photographien teilhaben, mit dem stummen Gebet, der barmherzige Gott möge Mitleid haben und sie nach Hause zurückkehren lassen.

Wir mußten erst noch lernen, daß der Krieg seine Umklammerung nur widerwillig lockert. Die Wehrmacht war gerade drei Tage abgezogen, als ein kleiner Junge, im Sonntagsanzug auf dem Heimweg aus der Messe, eine Handgranate entdeckte, die von den zurückweichenden Soldaten achtlos beiseite geworfen worden und am Ufer eines Bächleins steckengeblieben war.

Der Kleine kannte sich aus mit dem Kriegsgeschäft, sein Bruder lag irgendwo in Frankreich.

»Man muß nur den Stift ziehen, dann fliegt sie wie ein Schmetterling und knattert wie eine Vogelscheuche!« Er hieß Hans und war ein Schulfreund unserer beiden älteren Söhne, Nicky und John, die nun, zusammen mit anderen Schulkameraden, gebeten wurden, die Totenwache am Sarg zu halten.

Seit jenem Tag hatten wir kaum noch Zeit, uns um die Militärbesatzung zu scheren, da wir zu beschäftigt waren, die Berghänge zu durchkämmen und Wälder, Bäche und Heuschober nach ähnlichen tödlichen Kriegsspielzeugen abzusuchen und sie an den Wegrainen zu stapeln. Aber weder Peters finstere Drohungen noch des Schusters Sepp eiserne Hand, die jedem Kind, das es wagen sollte, diese Stapel anzutasten, umgehende Strafe versprach, vermochten es, vier weitere Unfälle dieser Art zu verhindern.

Das erste Kontingent unserer Befreier bestand aus einem Regiment französischer Pioniere. Sie waren bis an die Zähne bewaffnet, begnügten sich aber damit, in ihren Jeeps und Lastwagen in halsbrecherischem Tempo durch das Dorf zu rattern und allen, die sich nicht schnell genug in Straßengräben oder Türeingängen in Sicherheit brachten, *»sâle boche«* nachzuschreien.

Wenn sie schließlich einmal anhielten, dann nur, um Bekanntmachungen an die Bäume zu nageln, in denen wir über die Heldentaten der *Grande Armée du Rhin et de la Danube* unter der brillianten Führung des Generals de Lattre de Tassigny unterrichtet wurden. Außerdem wurde allen, die es sich einfallen lassen sollten, einen Befehl zu ignorieren, gar zu plündern oder sich mehr als einen Kilometer weit von ihren Häusern zu entfernen, die schlimmsten Strafen angedroht. Es wurde uns überdies befohlen, weiße Armbänder zu tragen – falls wir vergessen sollten, daß wir kapituliert hatten.

Zum Zeitvertreib fischten die »Ingénieurs« mit Handgranaten in den Bächen oder übten sich im Scharfschießen an den Porzellanisolierungen der Telegraphenstangen; letzteres sorgte dafür, daß die Überreste unseres Verbindungsnetzes auch noch zerstört wurden.

Den Pionieren folgten die Spahis, und denen die Ghoumiers. Die Spahis entpuppten sich als bärtige Marokkaner mit weißen Turbanen und wehenden Burnussen, die am eindrucksvollsten aussahen, wenn sie auf ihren Araberpferden saßen. Wenn es Nacht wurde, durchstreiften sie jedoch die Gegend zu Fuß, auf der Suche nach Nahrung und – vor allem – nach Frauen. Ihr Hauptinteresse galt eindeutig Frauen, aber danach kamen gleich Schweine und auch Hühner.

Die Ghoumiers wiederum waren kleine, krummbeinige Gesellen mit Bärten und Schlitzaugen. Sie trugen Gewänder aus Kord, die wie Morgenröcke aussahen, und hatten lebensgefährlich aussehende Messer im Gürtel stecken. Sie bewegten sich mit unheimlicher Lautlosigkeit auf ihren mit Sandalen bekleideten Füßen und gingen stets gruppenweise auf Jagd. Was ihre Ziele und Prioritäten anlangte, so waren sie mit denen der Spahis identisch.

Das stämmige junge Bauernmädchen, das unsere Briefträgerin war und es noch immer für ihre Pflicht hielt, sich jeden Morgen mit ihrer leeren Posttasche bei Sepp, unserm Postmeister und Schuster, zum Dienst zu melden, wurde das erste Opfer in unserm Tal. Man fand sie am Wegrand. Sie war so viele Male vergewaltigt worden, daß die Dorfbewohner es für ratsam hielten, sie nach Furtwangen ins Krankenhaus zu schaffen. Ihr Abtransport unter der Anteilnahme des ganzen Dorfes war das Vorspiel zu einer Unzahl von Vorfällen, die ihren Höhepunkt erreichten, als man den Fuchsfallewirt, einen alten Mann, der im oberen Tal auf einem abgelegenen Hof wohnte, erschoß, weil er seine sechsundsiebzigjährige Frau vor einem ähnlichen Schicksal schützen wollte.

Ich weiß nicht, ob die vergleichsweise Immunität des Gasthofs *Adler* auf die recht laienhaft hergestellte britische Flagge zurückzuführen war, die ich auf Pappe gemalt und in einem der Fenster befestigt hatte. Eine andere Form der Mitteilung konnte es nicht gewesen sein, denn diese Marodeure sprachen so gut wie gar kein Französisch. Als mich eines Tages ein Entsetzensschrei von Frau Muckle in die Küche eilen ließ, war daher das darauffolgende Gespräch in seinen Möglichkeiten begrenzt.

»Du – Mann?«

»Ah *oui*, ich sehr großen Mann.«

»Wo Mann?«

»Mann bei *Commandant. Comprenez-vous,* Sie Scheusal! *Commandant.*« Eine ausholende Geste in Richtung Furtwangen. Es sah so aus, als hätte ich die Zauberformel gefunden, denn danach konnte ich immer damit rechnen, daß sie niedergeschlagen abzogen, auch wenn ein oder zwei Hühner daran glauben mußten.

Die Nachricht von meinem Erfolg verbreitete sich bald im ganzen Tal, so daß sich in Frau Muckles Gaststube, obwohl sie weder Speise noch Trank zu bieten hatte, dennoch fast immer ein paar alte und junge Frauen einfanden, die den Schutz der britischen Fahne suchten. Manche brachten ihr Strickzeug mit, andere ihre Flickarbeiten. Wären nicht die

Hühner gewesen, die auf Schritt und Tritt in Körben mitgeführt wurden und gelegentlich ihre Eier auf dem Fußboden legten, und hätten sich die Gespräche nicht hauptsächlich darum gedreht, wie man Schlafzimmer am sichersten verbarrikadiert, dann hätte man uns ebensogut für Teilnehmerinnen an einem nicht enden wollenden Damenkränzchen halten können.

Nur die offiziellen Nachrichten, die uns Frau Muckles uraltes Rundfunkgerät übermittelte, ließen uns in tiefes Schweigen verfallen, denn sie berichteten von alliierten Truppen, die ein Konzentrationslager nach dem andern befreiten und dort nur halb wirre, gespenstische Zerrbilder menschlicher Wesen vorfanden, daneben säuberlich gestapelte Berge ausgemergelter Leichen. Weiter hieß es, daß möglicherweise nicht nur tausende, sondern hunderttausende von Juden, Zigeunern und Dissidenten systematisch in Gaskammern umgebracht worden seien.

Wir waren nicht daran gewöhnt, Rundfunknachrichten auch nur ein einziges Wort zu glauben, aber hier handelte es sich nicht mehr um Nazi-Geschichten, dies waren die offiziellen Mitteilungen der Alliierten. War es möglich? War es weniger glaubhaft als die inoffiziellen Berichte, die uns von durchziehenden Flüchtlingen gebracht wurden, daß die Russen Rache übten und plündernd, vergewaltigend, brandschatzend die flüchtende Bevölkerung wie Vieh vor sich hertrieben?

Dann wendeten sich die Blicke mir zu, der Frau Doktor, der einzigen Angehörigen einer der alliierten Mächte, die sie kannten und der sie vertrauten. Ich konnte ihnen auch nicht weiterhelfen, denn auch ich war verwirrt und spürte, daß ich in meiner Arglosigkeit viel zu viel erwartet hatte, viel zu zuversichtlich davon geredet hatte, was danach kommen würde – eine Art Supermillennium, das alle lang verlorenen

Tugenden der Freiheit und Gerechtigkeit mit sich brächte. Nun, da ich der Wirklichkeit gegenüberstand, wich die schiere Erleichterung darüber, daß ich mitsamt meiner ganzen Familie noch am Leben war, leider nur zu rasch der Desillusionierung und dem wachsenden Zorn.

Ja, ich glaubte schon, daß diese Nachrichten, die nicht mehr von Dr. Goebbels und seinem Propagandaministerium fabriziert, sondern von den Alliierten authorisiert worden waren, stimmten, daß sie zuverlässig waren. Als aber eine Entsetzlichkeit der andern folgte, wie die, daß eine Lageraufseherin sich die Zeit damit vertrieb, Lampenschirme aus Menschenhaut anzufertigen, vorzugsweise aus tätowierter Haut, stiegen Zweifel in mir auf.

Es war der Mord am Fuchsfallewirt, dem freundlichen alten Mann, der versucht hatte, sich mit seinen schwachen Kräften der Schändlichkeit der Macht entgegenzustellen, der mich aus einer Stimmung rüttelte, die fast an Verzweiflung grenzte. Aus irgend einem Grunde rief er auch ein Gefühl in mir hervor, das ich rückblickend nur als akuten Anfall von galloppierendem Chauvinismus diagnostizieren kann. Ich merkte, daß ich jeden Tag britischer wurde, auf wilde, kompromißlose, altmodische Weise britisch. Was hatten wir schon von der Befreiung und all dem Unsinn, wir hatten lediglich die Nationalsozialistische Deutsche Arbeiterpartei mit der *Grande Armée du Rhin et de la Danube* vertauscht; neurotische Deutsche gegen neurotische Franzosen. Und was die Franzosen betraf, so waren sie für mich, was sie schon immer gewesen: eine Horde egozentrischer Froschschenkelesser; das finstere Ausland hatte von jeher in Calais begonnen; zum Teufel mit diesen verflixten Kontinentalen. Solche Sachen gehörten sich doch einfach nicht.

Da ich ausreichend Französisch sprach, beschloß ich, mich nach einer hohen Amtsperson mit Befehlsgewalt umzusehen und, falls möglich, Verbindung mit ihr aufzunehmen. Zum Kuckuck mit General de Lattre de Sowieso. Befehl hin, Befehl her, die Zeit war gekommen, mich in Bewegung zu setzen, mich auf den Weg zu machen, mich auf ein Fahrrad – irgend ein altes Fahrrad – zu schwingen, selbst wenn es Sepps Rad war. Es war das einzige, das uns noch geblieben war, nachdem mein eigenes sowie die aller andern Dorfbewohner mit der zurückweichenden Wehrmacht verschwunden waren.

Meine Abfahrt nach Furtwangen verlief nicht sonderlich würdevoll, da Sepps Rad seine eigenen Vorstellungen über Fortbewegung hatte. Es war mir gelungen, ein weiteres, etwas akkurateres Faksimile der britischen Fahne herzustellen, das ich an meiner Lenkstange befestigt hatte. Ich war überdies ermutigt durch Peters Zusicherung – dem die ganze Expedition nicht recht gefiel – daß er, falls ich bis zum späten Nachmittag nicht zurück sei, den Abstecher durch den Wald nehmen und mich so nahe wie möglich an der Stadt auf der Straße treffen würde, um mich und meine Tugend sicher nach Hause zu geleiten.

Ich hätte weder Sorge zu haben brauchen, irgendwelchen streunenden Spahis auf der Straße von Schönenbach nach Furtwangen zu begegnen, noch hatte ich viel Zeit, mich um meine Würde oder die meiner Pappflagge zu bekümmern. Auf der schmalen, gewundenen Landstraße herrschte reger Verkehr. Riesige Militärlastwagen und klobige, holprige Jeeps, sämtlich in Amerika hergestellt, fuhren mit gallischem Elan in halsbrecherischem Tempo vorbei. Auch einige Privatautos gab es, die von den Franzosen beschlagnahmt, oder auch von befreiten russischen und polnischen Zwangsarbeitern gestohlen worden waren, die nun ihr Bestes taten mitzuhalten, selbst wenn viele von ihnen nur im ersten Gang fahren konnten und keineswegs alle Reifen hatten. Es gab auch viele Fahrräder, die vermutlich befreiten russischen Landarbeitern übergeben worden waren, von denen die meisten offensichtlich noch nie auf einem solchen Gefährt gesessen hatten. Das Resultat war, daß sich aus allen Richtungen Gruppen vergnügter Frauen, in einem bunten Sammelsurium von Kleidungsstücken, schlingernd auf mich zu bewegten, bis sie in lachenden Haufen in der Mitte der Straße umfielen. Ich mußte oft selbst lachen, wenn ich mich schon wieder aus einem Knäuel von Armen, Beinen und Speichen lösen mußte. Sie hatten offenbar keine Ahnung, in welcher Gefahr sie sich befanden und amüsierten sich mit dem ansteckenden Überschwang von Kindern.

Furtwangen selbst glich einem Jahrmarkt. Auf den Bürgersteigen drängten sich die verdutzt blickenden Einwohner, die alle brav weiße Armbinden trugen. Die Häuser an der Hauptstraße waren offensichtlich von Russen beschlagnahmt worden, denn jedes Fenster rahmte eine Gruppe strahlender Mondgesichter ein. Die Lautsprecher waren ebenfalls auf die Straße hinaus gerichtet und sorgten dafür, daß ihre volle Lautstärke die Passanten mit ohrenbetäubendem Getöse unterhielt. Die Hotels, deren bemalte Fassaden und blumengeschmückte Balkons viele Reisebroschüren der Vorkriegszeit geziert hatten, waren nun für marokkanische »Marketenderinnen« reserviert. Sehr zur Erleichterung der örtlichen Bevölkerung hatten am Tage zuvor Lastwagenkolonnen diese farbenprächtige, in Seide gehüllte, verschleierte Ladung abgeliefert. Hastig hatte man Holzjalousien improvisiert und dann sofort mit der Arbeit begonnen. Inzwischen ging hinter den Fassaden so unwahrscheinlicher Etablissements wie den Gasthäusern *Zum Bären*, *Zum Hirschen* und *Zum Stern* ein flottes Geschäft.

Mein Ziel war das *Gasthaus zum Löwen*, das größte und prominenteste der Hotels am Hauptplatz. Es war vom First bis zum Boden mit der französischen Trikolore, den amerikanischen *Stars and Stripes* und dem britischen *Union Jack* drapiert, wobei letzterer meinem eigenen Fabrikat an bizarrem Aussehen nicht nachstand. Ein paar bewaffnete, rauchende französische Soldaten standen in der Sonne auf den Stufen des Hoteleingangs herum.

Ich wedelte mit meiner selbst gebastelten Flagge, schulterte Sepps Fahrrad und drängte mich an ihnen vorbei die Treppe hinauf. Ich mußte daran denken, mit welch besorgten Blicken Sepp meine Abfahrt aus Rohrbach verfolgt hatte und beschloß daher, sein Rad unter der Treppe zu verstauen. Dann wandte ich mich der Gaststube zu, deren Tür mit einem Bildnis des Generals de Lattre de Tassigny und weiteren Trikoloren geschmückt war, sowie der Bekanntmachung, daß dies nun das Büro des Militärbefehlshabers sei. Nachdem ich es schon so weit gebracht hatte, glaubte ich, auch noch diese Tür ohne anzuklopfen öffnen zu können. Auf diese Weise unterbrach ich einen dunkelhaarigen, gutaussehenden jungen Mann in Uniform, der mit der Durchsicht eines Stapels Papiere an einem der Tische beschäftigt war. Die einzige andere Person im Raum war eine hübsch gewachsene Blondine, die seine Sekretärin zu sein schien.

»Bon jour, monsieur«, brachte ich etwas atemlos hervor, da es mir nicht ganz leicht fiel, mich einer Sprache zu bedienen, die ich seit sieben Jahren nicht gesprochen hatte. »Bitte verzeihen Sie die Unterbrechung, aber ich bin Engländerin und ich glaube, ich sollte Ihnen über gewisse Vorkommnisse Mitteilung machen, die Sie nicht nur interessieren, sondern Ihnen vielleicht auch Sorge machen werden.«

Der junge Mann erhob sich höflich und bot mir einen Stuhl an.

»Aber gewiß, *madame*«, antwortete er und fügte hinzu: »Dies ist meine Sekretärin, Fräulein G.«

»Sie spricht Französisch, *monsieur?*«

»Ein wenig.«

Ich starrte Fräulein G. intensiv an. Ich wußte genau warum, und bald wußte sie es anscheinend auch. Es bedurfte keines Abzeichens. Nach zwölf Jahren des Hitler-Regimes hätte man ein Trottel sein müssen, wenn man eine Nazisse nicht auf den ersten Blick erkannt hätte. Diese Dame roch nach Nationalsozialismus vom Scheitel ihres adretten blonden Kopfes bis zur Sohle ihrer Lackschuhe.

»Sie haben es vermutlich in Paris gelernt?« bemerkte ich glatt, und als sie nickte, fügte ich sehr schnell hinzu: »Während der Besatzung, vermutlich? Es muß recht amüsant gewesen sein in Paris während der Besatzung.« Diese Bemerkung erschien mir so glücklich getroffen, daß ich nicht umhin konnte, sie schön langsam und deutlich auf Französisch zu wiederholen.

Capitaine C. sah nicht nur gut aus, sondern besaß auch intelligente, sensible Augen. Ich war daher nicht überrascht, als er sich bereit erklärte, mit mir unter vier Augen zu sprechen.

Während der zwei Stunden, die wir an jenem Tag im *Gasthaus zum Löwen* zusammensaßen, wurde mir vieles klar und ich spürte, wie mein steigendes Ressentiment gegen unsere Befreier wieder zu schwinden begann. Ich hatte sogar eine gewisse Hoffnung, daß sich seine Abscheu vor den *sales boches* auch etwas gemindert hatte. Capitaine C. hörte sich geduldig meine Berichte über Exzesse an, die in seinem Befehlsbereich vorgekommen waren; er stritt sie weder ab, noch entschuldigte er sie. Die Truppen aus den Kolonien waren fabelhafte Kämpfer, hatten aber keine erfahrenen Offiziere. Er selbst stammte aus einer Soldatenfamilie. Damals, als die deutschen Horden durch sein Land gestürmt waren, hatte er als Kadett in St. Cyr an jenem hoffnungslos-heroischen

Kavallerieangriff auf die vordringenden deutschen Tanks teilgenommen. Danach waren nur noch wenige übrig geblieben, um den Kern eines Offizierskorps zu bilden.

»Wir benahmen uns wie auf dem Paradeplatz, trugen sogar unsere Mützen mit den weißen Kokarden. Der reine Wahnsinn! Aber damals wollten wir lieber einem ehrenhaften Tod ins Auge sehen, als eine ehrlose Niederlage ertragen.«

Vom Standpunkt seines Vaters oder Großvaters betrachtet, waren seine Truppen jetzt keine französische Armee mehr, wie diese sie gekannt hatten, sondern ein undisziplinierter Haufen, der sich zum Teil aus echten *Maquis* zusammensetzte, zum Teil aber auch aus Männern, die sich diesen Widerstandskämpfern erst hinzugesellt hatten, als klar abzusehen war, wie der Hase lief. Und nun das Leben als Besatzungstruppe – es konnte nach seiner Meinung nur korrumpieren, und zwar sowohl Besetzer wie Besetzte. Die Wehrmacht, die deutschen Fronttruppen, hatten sich anfangs in Frankreich ordentlich benommen, aber was war dann gekommen! Gewiß, es hatte stille Helden gegeben, aber auch Geheimpolizei, Denunzianten, Kollaborateure. *»Ce n'était pas joli, madame – pas du tout joli.«*

Ehe wir uns trennten, fragte ich ihn, ob er glaube, daß die Nachrichten, die wir im Radio hörten, wirklich wahr sein könnten. Er bestätigte meine schlimmsten Befürchtungen und meinte, nach seinen Erfahrungen in Frankreich fiele es ihm nicht schwer, das alles zu glauben.

Capitaine C. half mir, Sepps Fahrrad die Stufen hinunter zu tragen, und wir gaben uns zum Abschied die Hand. Ich glaube nicht, daß er es mir nachtrug, ihn womöglich einer Sekretärin beraubt zu haben, denn er gab mir auch einen Passierschein, der es Madame Bielenberg mit den Segnungen der Militärregierung erlaubte, zu *circuler en bicyclette*. Er bat mich überdies, ihm Nachricht zu geben, falls ich Hilfe brauche.

Ich trat meinen Heimweg tief in Gedanken versunken an, war mir kaum des verrückten Zirkus um mich herum bewußt und versuchte, mit neuen, ungewohnten Gefühlen fertig zu werden.

Wir hatten Widerstand geleistet – und verloren. Die Franzosen hatten auch verloren, vermutlich mußten sie das kompensieren, mußten zeigen, was für Helden sie waren – *La Grande Armée,* die aber jetzt von den Amerikanern und Briten bekleidet, ernährt und motorisiert wurde. Aber alle Großspurigkeit war vergebens, denn ungeachtet der weißen Armstreifen mußten sie doch hinter allen unschuldigen Blicken deutscher Männer, Frauen und Kinder die fatale Botschaft vermuten, daß es nur sechs Wochen, sechs kurze Wochen gedauert hatte, bis ihr geliebtes Paris besetzt war. Sie konnten beleidigen, plündern, vergewaltigen, sogar morden – es würde trotzdem vieler Jahre, wenn nicht einer neuen Generation bedürfen, um die bittere Erinnerung an jene kurzen sechs Wochen zu tilgen.

Und wie stand es mit Deutschland? Es hatte zweifellos sehr viel mehr als einen Krieg verloren. Millionen seiner Einwohner, sein Land, seine Traditionen, seine Ehre. Große und kleine Städte lagen in Schutt und Asche. Es schien, als habe Deutschland selbst seine Identität verloren. Welches Land konnte sich eine derartige Verschwendung leisten? Einem Mythos nachzujagen, einer perversen, absurden Schimäre?

Ein leichter Abendnebel stieg aus den Feldern auf, als ich die Hauptstraße verließ und den Berg hinauf nach Rohrbach radelte. Mein Anfall von Chauvinismus hatte sich verflüchtigt. Ich fühlte mich nur noch ausgesogen und todmüde angesichts einer so langen Liste der Fehlschläge. Ich empfand kein Mitgefühl, keine Feindschaft, nur eine dumpfe

Sehnsucht, nach Haus zu kommen. Ich war nur eine Pseudodeutsche; zu Haus war für mich nicht Hamburg oder Berlin, auch nicht Rohrbach, sondern ein warmer, strahlender, behüteter Ort, endlose Meilen entfernt auf einer Insel – da gehörte ich hin.

Ein fröhlicher Jodler von der Baumgrenze her versetzte mich rasch wieder in die Wirklichkeit. Ich war zu lange ausgeblieben. Nicky und John waren auf Ausguck geschickt worden, Peter hatte sich aufgemacht, mir auf Abkürzern durch den Wald bis nach Furtwangen entgegenzukommen.

Trotz seiner Freude über das erfolgreiche Ergebnis meiner Expedition kannte ich meinen speziellen Deutschen gut genug, um den Verdacht zu hegen, ob nicht auch ein klein wenig Enttäuschung mitschwang über meine glatte, unbehelligte Heimkehr. Hätte Peter mir zu Hilfe eilen müssen, dann wäre soviel zurückgedämmte Energie, soviel angestaute Frustration zur Entladung gekommen, in einer prächtigen, ganz legitimen Keilerei mit irgendeinem unserer Befreier.

Im Grunde hatte sich der alltägliche Trott für Peter seit der unvermeidlichen Niederlage seines Heimatlandes als schwerer erträglich erwiesen als für mich. Er konnte kein Französisch, und so mußte er sich, sobald Militärstreifen nach Deserteuren und potentiellen Kriegsgefangenen fahndeten, innerhalb der vier Wände des *Adler* versteckt halten, in der Scheune, unter dem Heu. Der anfängliche Kitzel dieses Spiels konnte nicht von Dauer sein. Er besaß seinen Entlassungsschein aus dem Konzentrationslager Ravensbrück, aber inzwischen ging das Gerücht, es seien so viele Fälschungen in Umlauf, daß die Alliierten von derartigen Dokumenten nicht mehr viel Notiz nähmen.

Ich konnte mir wenigstens vormachen, gelegentlich positiv wirken zu können. Er hatte diese Befriedigung nur einmal, als drei knorrige Gestalten das Tal heraufgestampft kamen und sich auf der Bank vor der Küchentür niederließen. Sie sprachen nur wenig Deutsch und wollten mit dem Bielenberg, der Doktor war, sprechen; oh ja, wenn nötig würden sie auch den ganzen Tag warten. Peter erschien und setzte sich zu ihnen, nachdem er noch einmal in die Küche zurückgekehrt war, um seinen Beutel Wehrmachtstabak zu holen. Ich verspürte nicht die geringste Scham, als ich über ihren Köpfen hinter dem Küchenfenster ihr Gespräch belauschte. Es waren Polen, die aus einem Lager in der Nähe von Triberg befreit worden waren; die Behörden hatten ihnen versichert, daß sie zur gegebenen Zeit in ihre Heimat zurückgeführt werden würden; im Lauf der vergangenen Monate und Jahre hatten sie jedoch gelernt, niemandem mehr zu trauen; sie hofften in der Heimat noch Frauen und Kinder vorzufinden; sie wollten Rat haben: war es besser abzuwarten oder sollten sie ausrücken und die lange Heimreise nach Polen auf eigene Faust riskieren?

Ich hörte, wie Peter sie fragte, warum sie gerade ihm zutrauten, eine Antwort zu wissen; woher sie überhaupt seinen Namen hätten? Als Antwort lachten sie nur untereinander, während eine Wolke Zigarettenrauch am Fenster vorbeizog. Hatte er nicht das gleiche erlebt, war er nicht auch aus einem Lager entkommen und hatte er sich nicht während der letzten sechs Kriegswochen in den Wäldern versteckt? Es gab in der ganzen Gegend nicht einen einzigen Polen, auch keinen Russen, der das nicht wüßte. An wen sollten sie sich schon wenden, wenn nicht an einen andern Flüchtling? Peter gab ihnen Rat, so gut er konnte. Sie sollten noch etwas länger in der Gegend bleiben, da sich Deutschland in einem solchen Aufruhr befände, daß ein viele hundert Kilometer langer Fußmarsch leicht auch im Unglück enden könne.

Erst nachdem sie aufgestanden waren und Peter sie noch

bis zur nächsten Biegung begleitet hatte, wo sie sich redend und lachend Peters Tabakreste in die Hosentaschen stopften, wurde mir bewußt, daß ich einem für mich neuen Menschentypus begegnet war. Diese Menschen hatten ihre eigenen Geheimverbindungen; sie hatten gewußt, wo sich Peter befand, aber es war nicht einem von ihnen eingefallen, ihn zu verraten. Dies war eine neue Form der Bruderschaft mit einer simplen Moral, die notwendig war für Menschen, die sich gegen eine willkürliche Obrigkeit zu wehren hatten oder die zur Flucht gezwungen waren.

Als wir auf unserem Berg saßen und mein kostbarer Passierschein von Hand zu Hand ging, war uns allen noch nicht recht klar, was es bedeutete, sich mit einem Fahrrad frei bewegen zu dürfen. Meinen Söhnen schien die Aussicht auf eine Mutter, die in immer breiter gezogenen Kreisen durch die Gegend strampeln würde, eine Ursache der Belustigung. Peter und ich hingegen waren nicht so sicher, ob Sepps Rad eine weitere Reise durchstehen würde, ohne vollends zusammenzubrechen.

Mein unscheinbarer Wisch hatte noch weitere Vorteile. Er besagte, daß ich Französisch sprechen konnte und man mir gewisse, wenn auch begrenzte Privilegien zuerkannt hatte. Mit den Privilegien kam die Verantwortung. Sobald sich die Neuigkeit im Tal herumgesprochen hatte, erschien aus dem Nichts ein neues Fahrrad und wurde mir zur Verfügung gestellt. Auch dauerte es nicht lang, bis sich Frau Muckles gute Stube in einen Appellationshof in Miniatur verwandelte.

»Die haben mein letztes Schwein aufgefressen, Frau Doktor!« – »Ich habe nur noch eine Henne!« – »Wie soll ich meine Kühe bis zur nächsten Mahd durchfüttern, ohne Heu?« Dies waren Probleme die ich nicht lösen konnte. Aber als Hans Bauschs Frau herbeigeeilt kam, um mir zu berichten, daß man Hans in der Nacht abgeholt habe und es, soweit sie verstand, etwas mit Amerika zu tun habe, fiel es mir nicht schwer, mir einen Vers darauf zu machen. Denn es war der einfältige Hans, unser Milchmann, gewesen, der während des Krieges einen aus einem Kriegsgefangenenlager entkommenen amerikanischen Piloten schlafend im Wald gefunden und nach Haus mitgenommen hatte und mich dann geholt hatte, weil er meinte, ich sollte mit ihm reden.

Um Hans zu befreien, führte mich mein Weg bis nach Tuttlingen, wo ich ihn schließlich auf dem Boden einer Baracke kauernd fand. Es schien sich um einen Sammelplatz für schwere Kriegsverbrecher zu handeln. Hans weinte wie ein hilfloses Kind; er berichtete mir, seine Häscher glaubten offenbar, er habe irgendwo zwischen Furtwangen und Villingen einen ganzen Haufen Amerikaner ermordet.

Als er mich nach seiner glücklichen Heimkehr besuchte, um mir als Dank ein Stück Speck zu bringen, ahnte er wohl immer noch nicht, welches Schicksal ihn beinahe ereilt hätte. Ebensowenig wie einer von uns damals wissen konnte, was mit unserem amerikanischen Piloten geschehen war, nachdem er eingesehen hatte, daß ein weiterer Fluchtversuch sinnlos war und er nicht heil über den Rhein gelangen würde. Unsere Dorfleute hatten ihn gefüttert und versorgt und dann war er unter Polizeibewachung in ein Kriegsgefangenenlager abgeführt worden – wie wir in unserer Arglosigkeit glaubten.*

Es gab jedoch auch Tage, an denen ich wünschte, ich könnte kein Wort Französisch. Tage, an denen ganze Lastwagen voller »Zivilisten« vor dem *Adler* haltmachten und ein

* Er und seine Eskorte wurden zwischen Furtwangen und Villingen von Sturmtruppen gefaßt, und der Pilot wurde auf Befehl des örtlichen Kreisleiters erschossen. Letzterer wurde später wegen dieses und fünf weiterer Verbrechen als Kriegsverbrecher zum Tode verurteilt. Siehe *Als ich Deutsche war*.

Dolmetscher gebraucht wurde, um zu entscheiden, wer ein echter Zivilist war und wer als Deserteur der Wehrmacht in ein Gefangenenlager gebracht werden sollte.

Es war immer das gleiche. Eine Reihe erschöpfter, kriegsmüder Gesichter, deren Ausdruck zwischen Hoffnung und Resignation schwankte. Bei oberflächlicher Betrachtung hätten sie alle als gewöhnliche, etwas bizarr aufgemachte Bürger in schlecht sitzender Kleidung gelten können. Mir war klar, daß diese ihnen von gutmütigen Menschen, bei denen sie zeitweiligen Unterschlupf gefunden hatten, geschenkt worden war. Der Befehl, sich zu entkleiden, brauchte nie weiter als bis zu Jacke und Hemd befolgt werden, denn darunter fand sich stets das grobe, graue Militärunterhemd, und dieses Unterhemd besiegelte dann jedesmal ihr Schicksal.

Vielleicht fällt es Soldaten schwer, sich von ihren wenigen Besitztümern zu trennen, denn nur einmal gelang es mir, meine Botschaft erfolgreich anzubringen:

»Bitte denken Sie daran, daß ich hier nur dolmetsche«, pfelgte ich sehr feierlich zu sagen. »Die französischen Offiziere verstehen kein Deutsch und sind an Ihrer Unterwäsche, verstehen Sie, Ihrer Unterwäsche, interessiert.«

Diesmal, kaum hatte ich meinen Satz beendet, begann ein hageres Männlein in einem riesigen Mantel sich plötzlich zu winden und griff sich an den Bauch.

»Frau!« schrie er mit verzerrtem Gesicht, »Frau, i muaß scheiß'n« in breitem Bayerisch, was nicht ganz leicht zu dolmetschen war. Sobald ich aber einem der Wächter seine Not, so gut es ging, klar gemacht hatte und es wirklich so aussah, als ob er sich jeden Augenblick in die Hose machen würde, traf ich auf Verständnis, und es wurde ihm erlaubt, sich auf unser Außenklosett zurückzuziehen, das direkt über der Jauchegrube lag. Als die Grube einige Wochen später geleert wurde, um den Inhalt auf die Wiesen zu sprengen, war niemand sonderlich überrascht, daß das Abflußrohr verstopft war mit Gegenständen, die sehr verdächtig nach langen Unterhosen und einem Paar Wollsocken aussahen.

Die wahre Bedeutung meines Besuches bei Capitaine C. in Furtwangen trat erst nach einer Weile zutage, als ein Wagen vor dem *Adler* vorfuhr und jemand an die Haustür klopfte. Peter zog sich hastig in den Heuschober zurück, die Damen und das Federvieh verschwanden ebenfalls, und ich ging zur Tür, bereit, mein übliches, gebieterisches Kauderwelsch loszulassen: »Großer, großer Mann, *Commandant, Angleterre, allez, allez*!« Jedesmal wenn ich mich an das Bild erinnere, das sich mir bot, als ich die Tür öffnete, steht es mir wieder vor Augen mit der Lebendigkeit einer Offenbarung.

Die Uniform war britisch, die Mütze war britisch, der kurze, lederne Offiziersstab unter dem Arm war britisch, wie auch die Worte: »Verzeihung, mein Name ist Captain Register, britisch-amerikanischer Verbindungsoffizier des SHAEF bei der französischen Armee. Es tut mir leid, Sie zu belästigen, aber ich habe in der Stadt gehört, daß irgendwo hier in der Gegend eine Engländerin lebe, und wir dachten – wir meinten – wir könnten...«

Wir? Ich blickte an ihm vorbei und sah zwei weitere Erzengel aus einem Jeep steigen, auf dem die Trikolore und die britische Fahne flatterten.

»Hallo, Madam«, sagte einer; »guten Tag, Missis«, der andere, als sie auf mich zukamen. Ganz plötzlich hielten sie inne, was nur begreiflich war, denn »die Engländerin, die irgendwo hier in der Gegend lebte« hatte nichts besseres zu tun, als in eine Sturzflut unaufhaltsamer Tränen auszubrechen.

Als Captain Register und seine Begleiter drei Stunden später abfuhren, angefüllt mit Blümchenkaffee und dicken

Scheiben Speck, die Frau Muckle für unerläßlich hielt, um Soldaten bei Kräften zu halten, hinterließen sie viele wertvolle Geschenke, wovon das kostbarste die intensive und mitfühlende Aufmerksamkeit gewesen war, mit der sie sich unsere Geschichte angehört hatten und ihre Mühe, diese zu verstehen.

Ich konnte meinen Eltern den ersten Brief seit sechs Jahren schreiben, ihnen berichten, daß wir überlebt hatten und sie ihrerseits um Nachrichten anflehen. Peter konnte endlich wenigstens einige der widersprüchlichen Gefühle, die in seinem Innern brodelten, loswerden: Seine Überzeugung, daß es nur eine Frage der Zeit war, bis Hungersnot auch Krankheiten verursachen werde und sein unbedingter Wunsch, dies den Kindern und mir zu ersparen; seine eigene Hilflosigkeit in einer Besatzungszone, wo er die Sprache der Machthaber nicht sprach; das Gefühl der Verantwortung, das sich aus seinem Überleben herleitete und sein Wunsch, sich irgendwo in seinem besiegten und demoralisierten Heimatland nützlich zu machen.

Was die Kinder betraf, so regnete es Manna vom Himmel! Zum erstenmal lernten sie kennen, was Orangen, Bananen und Cadbury Schokolade waren.

Captain Registers Abschiedsgeschenk war ein völlig unkonventionelles Dokument, mit Tinte auf einem der mir noch verbliebenen Briefbogen geschrieben, in dem er, Captain Register, Verbindungsoffizier des SHAEF bei der britisch-amerikanischen 6. Armeegruppe, jeden den es betraf ersuchte, dem Deutschen Peter Bielenberg und seiner britischen Frau, Tochter des Oberstleutnant Burton der britischen Armee, jedwede Hilfe und Unterstützung angedeihen zu lassen. Er hatte uns das Papier grinsend überreicht, mit der Bemerkung, daß es sich als nützlich erweisen könnte, er aber leider keinen Amtsstempel bei sich habe, denn nichts sei in jeder Armee so wirksam wie ein eindrucksvoller, dikker, offizieller Stempel.

Wir ahnten damals nicht, daß er uns damit das Mittel in die Hand gab, unsere lange Odyssee zu beginnen, die uns von Rohrbach Abschied nehmen lassen und damit enden sollte... ja, wo sollte sie enden? Wir hatten keine Ahnung. Als er und seine Begleiter abfuhren, hinterließen sie einen Wirbel der Geschäftigkeit und guter Einfälle. Wie war das doch noch mit Besatzung, die korrupt macht? Was war denn mit dem Citroen, der vermutlich ursprünglich in Frankreich von der Wehrmacht requiriert worden und später am Straßenrand liegen geblieben war, bis man ihn vor der Ankunft der Franzosen in der Kegelbahn des Dorfes versteckt hatte? Vermutlich brauchte er nur Benzin, um wieder in Bewegung zu kommen, und mit ein bißchen Glück sollte sich in den Tanks der zerstörten Militär-Lastwagen, deren Wracks überall in den Feldern lagen, noch einige Tropfen Benzin finden lassen. Hierzu waren jedoch ein Hammer, ein Nagel und ein Eimer nötig. Peter und die Jungens würden das schon schaffen.

Hatte Captain Register nicht auch etwas von offiziellen Stempeln gesagt? Wer war geeigneter, uns dazu zu verhelfen, als der Militärgouverneur unserer Gegend? Dazu müßten wir nach Villingen fahren und die achtundzwanzig Kilometer mit einem Eimerchen Benzin bewältigen. Auf dem Wege würden wir Militärstreifen begegnen; aber Peter und ich besaßen beide graugrüne Anoraks, die den französischen Militärjacken nicht unähnlich sahen; da Peter ohnehin nußbraun gebrannt war, konnte man, wenn man nur seine obere Hälfte sah, leicht glauben, er sei ein taubstummer Franzose, wenn nicht gar Marokkaner. Wofür man mich halten konnte, wollte ich mir lieber nicht ausmalen!

Unsere Fahrt war ein voller Erfolg. Wir kamen ungeschoren an drei Streifen vorbei, indem wir zackig grüßten und ebenso zackig auf das Gaspedal traten. In Villingen stellte sich Capitaine Robert als ein höchst zivilisierter, wenn auch total verdatterter Militärgouverneur heraus. Sein Vater war als Diplomat in London auf Posten gewesen, und er sprach vorzüglich Englisch. Dank der Späße, die sich die »Ingénieurs« mit den Telegraphenstangen gemacht hatten, war auch er von Informationen abgeschnitten. Er zeigte seine Dankbarkeit für die Mitteilungen, die wir ihm über seinen Distrikt geben konnten, indem er Captain Registers Dokument mit zwei prachtvollen Stempeln versah. Plötzlich dehnte sich unsere Welt etwas weiter aus. Jetzt durften wir mit jedem uns zur Verfügung stehenden Fahrzeug bis Stuttgart *et retour* fahren. Diese Verkehrsmittel bestanden allerdings nur aus einem gestohlenen Auto und einem altersschwachen Fahrrad, und so beschloß Peter unverdrossen, daß für ihn nur ein Motorrad in Frage käme.

Da den deutschen Bürgern sowohl der briefliche wie der telefonische Nachrichtenverkehr untersagt war, würde er sich selbst nach Hamburg auf den Weg machen müssen, um sich zu vergewissern, ob seine Mutter noch lebte; er mußte eine Arbeit finden; er mußte nach Clarita, der Witwe unseres engen Freundes Adam von Trott, forschen. Nach dem verfehlten Anschlag auf Hitler im Juli 1944 war er grausam hingerichtet worden. Peter wollte erfahren, ob sie Hilfe brauchte. Er war guter Dinge, und seine Pläne wuchsen ins Grenzenlose. Alles, was er zu ihrer Verwirklichung brauchte, war ein Motorrad. Dem Gerücht nach gab es irgendwo jenseits von Furtwangen ein Lagerhaus, das bis zum Dach mit requirierten Fahrzeugen angefüllt war, und so machte er sich, mit unserem Schein bewaffnet, auf den Weg durch den Wald und kehrte am Abend auf einer prachtvollen Maschine zurück, die aussah, als käme sie vom Fließband.

Er schlug alle Vorsicht in den Wind und verschwendete etwas von unserem kostbaren Benzin, um mit unseren Söhnen auf dem Beifahrersitz die Waldwege entlang zu rasen, ehe er sich auf seine, unter den damaligen Umständen wohl einzigartige, Reise begab, die ihn aus der Südwestecke Deutschlands durch drei Besatzungszonen nach Hamburg führte. Drei Wochen später hatte er seine Mission erfolgreich beendet. Captain Registers Theorie hatte sich als zutreffend erwiesen, denn auf unserem lächerlichen Dokument prangten inzwischen so viele Stempel, daß es wert war, eingerahmt zu werden.

Vor Ende des Krieges hatte ein Witz die Runde gemacht, wonach ein Mann zu seinem Freund sagt, daß er nach dem Krieg eine Radtour durch ganz Deutschland vorhabe, worauf ihn der Freund fragt, was er denn am Nachmittag zu tun beabsichtige. In der Tat schien niemand recht zu wissen, was von Deutschland übrig bleiben würde. Was war in Jalta beschlossen worden, als sich Churchill, Roosevelt und Stalin über die Verteilung der Kriegsbeute geeinigt und die Gebiete aufgeteilt hatten, über die sie nach ihrem Siege regieren würden? In Hamburg wußte man, daß in Schleswig-Holstein riesige Kriegsgefangenenlager sehr tüchtig von deutschen Wehrmachtsoffizieren verwaltet wurden. Warum? Bedeutete dies die Erkenntnis, zumindesten bei den Briten, daß nun, nach dem Ende der nationalsozialistischen Bedrohung, das barbarische Vordringen der Russen in Europa wenig Gutes für die Zukunft versprach?

Uns in Rohrbach jedoch beschäftigte erst einmal vollauf die Gegenwart. Peter hatte seine Familie lebend angefunden, hungrig, aber wohlauf. Clarita war schon Ende 1944 aus dem Gefängnis entlassen und wieder mit ihren beiden kleinen Töchtern vereint worden.

Frankfurt war zum Hauptquartier der amerikanischen

Besatzungszone geworden, und Peter hatte, dank seiner politisch reinen Weste und seiner neu gewonnenen Beweglichkeit, eine Stellung bei der vor kurzem gegründeten Handelskammer bekommen. Er mußte uns sofort wieder verlassen, denn es bestand sogar die Möglichkeit, daß ihm – oder uns – zwei oder drei Zimmer in einem kleinen Haus in Kronberg zur Verfügung gestellt werden würden.

Nach seiner Abreise überfiel mich eine steigende Rastlosigkeit; ich hatte das Gefühl, hier in Rohrbach nicht mehr viel tun zu können. Üppiges Unkraut und wildes Himbeergestrüpp begannen, die rostenden Kriegsmaschinen zu verdecken, die noch immer auf den Wiesen umherlagen; ein solches Ungeheuer war schon von einem Vögelchen mit Beschlag belegt worden, das eifrig damit beschäftigt war, sich ein Nest im Auspuff zu bauen. Sicher würde es immer wieder Krisen geben, aber das Leben im Tal konnte gut ohne mich weitergehen. Überdies war ich unglücklich, weil ich bisher keine Antwort auf meine Botschaften an meine Familie erhalten hatte. Vielleicht lag Frankfurt zentraler, vielleicht sollte ich es von dort aus versuchen. Ich hatte bereits zwei Botschaften ins Blaue hinausgeschickt, die zweite durch einen fröhlichen Iren, der plötzlich aufgetaucht war, wild entschlossen, sich zu amüsieren, aber auch mit interessiertem, wenn nicht gar habgierigem Blick auf die vielen Hektar großer, Schwarzwälder Nadelbäume – er arbeitete in Kanada im Holzhandel.

»Sie werden uns eines Tages verlassen, Frau Doktor.« Frau Muckle warf einen liebevollen Blick auf Christopher, der auf ihrem Schoß saß und gerade sein Abendessen bekam. Sie hatte »Christofli« so lieb gewonnen wie einen leiblichen Enkel. »Sie werden uns verlassen müssen, und wir werden Ihnen Gottes Segen dazu wünschen, aber wir werden Sie vermissen hier im Tal.«

Und so geschah es. Eine weitere Reise nach Frankfurt auf dem Rücksitz von Peters Motorrad, die flüchtige Besichtigung ein paar kleiner, leerer Zimmer in einem Häuschen in Kronberg und eine Rückfahrt nach Rohrbach am Steuer eines ältlichen Autos, offiziell Eigentum der Frankfurter Handelskammer.

Am Vorabend unserer Abreise waren ungewohnte Geräusche in der Gaststube zu vernehmen, die gleich neben unserem kleinen Wohnzimmer lag, das nun seltsam verlassen aussah. Ich hatte unsere zwei Bilder abgehängt und den Teppich zusammengerollt. Beim Frühstück hatte Frau Muckle etwas zu beiläufig erwähnt, daß eventuell am Abend ein paar Dorfleute vorbeikommen würden, um sich schon zu verabschieden, da ich am nächsten Morgen noch vor Tagesanbruch abfahren wolle und es sein könne, daß sie dann durch Melken und ähnliche Pflichten abgehalten sein würden.

Als aber Sepps beide Töchter und Martina sich in der Küche zu ihr gesellten und den Nachmittag damit verbrachten, Frau Muckles Befehlen zu gehorchen, und ich es überdies im Kamin, wo sie ihr Geräuchertes verbarg, rumoren hörte, mußte ich Verdacht schöpfen. Was war da Ungewöhnliches in Vorbereitung?

Ich hatte den ganzen Tag gepackt, überlegt, welche unserer wenigen Habseligkeiten ich zurücklassen könne, um die Kinder und das Allernotwendigste in das Auto zu pferchen. So dämmerte es schon im Tal, ehe ich einen Blick aus dem Fenster warf und sah, daß Sepp und seine Frau aus seinem Laden traten und sich dem Haupteingang des *Adler* näherten. Sie waren beide wie für den Kirchgang gekleidet und Sepp trug seinen Hut. Ein weiterer Blick die Straße hinunter – der Brotlieferwagen des Bürgermeisters, der aus der Richtung von Schonenbach kam, sowie eine ganze Reihe schwarz gekleideter Menschen im Tal, die alle auf das Gasthaus zugingen.

In einem meiner Bündel oben war noch ein Kleid. Ich eilte hinauf, um es herauszuziehen. Die Jungens waren sehr aufgeregt, hatten mich schon den ganzen Tag geärgert, aber wenigstens sollten sie jetzt sauber gewaschen auftreten.

Frau Muckle hatte rosige Wangen vor Aufregung, als sie hinaufkam, um uns zu rufen. Sie hatte auch allen Grund, denn die Stube bot einen festlichen Anblick. Über viele der Tische waren weiße Decken gebreitet, zwei Kerzen brannten vor dem Bild der Jungfrau Maria mit dem Jesuskind im Herrgottswinkel, und auf den Fensterbrettern standen Wiesenblumensträuße in Marmeladengläsern. Derartiges hatte es nicht mehr gegeben, seit wir unseren amerikanischen Piloten gefeiert hatten.*

Die Rohrbacher standen schweigend in Grüppchen herum; sie fühlten sich noch nicht recht behaglich in ihren Sonntagsgewändern am Werktag. Als wir erschienen, trat der Bürgermeister vor und räusperte sich, als wolle er eine Rede halten. Er schien es sich jedoch anders zu überlegen, als Lehrer Lorenz und seine Frau durch den schweren Vorhang vor der Eingangstüre schlüpften und ihnen Pfarrer Kunz auf den Fersen folgte. Ich glaubte den Grund für seine Sinnesänderung zu wissen. Erst vor drei Wochen war es mir gelungen, den Militärgouverneur in Villingen zu überreden, ihn wieder als Bürgermeister von Rohrbach einzusetzen, obgleich er Parteimitglied gewesen war. Er hatte von den damit verbundenen Privilegien nie Gebrauch gemacht. Da aber seine Welt zur Zeit auf dem Kopf zu stehen schien, mochte er sich wohl gefragt haben, ob nicht besser dem Pfarrer bei einer solchen Gelegenheit der Vorrang gebühre.

* Siehe *Als ich Deutsche war*.

Das Schweigen, das seinem Zögern folgte, hätte peinlich werden können, wenn nicht Martina in ein unwiderstehliches Kichern ausgebrochen wäre. Wie üblich rief Frau Muckle sie streng zur Ordnung, und wie üblich, nahm sie nicht die geringste Notiz davon. Unsere festliche Aufmachung und die ausgefallene Bürgermeisterrede waren plötzlich vergessen, alle redeten wir jetzt auf einmal, ehe wir unsere Aufmerksamkeit auf das Festmahl vor uns konzentrierten.

Wer wußte, ob nicht zukünftige Ereignisse Frau Muckle daran hindern würden, je wieder eine solche Einladung zu geben, heute jedenfalls setzte sie alles daran, uns königlich zu bewirten: zwei große Terrinen dampfender Nudelsuppe, ein Berg fetten Räucherspecks und Dutzende Flaschen Zitronensprudel. Es ließ sich unschwer erraten, daß die drei riesigen Brotlaibe, die einen ganzen Tisch für sich beanspruchten, aus der Bäckerei des Bürgermeisters beigesteuert worden waren.

Während das Mahl seinen Gang nahm – wir hatten die Suppenterrinen geleert und waren auf dem besten Wege den Speckberg zu vertilgen –, sorgte Sepp dafür, den Abend zu einem vollen Erfolg zu machen: er trug seinen Töchtern auf, ein oder zwei Flaschen von seinem Johannisbeerschnaps zu holen, der weit und breit bekannt war, weil er ebenso köstlich wie umwerfend war. Da die meisten von uns notgedrungen seit Jahren keinen Alkohol mehr gewohnt waren, sorgte schon ein Fingerhut dieses Gebräus dafür, daß wir alle aus voller Kehle lachten und schwatzten. Alle Sorgen und der bevorstehende Abschiedsschmerz waren für eine Weile vergessen, während deftige Witze und phantastische Geschichten die Runde machten, in einem Dialekt, der zusehends unverständlicher wurde.

Frau Muckle war hinter dem Ofen eingeschlafen, Christopher lag eingerollt im Holzkorb zu ihren Füßen, als uns die Kuckucksuhr mit ihrem Stakkatogeräusch mitteilte, daß es Mitternacht war. Die letzten Nachzügler trugen ihre Teller in die Küche, wo Martina bereits dabei war, die Reste in den Schweineeimer zu werfen.

»Gute Nacht, Frau Doktor!«

»Behüt' Sie Gott, Frau Doktor!«

»Kommen Sie bald wieder, Frau Doktor!«

»Oh ja, ganz bestimmt, sehr, sehr bald – das verspreche ich.«

Als ich am Eingang stand und zusah, wie alle im Dunkel verschwanden, spürte ich zwar, daß nun ein Kapitel meines Lebens beendet war, aber dennoch sagte ich nicht bewußt eine Unwahrheit.

Am nächsten Morgen um fünf Uhr, als sich die Kuppen der schwarzen Berge bereits gegen eine sanfte, gelbe Morgendämmerung abhoben, während der Nebel noch die Niederungen bedeckte, stiegen wir in unser kleines Auto, das unter all den Taschen und Bündeln, die auf seinen Kotflügeln angebunden waren, und dem dicken, auf das Dach geschnallten Teppich kaum noch zu erkennen war. Noch eine kleine Verzögerung – zum Glück waren drei kräftige Dorfbewohner schon auf den Beinen, die uns mehrere hundert Meter anschoben, bis der Motor des Wagens zu schwächlichem Leben erwachte – dann ging es los: Frankfurt, England, wir kommen! Ich konnte nicht zum Abschied winken, da ich beide Hände voll zu tun hatte, den Wagen auf der Straße zu halten, aber die Buben knieten auf dem Rücksitz und berichteten, daß sie noch immer zwei flatternde Taschentücher sähen, bis wir um eine Biegung fuhren und sich das vom Frühnebel eingehüllte Dorf ihren Blicken entzog.

ZWEITES KAPITEL

Fast vier Monate sollten vergehen, ehe wir in einem Transportflugzeug der Royal Air Force vom amerikanischen Militärflugplatz in Frankfurt abflogen: »Operation Mutter und Kind«. Nicholas, John, Christopher und ich waren endlich auf dem Wege nach England.

Die letzten vier Monate hatten uns listig und egoistisch gemacht – genau wie alle andern auch, die von den Amerikanern klassifiziert, von den Briten umerzogen und von den Franzosen, mit einiger Verspätung, erobert wurden. Unser einziges Interesse galt der Sorge um die nächste Mahlzeit, der Frage, wo das nächste Stückchen Kohle herkommen sollte.

Unsere Reise von Rohrbach nach Frankfurt hatte viele Stunden gedauert, denn es war nicht einfach gewesen, auf den Resten des deutschen Straßennetzes weiterzukommen. Unsere Höchstgeschwindigkeit betrug behäbige fünfundzwanzig Stundenkilometer, wenn wir nicht gerade Bombenkrater umfahren mußten, die uns gänzlich zu verschlukken drohten, oder in den Sog riesiger Militärfahrzeuge geeten, der einzigen anderen Form des Transports auf den Straßen. Jeeps und Lastwagen, Panzer und Lafetten. Wenn uns diese Ungetüme überholten, bedeckten sie uns mit Staub und brachten die vielen Bündel auf Kotflügeln und Dach ins Wanken. Aber unser kleines Auto überstand die Reise und erreichte sein Ziel, auch wenn es am Ende der

Strapaze nur noch wie ein Haufen Alteisen auf Rädern aussah.

Ich hatte Frankfurt vor dem Krieg nicht gekannt, konnte mir aber vorstellen, daß der alte Teil der Goethestadt, der sich zum Main hinunterzog, hübsch gewesen sein mußte, ehe ihn die Bomben zerstörten. Die übrige Stadt, soweit sie noch stand, wirkte wie ein heruntergekommenes Monument des vergangenen Wohlstands und der Geschmacklosigkeit; die Schlaglöcher in den Straßen und die aufgerissenen Bürgersteige trugen nichts zur Verbesserung des Eindrucks bei.

Ein großes Wohnviertel war abgesperrt und die Häuser darin für das Besatzungspersonal beschlagnahmt worden, das ganze Areal von hohem Stacheldraht umgeben und scharf bewacht. Zahlreiche Militärsperren sollten dafür sorgen, sowohl Eindringlinge wie Krankheiten fernzuhalten, vor denen die Amerikaner einen geradezu pathologischen Horror hatten. Die Befreiten nannten es das Ami-Ghetto.

Die amerikanischen GIs, teils schwarz, teils weiß, waren gutaussehende junge Männer, die sich lässig bewegten und einen guten Teil ihrer Tage damit zu verbringen schienen, an Bordsteinen zu hocken, Kaugummi zu kauen und jedem passablen, aber offiziell unerreichbaren Fräulein sehnsüchtige Blicke nachzuschicken. Es war offiziell verboten, sich den Fräuleins zu nähern. Sofort nach Einstellung der Kriegshandlungen hatten die Alliierten in ihrer Weisheit eine Reihe von Direktiven erlassen, in der naiven Hoffnung, so ihr unmittelbares Problem zu lösen, wie man sich gegenüber den besiegten Deutschen verhalten sollte, die so unsägliche Verbrechen begangen hatten und dennoch als Einzelpersonen so hilfreich, so beflissen, so bereit waren, jede gewünschte Sprache zu lernen, und natürlich ohne Ausnahme beteuerten, nie Nazis gewesen zu sein und keine Ahnung gehabt zu haben, was während der zwölf langen Jahre des Hitler-Regimes geschehen war.

Die Überbleibsel einer Armee, die ganz Europa überzogen hatte und tief nach Rußland eingedrungen war, waren jetzt einsame, stumme Gestalten in abgerissenen Uniformen, die auf provisorischen Krücken humpelten oder in Hauseingängen Zuflucht suchten. Es waren die Schwerkriegsverletzten; daß ihnen Arme, Beine oder Augen fehlten war eindeutig genug, aber die mit Kreide auf Pappe gekritzelten Botschaften und die Bettelschalen vor ihnen auf dem Bürgersteig ließen die Passanten wissen, daß sie obendrein arm und hungrig waren.

Das Fraternisierungsverbot, eine von den Russen und Franzosen unbeachtet gelassene Verordnung, sah vor, jeglichen Kontakt zwischen alliiertem Personal und deutschen Zivilisten zu unterbinden, es sei denn, es handelte sich um offizielle Geschäfte. Kein Gruß, kein Wort, kein Lächeln durfte getauscht werden mit den Angehörigen der weiland siegreichen Herrenrasse. Die Bestimmungen versuchten auf jede nur mögliche Weise, den Deutschen einzuhämmern, daß sie dieses Mal wirklich besiegt worden waren und ihr Betragen nicht verabscheuenswerter hätte sein können. Einen wesentlichen Faktor hatte man jedoch außer acht gelassen, und zwar die menschliche Natur: trotz eines großen Aufgebots an Militärpolizei, dauerte es nicht lang, bis im Prostituiertenviertel in der Nähe des Frankfurter Hauptbahnhofs ein florierender Schwarzmarkt entstand. Ein Zentrum heimlicher Betriebsamkeit, wo Alkohol und Kameras, Füllfederhalter und Mädchen gegen Zigaretten und Benzin, Kekse und Schokolade eingetauscht werden konnten. Nichts gab es, das sich nicht eintauschen ließ, in einer Welt, in der alles auf Lebensnotwendigkeiten reduziert war.

Wir hatten mehr Glück als die meisten anderen, da wir uns nicht auf lange Wartelisten setzen lassen mußten, um ein Obdach zu finden. Wir hatten die drei Zimmer in dem winzigen Haus in Kronberg im Taunus. Peter hatte sogar vier Betten aufgetrieben, einen Tisch und ein paar Stühle. Außerdem besaßen wir eine Küche mit Herd und Spülbekken und ein Außenklo, das sogar Wasserspülung hatte. Eine Bratpfanne, welche die lästige Tendenz hatte, Saltos zu schlagen, vervollständigte das Inventar. Was wollten wir mehr? *Count your blessings* (etwa: vergiß nicht, wie gesegnet du bist) war eine der frommen Maximen meiner Großmutter gewesen, wenn wir als Kinder zu ihr gelaufen kamen, so oft wir das Gefühl hatten, das Leben habe uns einen besonders ungerechten Schlag versetzt. Nun gut, natürlich hätte man sich noch sehr viel mehr wünschen können, und es gab auch Augenblicke, in denen ich zu verstehen meinte, daß Zufriedenheit mit dem eigenen Los eine reine Frage der Perspektive, des Vergleichs ist. Im Schwarzwald hatte es Zeiten der Einsamkeit und der Verzweiflung gegeben. Ich hatte mir auch eingestehen müssen, wenn ich nachts im Bett lag und dem Wind lauschte, der von den Bergen heulte, daß es gelegentlich maßlos langweilig war und ich mit einem Gefühl dumpfer Resignation fürchtete, das Leben ginge an mir vorüber. Aber wir hatten dort Schutz gefunden, waren von guten, einfachen Menschen umsorgt worden und waren auch vor Bomben sicher gewesen. Hier in Kronberg stolperten wir übereinander, versuchten uns, so gut es ging, durchzuwursteln, standen tagsüber in endlosen Schlangen um Nahrung an, waren nachts, dank der Sperrstunde, in unser winziges Quartier eingepfercht. Im Gegensatz zu so vielen andern waren wir jedoch zusammen, lebten, waren gesund und hatten ein Dach über dem Kopf.

Das Gerücht von unserem Dach über dem Kopf verbreitete sich schnell, so daß bald obdachlose Freunde unverhofft erschienen, ihres Willkommens gewiß und der Möglichkeit, einen Schlafplatz irgendwo auf einem schönen, trockenen Fußboden zu finden. Freda Winckelmann gehörte zu den ersten Ankömmlingen und wurde zum Dauergast. Ich war glücklich, sie zu sehen. Ich sehnte mich zwar, nach England abzureisen, litt aber doch gelegentlich unter Gewissensbissen bei dem Gedanken, was nach meiner Abreise mit Peter sein würde. Hier war eine meiner engsten Freundinnen – die perfekte Kandidatin, um mich zu ersetzen.

Freda Winckelmann und ihr Mann, Hannes, waren alte Freunde aus unserer Hamburger Zeit. Wir hatten im gleichen Jahr geheiratet, aber sie waren beide älter als wir und, sehr zu Fredas Kummer, kinderlos. Hannes war von Beruf ein nicht sonderlich erfolgreicher Anwalt und vom Temperament her wohl eher zum Wissenschaftler geeignet. Sein Lebensziel war es, eine Arbeit über Max Weber, den berühmten Soziologen, zu schreiben – die sich im Laufe der Jahre zu einem bedeutenden Werk von mehreren Bänden auswachsen sollte. Er war mit Dr. Goerdeler, dem früheren Bürgermeister von Leipzig und führenden Mitglied des Widerstands, befreundet gewesen. Auf dessen Bitte hin hatte er sich auf einen untergeordneten Posten im Innenministerium in Berlin berufen lassen, um dort Kontakte mit Gleichgesinnten zu suchen. Es ist überflüssig zu erwähnen, daß er ein überzeugter Nazi-Gegner war; allerdings war er für alle, die sich nicht für Max Weber interessierten, ehrlich gesagt, nicht sehr unterhaltend.

Freda stammte von einem Gut in Ostdeutschland. Im Gegensatz zu andern preußischen Adelsfamilien, deren weibliche Mitglieder angehalten wurden, die Kunst des Haushaltens von der Pieke auf zu lernen, war es ihrer Familie, den von Rechenbergs, nie eingefallen, etwas anderes von ihr zu verlangen, als sich zu amüsieren. Als sie aber nach dem ersten Weltkrieg ihre Besitzungen verloren, sah Freda sich gezwungen, ihren Lebensunterhalt zu verdienen. Sie hatte sich recht erfolgreich durchgeschlagen und war eines Tages schließlich von dem Dirigenten Wilhelm Furtwängler angestellt worden.

Je länger wir befreundet waren, umso gewisser war ich, daß ihr Erfolg als Sekretärin mehr auf ihrer Persönlichkeit beruhte als auf ihrem Geschick an der Schreibmaschine. Hätte es noch weiterer Beweise bedurft, so genügte es, sie auf eine der Orchesterproben der Berliner Philharmoniker zu begleiten und mit eigenen Augen anzusehen, wie sie jeden einzelnen dieser hervorragenden Musiker, einschließlich ihres Dirigenten, unter ihre Fittiche nahm.

Freda war zierlich und drahtig, mit blauen Augen, die einen bisweilen mit dem Glanz eines helläugigen Vogels betrachteten. Sie war eine sehr aufmerksame Zuhörerin, und ihre mitfühlende Anteilnahme an den Geschicken anderer ließ sie je nachdem in helles Gelächter ausbrechen oder Tränen vergießen.

Kurz ehe die Russen Berlin erreichten, war eine Luftmine im Winckelmannschen Garten gelandet und hatte ihr kleines Haus in Gatow erfolgreich dem Erdboden gleichgemacht. Sie und Hannes waren durch ein Wunder im Keller mit dem Leben davongekommen, aber Freda hatte sich dann, obdachlos und mittellos wie sie war, überreden lassen, nach Bayern auszuweichen, zusammen mit Furtwängler, der ohnehin unfähig war, eine Entscheidung ohne sie zu treffen. Hannes, der immer noch hoffte, die Amerikaner und Briten würden Berlin zuerst erreichen, zog es vor, auf seinem Posten im Ministerium zu verharren. Als Freda von unserm »Dach« in Kronberg hörte, entschloß sie sich, weiter westlich zu ziehen und stand eines Tages vor unserer Tür, mit den Resten ihrer Habe in einem Rucksack. Ein paar Schmuckstücke, einige Bündel alter Vorhänge und eine ebenso alte Bettdecke schienen ein etwas sonderbares Sortiment, bis sie mit einem Selbstvertrauen, das nicht ohne ein Quäntchen Tollkühnheit war, erklärte, sie besitze keinen roten Heller mehr und habe sich daher entschlossen, es mit der Schneiderei zu versuchen, da heutzutage niemand mehr etwas anzuziehen habe.

Die liebe Freda! Weder Peter noch ich konnten uns erinnern, daß sie je fähig gewesen wäre, auch nur eine Socke zu stopfen, geschweige denn ein Spiegelei zu braten. Selbst wenn uns bei dem Gedanken an ihren schneidigen Vorstoß in die Welt der *Haute Couture* Hören und Sehen verging – allein die Vorstellung der Spur, die sie auf ihrem Wege hierher hinterlassen haben mußte, Chintz und Damastsäcke, die jeden Moment auseinanderzufallen drohten! –, so hatten wir doch nicht das Herz, ihrem Elan einen Dämpfer aufzusetzen.

Auf Freda folgten zwei bedeutende, aber recht mühsame Professoren der Philosophie, die gute Freunde waren bis zu dem Augenblick, an dem sie entscheiden mußten, wer der bedeutendere von beiden war und daher verdiente, die einzige Bettdecke, die wir zu vergeben hatten, in Anspruch zu nehmen. Die Diskussion über ihre Meriten als Gelehrte dauerte bis in die frühen Morgenstunden, bis Peter fand, daß die Kinder nicht warm genug seien, die Decke wegnahm und es den Professoren überließ, sich auf zwei unbequemen Stühlen weiter zu streiten, bis ihnen die Augen zufielen.

Ich stellte sehr bald fest, daß in Notzeiten gewisse kleine Moralprinzipien nicht mehr verläßlich funktionieren und sich schließlich ganz verflüchtigen. Zum Beispiel war es überraschend, wie schnell ich von gelindem Schock zu heilem Entzücken übergegangen war, wenn die Kinder zum

Mittagessen erschienen und ein Stück Schokolade oder eine Banane in der Hand hielten. Dies konnte nur bedeuten, daß sie mal wieder vor der nahe gelegenen amerikanischen Kaserne gebettelt hatten.

Eine Unterhaltung mit einer meiner Nachbarinnen beim Schlangestehen nährte meinen Verdacht, daß die deutsche Hausfrau einem Menschenschlag angehörte, der entschlossener, aufopfernder und hartnäckiger war als alle deutschen und alliierten Armeen zusammengenommen.

»Es war alles wegen des Einmachzuckers«, bemerkte sie unvermittelt, während ihre Blicke einer Gruppe amerikanischer Soldaten folgten, die gerade vorbeigingen.

»Ja, ja, natürlich, der Einmachzucker...«, ich hatte keine Ahnung, wovon sie sprach, aber mir war unter den gegebenen Umständen jede Unterhaltung recht.

»Es waren die eingeweckten Pflaumen«, fuhr sie fort. »Der Sirup braucht soviel Zucker, bis er richtig ist, wissen Sie.«

»Ja, sicher«, pflichtete ich bei, obwohl ich noch immer nicht wußte, worum es ging. Dann fügte sie hinzu:

»Er war ein sehr netter Herr, konnte nicht viel Deutsch, natürlich war er kein Schwarzer, und er ist nie weggegangen, ohne zu zahlen – ein Kilo Zucker, manchmal sogar zwei. Ein sehr zufriedenstellendes Arrangement.«

Meine Nachbarin sah keineswegs leichtfertig aus, im Gegenteil, eher hausbacken, aber sie wirkte auch zielbewußt und mit sich selbst recht zufrieden.

»Ja, ich kann mir denken, daß es ein vorzügliches Arrangement war«, antwortete ich, während wir dem Krämerladen um ein paar Schritte näher rückten. Irgendwie kam ich mir ziemlich unzulänglich vor, eine nicht recht überzeugte Anbeterin der Gottheit der Vorratskammer.

Vielleicht war es dieses traute Gespräch, das mich zu einer Expedition verleitete, die leicht im Unglück hätte enden können. Eine gute Freundin, die Frau eines Arztes, hübsch, ehrbar, ihren Kindern eine hingegebene Mutter, kam vorbei, um mir einen Vorschlag zu unterbreiten. Sie war aufs Land geradelt, mit einem Schmuckstück bewaffnet, und mit sechs Flaschen Wein zurückgekehrt; kein sehr guter Wein, wie sie zugab, aber sie hätte gehört, die Amis verstünden sowieso nichts von Wein. Sie hatte auch in Erfahrung gebracht, daß die Tauschrate zwei Flaschen Wein gegen einen Kanister Benzin sei, hatte die Lage ausgekundschaftet und herausgefunden, daß die Wachen, die nachts an dem in unserer Nähe gelegenen Militärlager Dienst taten, einer gelegentlichen Flasche Wein nicht abgeneigt waren. Wir müßten aber zu zweit sein, eine, um die Wachen bei Laune zu halten, die andere, um unterdessen das Benzin aus dem etwa drei Kilometer entfernten riesigen Depot der Amerikaner zu holen. Stell dir vor, zwei ganze Kanister Benzin! Wer konnte schon voraussagen, wie es dann weiter gehen würde: Benzin gegen Zigaretten, Zigaretten gegen Butter, Butter gegen – es konnte darin gipfeln, daß wir wochenlang Steaks zu essen hätten. Für den Fall, daß sich bei mir noch irgendwelche Gewissensbisse regten, fügte sie hinzu, es müsse ja nicht nur Nahrung sein, wir könnten bei einem solchen Tauschgeschäft eventuell auch unerhältliche Medikamente ergattern.

Die ganze Expedition war offensichtlich mit größter Sorgfalt vorbereitet worden, denn sobald wir am Lager ankamen, sprang meine Freundin aus dem Wagen, mit dem Anschein eines weitaus größeren Selbstvertrauens als sie, wie ich recht gut wußte, besaß, während sich aus den Schatten einiger Bäume eine uniformierte Gestalt löste und neben mir einstieg. Er war groß und schwarz.

»*Howdy,* ich heiße Louis«, flüsterte er in einem Tonfall, der weit südlich des Potomac angesiedelt war.

»*Howdy,* ich heiße Chris.«

»Los, los, *honey*«, drängte er.

Es ging also los, hinaus auf die Hauptstraße, einem hellen Schein am Horizont entgegen, wo, wie ich wußte, das grell beleuchtete Benzindepot lag. Louis war freundlich und gesprächig. Es war klar, daß er eine derartige Expedition nicht zum ersten Male unternahm. denn ehe wir an dem hohen Stacheldrahtzaun ankamen, befahl er mir, zu halten, wartete, bis zwei Autos an uns vorbeigefahren waren, und wies mich dann an: »Jetzt scharf rechts, Chris, *honey,* und dann sofort die Scheinwerfer abstellen.«

»Honey« war inzwischen zu allem bereit: scharf rechts eingeschlagen, Scheinwerfer abgestellt – und dann konnte sie absolut nichts mehr erkennen. Soweit es sie betraf, hätten wir ebensogut ins Meer fahren können. Es schien jedoch, als führen wir auf oft benutzter Spur, denn mein kleiner Wagen steckte jetzt in zwei tiefen Fahrrillen, die mir keinen Spielraum ließen. Es ging etwa dreihundert Meter entlang, dann klopfte mir Louis aufs Knie, erklärte mir, ich mache das fabelhaft, solle jetzt anhalten, und er sei in etwa fünf Minuten zurück.

Mir kamen die fünf Minuten sehr lang vor. Eine hohe Böschung, die oben mit irgendeiner Hecke bewachsen war, verbarg mich zwar vor den hellen Scheinwerfern zur Linken, aber zu meiner Rechten mußte ein offenes Feld liegen und ich begriff nicht, warum die Lichter der auf der Hauptstraße vorüberfahrenden Autos, die jeweils die ganze Umgebung einen Augenblick lang erhellten, nicht auch mich in ihr Blickfeld bekamen. Ein Geraschel und Gestöhn war zu hören, Louis war wieder da und schleppte zwei herrliche Benzinkanister, die er auf dem Rücksitz verstaute. Dann machten wir uns auf den Heimweg, diesmal im Rückwärtsgang, aber die Fahrrillen hielten uns auf dem rechten Kurs. Alles verlief glatt, und ich begann gerade, Spaß an der Sache zu finden, als plötzlich, nachdem wir etwa hundert Meter weit gekommen waren, ein stöhnender Laut von Louis zu hören war, der mir deutlich machte, daß irgend etwas gar nicht stimmte.

»Meine Luger, zum Teufel, meine Luger! Ich hab' sie in der Hecke verloren«, jammerte er, und als ich mich ihm zuwandte, war er nicht mehr der fröhliche, selbstbewußte Anführer, sondern ein Häufchen Unglück, von dem außer dem Weiß seiner Augäpfel kaum etwas zu sehen war.

»Können wir sie nicht lassen, wo sie ist?« schlug ich leise vor, da ich nicht einmal wußte, ob eine Luger eine Pistole oder gar ein Maschinengewehr war.

»Dann kennst du Onkel Sam nicht«, stöhnte er. Ehe ich noch ein weiteres Wort sagen konnte, war er aus dem Wagen gesprungen, den Weg zurück gestolpert und in der Dunkelheit verschwunden, während ich über das Lenkrad gekauert zurückblieb, das ganze Ausmaß meines Vergehens bedachte und mir die unausbleiblichen Folgen ausmalte. Die Minuten tickten vorüber, während die Wagenlichter auf der Hauptstraße, nun um so vieles näher gerückt, über meinem Kopf aufblitzten und wieder verblaßten. Es war vermessen zu hoffen, daß mich keines der vorbeifahrenden Autos bemerken würde: Bremsen würden quietschen, riesige Scheinwerfer auf mich gerichtet werden, ein Jeep, sehr wahrscheinlich von der Militärpolizei, würde hinter mir und meiner illegalen Beute halt machen. In flagranti ertappt, ohne Erlaubnis nach der Sperrstunde unterwegs, mit zwei Kanistern Benzin. Wenn der arme Louis, der noch immer durch die Hecke kroch und nach seiner Luger suchte, Glück hatte, konnte es ihm gelingen, sich dünn zu machen, sonst mußten wir beide damit rechnen, einen Teil unseres Lebens hinter Gittern zu verbringen und Onkel Sam gründlich kennenzulernen.

Ich hatte bereits jegliches Zeitgefühl verloren, als die

Wagentüre aufgerissen wurde: Louis, schwitzend und außer Atem!

»Du lieber Gott«, stöhnte er, als er sich auf den Sitz neben mich warf. »Chris, *Honey,* ich hab' sie gefunden, meine alte Luger, meine liebe, alte Luger.« Kaum hatte er gesprochen, da begann unser kleines Auto wie bei einem Erdbeben zu schaukeln: Louis hatte seine Pistole wieder, er war wieder ein Mann und schüttelte sich jetzt in wildem, unkontrolliertem Lachen. Der Rest unserer Fahrt war vergleichsweise ereignislos. Erst als wir wieder vor dem Militärlager anlagten wurde klar, daß es meine Freundin auch nicht leicht gehabt hatte.

»Um Himmels willen, Chris«, brach es aus ihr hervor, als sie in den Wagen sprang. »Was ist dir denn bloß passiert? Ich hatte höchstens mit einer halben Stunde gerechnet, aber ihr seid über zwei Stunden ausgeblieben – du liebe Zeit! Was heißt übrigens ›hau ab‹ auf Englisch?«

Als wir uns wieder auf Heim und Kinder zubewegten, tauschten wir unsere Erlebnisse aus und kamen beide zu dem Schluß, daß wir zu Schmugglern nicht das Zeug hatten. Soweit es uns betraf, konnten unsere Kinder, sobald diese Beute aufgebraucht war, zu jeder Mahlzeit Hirse essen und unsere Ehemänner zu Fuß zur Arbeit gehen.

Es war hier in unserm Häuschen in Kronberg, daß meine Stimmung in himmelhohe Freude umschwang. Ich erfuhr über die UNRRA, die Flüchtlingshilfeorganisation der UN, daß meine Familie in England gesund und wohlauf sei. Meine Brüder Basil und John hatten den nordafrikanischen Feldzug überlebt; allerdings war John während der letzten beiden Jahre Kriegsgefangener gewesen; er war bei der Landung in Italien gefangen genommen worden. Meine Schwester und ihre Familie hatten während des Krieges zunächst in Australien und später in Kanada gelebt. Alle waren auf dem Wege nach Hause. Mein Vater setzte alles in Gang, um zu erreichen, daß auch wir uns so schnell wie möglich zu ihnen gesellen konnten.

Das Schweigen der anderen Seite war gebrochen; irgendwie war die eine oder andere meiner Botschaften durch den dicken Wall der Zensur gedrungen. Meine Familie hatte jetzt unsere Adresse. Die Beziehungen, die mein Vater bemüht hatte, mußten ausgezeichnet gewesen sein, denn auf die erste Nachricht folgte sehr bald eine an Peter und mich gerichtete Einladung von General Morgan von der UNRRA, mit ihm im Kronberger Schloß, das nun das Hauptquartier des alliierten Oberkommandos war, zu Abend zu essen. Ich fischte mein Blaues von vor dem Krieg heraus, das einzige hübsche Kleid, das mir geblieben war. Wir wurden von einem Chauffeur in einem richtigen Auto abgeholt, richtiges Essen wurde auf richtigen Tellern von richtigen Burschen in weißen Jacken serviert; es gab Silber und Kristall. Der Portwein machte die Runde unter den kühlen, teilnahmslosen Blicken früherer Prinzen von Hessen, deren Bildnisse an den Wänden um uns versammelt waren. Peter und mir war klar, daß das, was wir am dringendsten brauchten, die Teilnahme und das Interesse war, das uns entgegengebracht wurde, dazu die Gelegenheit zu einem ernsthaften Gespräch darüber, wie sich nach den Zerstörungen des Krieges neue Strukturen für Europa entwickeln ließen, die den vielen Menschen, die jetzt wie Strandgut umhergetrieben wurden, wieder eine Heimat geben könnten, den ersehnten Hafen, von dem aus sie ihr Leben neu beginnen könnten.

Zwei Abende später erhielten wir überraschend Besuch von mehreren jüngeren Angehörigen von General Morgans Stab. Sie kamen in dem Gefühl, daß wir Altersgenossen und einerlei ob britisch oder deutsch, alle im Schatten eines Weltkriegs aufgewachsen waren, und es nun an uns lag, daß derartiges nie wieder geschehen würde. Es gab noch so viel mehr zu diskutieren, und sie hatten das Gefühl gehabt, in der förmlichen Atmosphäre des Kronberger Schlosses nicht richtig zum Zug gekommen zu sein.

Sie wußten von unseren Kindern und hatten, außer einer Flasche Whisky, einen Rucksack mitgebracht, der prall mit unerhörten Leckereien angefüllt war: Schokolade und Obst, Süßigkeiten und Kekse, sogar etwas Kaugummi. So entschieden wir, daß die Jungens auch ihr Fest haben sollten. »Eßt, bis ihr platzt«, ermunterte ich sie fröhlich, als sie den Rucksack in ihr Schlafzimmer zerrten. Als wir Weltverbesserer dann in den frühen Morgenstunden nach ihnen sahen, war es deutlich, daß sie meiner Aufforderung gefolgt waren. Orangen- und Bananenschalen, halb gegessene Tafeln Schokolade und Bonbonpapier waren kunterbunt im ganzen Zimmer vertreut. Unsere Söhne lagen in tiefem Schlaf, ihre Schlafanzüge und friedlichen Gesichter mit Schokolade beschmiert. Ich konnte nur hoffen, daß ihre rotglühenden Bakken nicht von starken Magenschmerzen zeugten.

Meine letzte offizielle Begegnung, ehe wir nach England abreisten, war weniger ermutigend. Im Grund war der Besuch der UNRRA-Offiziere dafür verantwortlich. Der Abend mit ihnen hatte so viele Erinnerungen wachgerufen, an Zeiten mit Freunden, die nicht mehr lebten, an Pläne, die wir gemacht hatten über das, was einmal zu tun sein würde. Das hatte in mir ein schlechtes Gewissen hinterlassen; ich hatte das Gefühl, in diesen Zeiten mehr tun zu müssen, als zufrieden festzustellen, wieviel Glück man trotz allem hatte oder über die Saltos der Bratpfanne zu fluchen. Ich konnte und mußte mehr tun. Jetzt, da Freda bei uns wohnte und sich um die Kinder kümmern konnte, war ich frei, mir eine Tätigkeit zu suchen, vielleicht als Dolmetscherin. Schließlich sprach ich drei Sprachen fließend und hatte während meiner Zeit in der französischen Zone erfahren, wie sehr Sprachbarrieren den Fortschritt hemmen konnten. Hier in der amerikanischen Zone waren viele der Beamten in den Presse- und Informationsabteilungen sowie auch im Sicherheitsdienst deutsch-jüdische Emigranten, die, wie Peter schon festgestellt hatte, sehr viel besser Deutsch als Englisch sprachen, aber deren Einstellung, Politik und Betragen, aus völlig verständlichen Gründen, nicht dazu angetan waren, eine positive Zusammenarbeit zu fördern. Ein neutraler Dolmetscher konnte also nur von Nutzen sein, und so beschloß ich voller Selbstvertrauen, daß ich für diese Art Arbeit wie geschaffen sei.

Die vier strammen Wachen vor dem Eingang zum britischen Verbindungsbüro stellten kein wirkliches Hindernis dar, und die vorgeschriebene Starre ihres Gesichtsausdrucks löste sich sofort in breites Grinsen auf, als sie sich von einer Zivilistin angesprochen hörten, deren Akzent sie als absolut waschecht erkennen konnten. Von da ab drang ich von einem Büro zum andern vor und glaubte schon, meine Sache recht gut zu machen, bis ich zum Büro des Leiters kam. Hier war die Unterhaltung kurz und unangenehm.

»Wie ich höre, sind Sie geborene Engländerin und mit einem Deutschen, Bülenberg, verheiratet. Und Sie wollen in den Dienst der Alliierten treten, sagen Sie?«

Der Herr war nicht sehr groß, blickte recht eisern unter buschigen, schwarzen Brauen hervor, der Rest seines Gesichts war von einem überdimensionalen Schnauzbart versteckt.

»Ja, nun, ich dachte...«, weiter kam ich nicht.

»Nun, eines kann ich Ihnen gleich sagen, Frau Bülenberg«, erklärte er kurz angebunden, »da haben Sie nicht die geringste Chance.« Er richtete sich zu seiner vollen Höhe von einem Meter sechzig auf, und es sah so aus, als würde er mir jeden Augenblick seinen Schnurrbart ins Gesicht blasen:

»Meiner Meinung nach waren Sie sowieso eine arme Närrin, je einen verdammten Deutschen geheiratet zu haben und...«

Was immer diesem Schwall noch folgte, wurde an eine verschlossene Tür gerichtet. Das Schicksal wollte es jedoch, daß wir uns eines Tages unter sehr veränderten Umständen noch einmal begegnen sollten. Davon später.

Unten am Eingang wollten die Wachen sofort wissen, wie es mir ergangen sei, und als ich ihnen erzählte, daß ich eine eindeutige Abfuhr erhalten hätte, waren sie voller Mitgefühl.

»Das Problem ist eben, daß kleine Männer große Frauen nicht ausstehen können«, stöhnte ich niedergeschlagen.

»Also, ich finde, Sie sehen sehr gut aus, Miss«, erklärte einer von ihnen, und da sie allesamt über einen Meter achtzig maßen, brachen wir plötzlich in helles Gelächter aus. Das hellte meine trübe Laune wieder auf.

Endlich kam der Tag, an dem uns ein offiziell ausschendes Schreiben aufforderte, uns auf dem Militärflughafen einzufinden, um von dort nach London geflogen zu werden.

Zwei falsche Anläufe hatte es schon gegeben, zweimal hatten wir schon am Eingang des Flugplatzes tränenreichen Abschied von Peter genommen, um den Rest des Tages damit zu verbringen, uns in einer Kantine mit Krapfen vollzustopfen und am Abend, wie nicht bestellte Ware, wieder nach Haus geschickt zu werden. Dieses Mal hatten wir uns kaum verabschiedet, als der Lautsprecher auch schon krächzend unsere Namen ausrief und wir schnellen Schrittes mehrere enge Korridore entlang auf die breite Rollbahn gebracht wurden. Eine kurze Fahrt mit einem Jeep, dann lud man uns vor einem riesigen, graugrünen Ungetüm aus. Mir jedenfalls kam es wie ein Ungetüm vor, denn ich hatte dergleichen zuvor nur gesehen, wenn sie zu Hunderten hoch über den Schwarzwald hinweggeflogen waren in Richtung Augsburg oder München – Städte, die damals längst zerstört waren, deren Bewohner aber immer wieder bereit sein mußten, alles dicht zu machen und in den Kellern ihrer Ankunft zu harren.

Der einzige andere Passagier unserer Art war eine bleiche junge Deutsche, die einen nagelneuen britischen Paß umklammert hielt. Der schlafende Säugling auf ihrem Schoß war rabenschwarz. Sie konnte kein Wort Englisch und hatte sichtlich Angst; sie stammte aus der Nähe von Leipzig und hatte einen afrikanischen Kriegsgefangenen geheiratet. Die Russen, wissen Sie, und na ja, er war sehr freundlich und hatte ihr Nahrung und Zigaretten besorgt. Ob ich Afrika kenne? Ob er sie wohl abholen würde? Er hatte seinen Sohn noch nicht gesehen.

Während sie mir ihr Herz ausschüttete, erleichtert jemand gefunden zu haben, der ihre Sprache sprach, wanderten meine Blicke zu meinen Kindern hinüber. Nicky hielt einen kleinen Pappkoffer fest umklammert, in den er seine liebsten Besitztümer gepackt hatte; Christopher hielt ein buntes Taschentuch in der Hand, von dem er sich gar nicht mehr trennen mochte; John trug die Leinwandhülle eines Photoapparats um den Hals. Sie enthielt meine alte Box Brownie Kamera, die ich ihm zum Geburtstag geschenkt hatte. Ich hatte den winzigen Funken Interesse daran nur wachhalten können, indem ich ihm von den fabelhaften Aufnahmen vorschwärmte, die er in England damit machen könnte, sobald er erst eine Rolle Film hätte.

Einer der Soldaten machte sich beliebt, indem er den Kindern zeigte, wie man die Schwimmwesten aufblies. Als sie sich umwandten und mich über ihre voluminösen

Westen hinweg anlachten und dabei wie drei muntere Kokosnüsse aussahen, fand ich, daß Peter und ich allen Grund hatten, stolz zu sein, denn sie sahen gesund aus trotz dieser letzten Monate in Frankfurt.

»Ich habe Hunger«, erklärte Christopher mit lauter Stimme im breitesten Badisch. Ich wußte, daß es nicht wahr sein konnte, denn selbst in der kurzen Zeit, die wir im PX verbracht hatten, waren wir von den Amerikanern sehr freigebig mit Nahrung, Milch und Kaffee versorgt worden.

»Du mußt warten, bis wir in England sind«, gab ich in bestimmtem Ton zur Antwort und fragte mich im stillen, wie lange das noch dauern könne, denn vorerst standen wir noch fest auf dem Boden. Christopher wußte es jedoch besser. Er beäugte Johns Kamerahülle erwartungsvoll und John begann mit einem leisen, heimlichen Lächeln an der Schnalle zu fummeln, schlug dann den Deckel zurück. Die Hülle enthielt keine Box Brownie mehr; sie war offensichtlich auf der Theke des PX zurückgelassen worden. Statt dessen steckten nun drei Reihen goldbrauner Krapfen darin, die sehr sorgsam verpackt waren, um ja keinen Zentimeter Platz ungenutzt zu lassen.

Zu meiner Linken saß ein junger Mann, dem offensichtlich nicht daran gelegen war, sich der allgemeinen Hochstimmung anzuschließen; vielmehr entschuldigte er sich, rückte auf der Bank etwas zur Seite, um mir mehr Platz zu machen und las, die Ellenbogen auf die Knie gestützt, still ein Buch. Vielleicht war es der Kontrast zwischen dem Lärm um uns herum und seiner Reglosigkeit, der mich bewog, ihn näher anzusehen. Seine Hosen waren zwar aus dem blauen Stoff der Royal Air Force, aber er trug keine Uniform, sondern eine alte Tweedjacke, ein blaues, offenes Hemd und einen Seidenschal, der auch nicht so aussah, als sei er Uniformzubehör. Im Profil betrachtet, gehörte sein

Gesicht einem Typus an, den ich seit vielen Jahren nicht mehr gesehen hatte. Meine Mutter, im Brustton britischer Überzeugung, hatte immer behauptet, die Deutschen sähen blaß aus, weil sie nachts bei geschlossenem Fenster schliefen. Wie dem auch sei, es war jedenfalls nicht der gut geschnittene Kopf, die kurze, gerade Nase, der Schopf gewellter, blonder Haare, sondern seine rosige Gesichtsfarbe, die mich zu der Überzeugung kommen ließ, daß er ein Brite sein mußte und im übrigen viel zu jung war, um am Krieg teilgenommen zu haben.

Nun, als sei er meiner Aufmerksamkeit gewahr geworden, richtete er sich gerade auf, legte sein Buch beiseite und lächelte. »Verzeihung, aber Sie gaben mir ein Rätsel auf – welche Staatsangehörigkeit haben Sie?« fragte er.

Diese Frage hatte man mir schon oft gestellt, zuletzt vor neun Monaten – es schien ein ganzes Leben her – auf einer langen Bahnfahrt von Berlin zurück in den Schwarzwald, nachdem ich Peter im Konzentrationslager Ravensbrück besucht hatte. Gestellt hatte sie ein bleicher SS-Offizier, der Juden umgebracht hatte, nicht vergessen konnte und nun selbst den Tod suchte.* Welche Staatsangehörigkeit hatte ich? Im Lächeln meines Nachbarn lag etwas Schüchternes und zugleich Einnehmendes, das mich zurücklächeln ließ.

»Nun, offiziell bin ich wohl ein ›Kraut‹«, sagte ich und sah, wie sein Lächeln breiter wurde.

»Ich verstehe«, sagte er und dann, den Blick auf das Pokerspiel gerichtet, das sich zu unsern Füßen auf dem Gepäck entfaltet hatte, fügte er hinzu: »Und Ihr Mann, ist er noch…?«

»Oh ja, er lebt noch«, erwiderte ich schnell. »Er ist noch in Frankfurt. Noch am Leben, einer der wenigen.«

* Siehe *Als ich Deutsche war*.

Ich weiß nicht, ob irgend etwas in meiner Stimme eine Saite bei ihm zum Klingen brachte, aber es war, als senke sich ein Schatten über sein Gesicht. Ich hatte mich getäuscht, er war wohl gar nicht so jung. Gutaussehend, ja, mit frischen Wangen, aber eben nicht mehr so jung.

»Ich weiß, was Sie meinen«, sagte er einfach und fügte dann mit einem Lächeln, das ihm sofort seine Jugend wiedergab, hinzu: »Jedenfalls können Sie mit drei netten kleinen ›Krauts‹ Staat machen.«

Ich zögerte einen Augenblick und bin auch nicht sicher, ob ich noch etwas gesagt hätte. Es war der plötzliche Wandel seines Gesichtsausdrucks, sein Wissen um das, was ich meinte, als ich »noch am Leben« gesagt hatte, der mich nachdenklich machte. Aber der Moment – wenn es ihn überhaupt gegeben hatte – war vorbeigegangen, als vorne ein fröhliches, hinter einem riesigen Schnauzbart verborgenes Gesicht zum Vorschein kam, durch eine Luke die vermutlich zum Cockpit führte.

»OK, Jungs, fertigmachen zum Start.« Sofort herrschte militärisch präzise Ordnung. Binnen weniger Sekunden war das Pokerspiel abgebrochen, die Gurte angeschnallt, die Schwimmwesten angezogen und als die großen Motoren einer nach dem andern mit ohrenbetäubendem Gedröhn ansprangen, saßen wir alle steif wie Marionetten auf unsern Sitzen.

Der Lärm ließ nicht nach, selbst als aus dem Gerüttel und Geschüttel ein Auf und Nieder geworden war, so daß außer einem gelegentlichen Nicken oder Lächeln und dem fruchtlosen Versuch, die Kinder durch Zeichensprache vom weiteren Krapfenessen abzuhalten, jede weitere Unterhaltung unmöglich war. Ich konnte mich meinen Gedanken überlassen, die sich noch nicht so recht auf ein England konzentrieren wollten, das ich seit über sechs Jahren nicht mehr gesehen hatte. Statt dessen schweiften sie nach Rohrbach zurück, zu meinen Leuten dort, die kein Französisch sprachen und nicht fähig waren, sich mit ihren Machthabern zu verständigen, während sie weiter darauf warteten, daß ihre vermißten Männer zurückkehrten. Alois, der junge Sepp, Friedl, Frau Muckles Ernst. Die zweite Mahd würde längst beendet, das Vieh wieder in seine Ställe zurückgekehrt sein, bald würde der Schnee kommen, aber erst mußten noch die Kartoffeln geerntet und eingemietet und die riesigen Baumstämme aus dem Wald heruntergezogen werden. Vielleicht war es einfacher, an die Rohrbacher zu denken; in dem steten Rhythmus ihres Lebensablaufs lag etwas, das das Überleben zu sichern schien, denn ich hatte noch nicht den Mut, lang an jene andern zu denken – an Adam, Carl, Helmuth, Claus Stauffenberg – deren Träume und Pläne zunichte gemacht und deren Fähigkeiten auf das Schrecklichste geopfert worden waren.* Lexi hatte mir von den Fleischerhaken erzählt, an denen sie nach dem verfehlten Anschlag vom 20. Juli aufgehängt worden waren – und wo war Lexi jetzt?

Weit weg und in Gedanken verloren, war mir kaum zu Bewußtsein gekommen, daß sich das Rütteln und jähe Absacken des Flugzeugs verstärkt hatten. Die Tür zum Cockpit öffnete sich wieder, und das Erscheinen des munteren Mannes mit dem Schnauzbart holte mich aus der Vergangenheit zurück. Dieses Mal nahm er seinen schlingernden Weg durch die ganze Maschine, um uns in heiterster Laune mitzuteilen, daß wir wegen schlechten Wetters nicht in der Nähe von London landen könnten, er aber noch nicht sicher sei, wo genau unsere »Notlandung« stattfinden werde. Wir sollten uns aber trösten, denn mit Flakbeschuß sei nicht zu rechnen, haha!

* Siehe *Als ich Deutsche war.*

Ich blickte zu den Kindern hinüber, die trotz des Lärms fest zu schlafen schienen, ebenso die kleine deutsche Kriegsbraut mit ihrem Säugling. Meinem Nachbarn war das Buch entglitten; er schlief ebenfalls. Mir verweigerte sich der Schlaf, denn sobald ich die Augen schloß, schwebten jene schattenhaften Gesichter herbei, die ich geliebt und zurückgelassen hatte, die Gesichter Lebender und andere, die ich nie wiedersehen würde.

Die schwache Beleuchtung im Flugzeug verlöschte plötzlich ganz, und als die Maschine abgedunkelt weiterflog, verschwammen die nebelhaften Bilder, verschwanden schließlich ganz. Auch ich mußte eingeschlafen sein, denn plötzlich wurde ich geweckt, sei es vom unvermittelten Schweigen der Motoren oder durch Nickys besorgte Püffe gegen meine Schwimmweste.

»Mami, Mami, wach auf!« Was? Wo? Er deutete auf eine geöffnete Luke im Heck des Flugzeugs, durch die ein Lichtstrahl hereindrang. Seine Stimme bebte vor Erregung.

»Mami, um Gottes Willen, schau doch!« rief er. »Wir sind in England.« Ich weiß nicht, ob ich erwartet hatte, daß Big Ben zu meiner Begrüßung kommen werde. Jedenfalls stellte sich »England« heraus als ein verlassenes Flugfeld, ein paar Baracken, Meeresgeruch und ein Air Force Bus, der uns zum Bahnhof bringen sollte.

Als ich in den blassen Sonnenschein hinauskletterte und mich umsah, überkam mich das seltsame Gefühl, dies alles schon einmal erlebt zu haben. Die Bahnstation trug keinen Namen, das heißt, ihr Name, der in großen Lettern über dem Eingang und an den Bahnsteigen hätte stehen sollen, war mit grüner Farbe übermalt. Eine taktische Maßnahme, wie man mir gesagt hatte, um die Deutschen, falls sie auf britischem Boden landeten, irrezuführen. Noch etwas kam mir an meiner Umgebung sonderbar vor: alles sah so klein aus. War ich, wie Alice im Wunderland, immer größer und größer geworden? Der Bahnhof, der so groß und eindrucksvoll hätte aussehen sollen, war völlig unscheinbar. Jetzt hatte ich's – Westgate-on-Sea! Man konnte ja versuchen, die Deutschen in die Irre zu führen, aber doch nicht mich, die ich als kleines Mädchen vor langer Zeit zwei nicht sonderlich glückliche Jahre hier in einem Internat verbracht hatte! Anfang des Trimesters, Ende des Trimesters, hilfloses Heimweh, aufgeregte Vorfreude; die Jahre waren vorbeigegangen, aber der kleine viktorianische Bahnhof hatte sich nicht verändert, er war nur geschrumpft.

Aber er wußte mir doch noch ein Bein zu stellen. Ich näherte mich dem Schalter: »Ein Erwachsener und drei Kinder nach London, bitte.«

»Das macht zehn Schillinge und sechs Pence und fünfzehn Schillinge, insgesamt fünfundzwanzig Schillinge und sechs Pence.« – Nur besaß ich kein Geld.

»Ja dann, Madam, können Sie und die Kinder eben nicht nach London reisen.« – »Könnte ich bitte telefonieren?« Ja, wenn ich sechs Pence hätte, gerne. Aber ich hatte auch keine sechs Pence.

Der Mann am Schalter beäugte mich mißtrauisch und wandte sich dem nächsten Fahrgast in der Schlange zu. Gewiß, die Dame vor ihm war ja vielleicht nicht gerade unehrlich, aber jedenfalls war sie nicht ganz bei Trost.

Ich saß allerdings in der Klemme, denn an dieses absurde Hindernis hatte ich keinen Augenblick lang gedacht. »Operation Frau und Kind« – die RAF hatte ihre Pflicht im Moment der Landung erfüllt, ihre Mission war beendet und sie war nicht weiter verantwortlich.

Auf dem Bahnsteig auf der andern Seite stand ein Zug. Einen Augenblick erwog ich, ob ich nicht einfach das Gepäck ergreifen, die Kinder rufen und zum Zug traben sollte.

Diesen Einfall verwarf ich aber als zu vermessen. Gerade überlegte ich, was nun zu tun sei, als ich neben mir eine willkommene Stimme vernahm – mein Nachbar aus dem Flugzeug! Er fragte mich, ob ich Schwierigkeiten hätte, ob er behilflich sein könnte? Oh ja, gewiß konnte er mir helfen! Er warf mir einen etwas merkwürdigen Blick zu, als ich ihn um Namen und Adresse bat, um ihm die geliehenen fünf Pfund zurückzuschicken; sein Name, George Millar, sagte mir nichts. Ich erfuhr erst sehr viel später, daß der, den ich als zu jung für einen Soldaten eingeschätzt hatte, sich als Kriegsheld hervorgetan hatte. Viele Dutzend Male hatte man ihn über dem besetzten Frankreich abspringen lassen, um mit dem französischen Widerstand Kontakt aufzunehmen und Kriegsgefangenen und Dissidenten des Hitler-Regimes zu helfen, über den Ärmelkanal zu entkommen. Er gehörte ebenfalls zu den wenigen, die überlebt hatten.

Während der Zug durch die Landschaft von Kent zukkelte, stieg in mir die Aufregung hoch, die sich noch genau so anfühlte, wie vor vielen Jahren. Neben mir hörte ich, wie Nicky geduldig Christopher seine ersten englischen Worte beibrachte: »*Hallo, Granny, I am a little German boy.* Nein, nein, nicht Tscherman, Djörman, Stophi. Versuch es nochmal.« Nicht gerade ein sehr passender Anfang, aber es spielte keine Rolle. Nickys Aussprache war noch immer vorzüglich. Der Zug ratterte über verschiedene Weichen, die Schienen bildeten ein Netz, der Zug verlangsamte die Fahrt – in zehn Minuten würden wir am Ziel sein. Ich kannte das alles so genau!

Der Bahnsteig auf der Victoria Station war angefüllt mit ängstlich wartenden Menschen, deren Blicke die vorübergleitenden Wagenfenster absuchten. Die Menge wirkte auf mich fremd, denn hier schienen riesige Schnurrbärte in Mode zu sein. Ein junger Mann, dessen Gesicht ebenso verziert war, hatte wohl seine Liebste gefunden, denn er lief neben unserm Wagen her, schlängelte sich an Passanten vorbei, lächelte und winkte mit seiner Kappe. Als der Zug mit einem Ruck hielt, riß er zu meiner Überraschung unsere Abteiltür auf, sprang herein, gab mir einen handfesten Kuß und erklärte fröhlich:

»Da hab' ich mal wieder Glück gehabt«, um dann hinzuzufügen: »Schau nicht so verdutzt, Liebling, ich bin's, dein kleiner Bruder John.«

Dann war es an ihm, etwas erstaunt dreinzuschauen, als meine beiden älteren Söhne nach mir ausstiegen und den rechten Respekt vor seiner Uniform zeigten, indem sie die Hacken zusammenschlugen und sich verbeugten. Christopher, der auch nicht hintanstehen wollte, intonierte seinen auswenig gelernten Spruch: »Hallo, Großmama, ich bin ein kleiner deutscher Junge.«

Aber John war durch nichts aus der Fassung zu bringen.

»Wir sind von Bahnhof zu Bahnhof gerast«, erklärte er. »Niemand wußte, wo ihr landen würdet, aber Papa weiß Bescheid und ist schon auf dem Weg von Paddington hierher.« Während er noch sprach, sah ich, daß sich eine zweite hochgewachsene Gestalt durch die drängende, frohlockende Menge schob. Unverändert, trotz der Jahre, stand mein Vater vor mir.

»Gott im Himmel, Chriskin«, rief er, als ich auf ihn zuflog und die Arme um ihn schlang. »Es ist wundervoll, dich wiederzusehen.« Als er mich fest in seiner so vertrauten Umarmung hielt, wußte ich, daß ich heimgekehrt war.

DRITTES KAPITEL

Im Jahre 1945, als das Töten ein Ende gefunden hatte, versuchten all die herumirrenden, entwurzelten Menschen in ganz Europa, wieder in ihre Heimat zu gelangen. Manche strebten einem Zuhause zu, das unter Schutt begraben lag, andere suchten nach einem Hafen, einer Hoffnung, einem Land, in dem sie ihr Leben von neuem aufbauen konnten. Es war eine Zeit, in der das Wort »Heimat« eine fast transzendentale Bedeutung gewann: *»There's a long, long trail awinding to the land of my dreams«; »In der Heimat, in der Heimat, da gibt's ein Wiedersehn«; »Dans un coin de mon pays.«*

Ich gehörte zu den wenigen Glücklichen, denen es möglich war in ein Land heimzukehren, in dem die Hartnäckigkeit der Menschen und ein fünfundzwanzig Meilen breiter Meeresstreifen dafür gesorgt hatten, daß die meisten Häuser intakt geblieben waren.

Sechs lange Jahre waren vergangen, und ich hatte auch noch das Glück, meine Eltern, meine Schwester und meine beiden Brüder, mit andern Worten meine allernächste Familie am Leben zu finden. Nicht, daß alles beim alten geblieben war: die Nähe zu einem Militärflugplatz und die Bomben, die deshalb in ihren Park gefallen waren, hatten meine Eltern veranlaßt, unser Haus in der Nähe von Hatfield zu verkaufen, sie lebten jetzt in bescheidenerem Rahmen in Codicote, einem Dorf nicht weit von Welwyn in Hertfordshire.

Einmal allerdings gestand mir meine Mutter einen weiteren Grund, warum sie ihre Haus aufgegeben hatten: weder sie noch mein Vater waren imstande gewesen, ein Auge zuzudrücken, wenn sie nachts über ihren Köpfen die schweren Bomber nach Deutschland hinweg dröhnen hörten, die dann in den frühen Morgenstunden nach verrichteter Arbeit wieder zurückkehrten.

Anstelle des früheren Schwarms von Angestellten bestand der Haushalt meiner Mutter jetzt aus einer treuen und sehr geliebten Haushaltshilfe, einem Überbleibsel der alten Tage, und zwei Putzfrauen, die emsig und mit Schwung im Haus fuhrwerkten, um in den begrenzten Stunden, die ihnen zur Verfügung standen, »Ordnung zu schaffen«, wie sie es nannten.

Und wir selbst? Mein älterer Bruder Basil, sehr geliebt, weil er während meiner ersten *Saison* so rührend um mein Wohlergehen bemüht war, hatte sich, gleich nach beendetem Studium in Cambridge, mit einer sehr schönen, aber kapriziösen Russin verheiratet. Es hatte nicht sehr lange gedauert, bis sie sich wieder trennten. Bei Kriegsausbruch befand sich ihr kleiner Sohn Richard in der Obhut meiner Eltern, während mein Bruder, der eigentlich mit Antiquitäten hätte handeln sollen, wofür er ein einzigartiges Talent besaß, aus irgend einem Grunde damit beschäftigt war, ein Buch zu schreiben. Inzwischen war er zum Oberst avanciert und hatte mehrere Jahre Wüstenkrieg in Nordafrika überlebt. Dies erschien mir ziemlich erstaunlich, konnte ich mich doch noch lebhaft daran erinnern, daß er als Oberschüler, aus einem Offiziersübungslager zurückgekehrt, oft erklärt hatte, der erste Befehl, den man den Truppen in einer mulmigen Situation zu geben habe, laute, »Latrinen zu graben«.

Meine rothaarige Schwester Barbara, deren Eskapaden im Internat von einer angeblich verantwortlichen älteren

Schwester nicht immer voll gewürdigt worden waren, hatte einen attraktiven australischen Piloten geheiratet, der für Imperial Airways arbeitete und dessen Operationsbasis Neuseeland werden sollte. Sie war 1939 mit drei Kindern und einem Kometenschweif an Kinderfrauen und Gehilfinnen auf die andere Seite des Erdballs abgereist. Als die Japaner in den Krieg eintraten und man fürchten mußte, daß Neuseeland besetzt würde, hatte ihr Mann, der inzwischen ein Transportkommando befehligte, seine Familie in eine Frachtmaschine gepackt und nach Kanada geflogen. Dort waren sie geblieben, bis das Transportkommando auch sie nach England zurückflog, einige Wochen vor unserer Ankunft. In kluger Voraussicht der Situation hatte sie Etagenbetten aus ehemaligen Luftschutzkellern zusammengekauft und sie überall, wo sie im Hause meiner Eltern Platz fand, aufgestellt. Was ihre Weltreise betraf, so pflegte meine Schwester zu erklären, daß sich, soweit es sie beträfe, Spülbecken überall auf der Welt zum Verwechseln ähnlich sähen.

Mein jüngerer Bruder John war zum Militär eingezogen worden, als er gerade die Hälfte seines Medizinstudiums absolviert hatte. Als lebenslustiger junger Mann war er bei Damen jeden Alters sehr beliebt gewesen. Nach der Landung der Alliierten in Italien war er in Kriegsgefangenschaft geraten und fand sich schließlich als einziger Sanitätsoffizier eines riesigen Kriegsgefangenenlagers in Deutschland wieder, überfüllt mit polnischen und russischen Gefangenen. Viele von ihnen hätten überleben können, so berichtete er, wenn sie nicht durch den absoluten Mangel an Medikamenten zum Tode verurteilt gewesen wären. So mußten sie, oft unter entsetzlichen Schmerzen, sterben, weil er als Arzt keine Mittel besaß, sie zu heilen oder ihnen wenigstens den Abschied vom Leben zu erleichtern. John war still geworden und ernst; gelegentlich starrte er ins Kaminfeuer, als seien seine Gedanken weit entfernt.

Als wir England verlassen hatten, waren meine und meiner Schwester Kinder kaum den Windeln entwachsen gewesen; bei unserer Rückkehr waren es lebhafte Sieben- bis Zehnjährige. Das australische Kontingent, zwei Mädchen und ein Junge, waren prächtige Exemplare, mit einem ausgedehnten Repertoire an Schimpfwörtern, von denen ich viele noch nie gehört hatte. Dies beeinträchtigte ihre deutschen Vettern keineswegs, die sich zwar nicht mit ihnen messen konnten, aber äußerst lernbereit waren. Die Ausnahme bildete mein jüngster Sohn Christopher, der mit seinen drei Jahren offensichtlich jeden, der sein breites Badisch nicht verstand, für dumm hielt, nicht der Mühe wert, sich weiter mit ihm abzugeben.

Nun waren wir alle wieder daheim, und trotz der anfänglichen Enttäuschung über den Hauswechsel war ich nur allzu bereit, die langen Jahre der Trennung, jedenfalls zeitweilig, im Nebel des Vergessens verschwinden zu lassen. Ich befand mich wieder unter den Meinen, lauschte vertrauten Stimmen, gewöhnte mich wieder an typische Familienausdrücke, war plötzlich überwältigt von halb vergessenen Gerüchen. Die Jahre versanken, ich war wieder zu Hause, wieder jung und ohne Verantwortung. Auf dem Kaminsims meines Schlafzimmers standen frischen Blumen.

Dieses Phantasieleben konnte nicht andauern. Sehr bald wurde meiner Schwester und mir klar, daß unsere Mutter sich sehr viel mehr aufgebürdet hatte, als sie verkraften konnte. Sie verstand es, ein wirkliches Zuhause zu schaffen, nicht nur ein Dach und vier Wände, sondern auch »dies und jenes mehr«, wie sie es nannte, womit sie auf ihre umkomplizierte Weise eine gewisse Atmosphäre, einen stetigen und unwandelbaren Rhythmus meinte, den meine beiden Eltern lebten und der es uns ermöglicht hatte, in absoluter Sicherheit aufzuwachsen und uns später im Leben unseren Problemen mit Selbstvertrauen zu stellen. Während mein Vater, der es nicht den ganzen Tag aushalten mußte, das Getriebe genoß, zweifle ich sehr, daß es sich meine Mutter je hätte träumen lassen, ihr ordentliches Haus in einen polyglotten Zirkus verwandelt zu sehen. In der Tat redete sie bereits davon, ein weiteres Haus zu bauen, als meiner Schwester und mir klar wurde, daß wir uns in Bewegung setzen und etwas unternehmen mußten, anstatt nur herumzusitzen und bei ungezählten Tassen Tee das Blaue vom Himmel zu schwatzen.

Wir mußten lernen zu akzeptieren, daß nicht nur unsere eigenen häuslichen Verhältnisse, sondern auch England sich verändert hatte. In Deutschland hatte ich mich daran gewöhnt, immer zu versuchen, Regeln zu umgehen. Im Nachkriegsengland kam mir alles so gesetzestreu, so tugendhaft vor. In Berlin hatte es zu meinem liebsten Zeitvertreib gehört, mich beim Schlangestehen nach vorn zu mogeln. Es war ein ganz simples Spiel, in Gang gesetzt durch eine Kiste voll frischem Spinat oder sonst ein ungewöhnliches Angebot vor dem Lebensmittelladen. Derartige Köstlichkeiten brauchten nur zur Schau gestellt zu werden, und sofort stand, wie aus dem Erdboden gestampft, eine Schlange entschlossener Hausfrauen da, die sich Schritt für Schritt einer möglichen Mahlzeit näherten. Wenn dann die Vorräte der Ladeninhaber mehr und mehr zusammenschmolzen, war es an der Zeit zu beginnen. Es fing an mit einem diskreten Gemurmel in das Ohr der Dame vor mir:

»Erinnern Sie sich noch, wie wir letzte Woche versucht haben, Karotten zu ergattern, und kaum waren wir vorn an der Schlange angekommen, da fuhr ein schwarzer Mercedes vor, der Chauffeur stieg aus und requirierte alles. Ich frage mich, wo die wohl hingekommen sein mögen.« Wenn die Antwort auf diesen Eröffnungszug positiv war und die Nachbarin vorn oder hinten zurückmurmelte: »Ich frage mich nicht – ich weiß es«, oder vielleicht auch ein »Unerhört« oder, mit etwas Glück, »Schweinerei« von sich gab, war mein Morgen gelungen. Ich wußte, daß es weniger Ermunterung bedurfte, bis aus den Einzelstimmen ein Chor wurde und aus Einkaufstaschen potentielle Waffen. Eine Mannschaft stahläugiger Hausfrauen stand bereit, auf die Barrikaden zu steigen, und sollte ein blitzender Mercedes es wagen, irgendwo in der Nähe des Lebensmittelladens anzuhalten, würde der Chauffeur in schwarzer Uniform von Glück sagen können, mit dem Leben davonzukommen. Unterdessen würde diejenige, die den ganzen Krawall angezettelt hatte, lässig nach vorn gehen und das einkaufen, wofür sie angestanden hatte.

In England gab es sehr viel zu lernen – oder wieder zu verlernen. Kein Schwarzmarkt; kein »Organisieren« von Extrawürsten auf Lebensmittelmarken; Schlangen, einerlei, wie lang sie waren, mußten respektiert werden. Es begann schon an der Autobus-Haltestelle: Statt der wilden Drängelei und Pufferei, um mitzukommen, mußte ich mir nun zivilisiertes Benehmen abverlangen, mußte geduldig abwarten, bis der Ruf des Schaffners, der Bus sei nun besetzt, mich brav wieder auf den alten Platz auf dem Bürgersteig zurückbrachte. Wenn ich bei solchen Gelegenheiten in ordentlicher Reihe wartete und meine Füße jeden Augenblick kälter wurden, fragte ich mich, was mit meinem Heimatland geschehen war. Großbritannien hatte den Krieg gewonnen, seine Söhne kehrten heim, die Kirchenglocken sollten läuten und alles eitel Jubel sein, und dennoch war alles fad und grau. Ich kam zu dem Schluß, daß die Anstrengung zu groß gewesen war und daher jetzt allgemeine Erschöpfung herrschte.

Weihnachten stand vor der Tür, die Zeitungen wetteiferten in der Voraussage von Katastrophen, die über uns hereinbrechen würden. Der kommende Winter würde der kälteste seit Menschengedenken sein; eine Grippeepidemie von unglaublichem Ausmaß sei auch schon im Anmarsch; dank des an Hungersnot grenzenden Nahrungsmangels in Deutschland würden sich auch die englischen Rationen nicht mehr sehr lang auf dem bisherigen Niveau halten lassen.

Es gab keine offizielle Möglichkeit, mit Deutschland Verbindung aufzunehmen, ehe sich die Siegermächte nicht über einen Friedensvertrag geeinigt hatten. Ich wußte, daß Zigaretten im Vaterland harter Währung gleichkamen, so daß alles, was ich gegen die drohende Hungersnot tun konnte, darin bestand, jeden Menschen in Uniform, der dorthin reiste, anzuflehen, soviele Zigaretten wie möglich in ihre Reisetaschen zu stopfen und sie Peter zu übergeben. Das Ausbleiben jeglicher Antwortsbotschaft schien zu bedeuten, daß sie ihr Ziel nicht erreicht hatten.

Eines Morgens saßen meine Mutter und ich allein am Frühstückstisch und zerteilten ein kleines Stück Butter in winzige Portionen, die für die ganze Familie bis zum Abend reichen mußten. Beiden dachten wir an meine Schwester. Gestern hatte sie sich noch zu uns gesellt, wo war sie heute? Wie als Antwort auf meine Frage öffnete sich die Tür: da stand sie zitternd und bebend, ihre Wangen ähnlich rot wie ihre Haare. Die Grippeepidemie, die uns vorausgesagt worden war, hatte sich vor einer Woche im Hause eingestellt, und nun fehlte nur noch der kälteste Winter seit Menschengedenken, um die Zeitungsprognosen zu bestätigen.

»Es geht uns wie den zehn kleinen Negerlein – plötzlich waren es nur noch zwei«, bemerkte meine Mutter müde, als sie meine Schwester ins Bett schickte, wo sie dem übrigen

Haushalt Gesellschaft leisten konnte, der auf das Erscheinen des überarbeiteten Arztes wartete. Dessen einzige Medizin bestand darin, von Patient zu Patient zu eilen und in aufmunterndem Ton »Kopf hoch« zu sagen.

Allein am Frühstückstisch zurückgeblieben, starrte ich auf die winzigen Butterportionen, die vor mir aufgereiht standen. Ich spürte, daß meine sonst verläßliche gute Laune schwand; bald würde sie im Keller angekommen sein.

Das war also die Heimat, von der ich geträumt hatte. Zwecklos, mir immer wieder vorzusagen, wie glücklich ich eigentlich dran war und wie undankbar; ich konnte mir nicht länger verhehlen, daß ich mich viel zu lange nach etwas gesehnt hatte, das unwiederbringlich vorbei war. Es war mein eigener Fehler, daß ich mich nicht in die neue Situation fand. Gewiß, ich hatte überlebt, aber Hitler, Krieg, Versagen, ja fast auch der Umstand, daß ich nicht in eine Gaskammer gekommen war, hatten mir sämtlich ihr Zeichen aufgedrückt. Um das Maß meiner Kümmernisse vollzumachen, würde ich sicherlich auch noch die Grippe bekommen.

Wenn man einen fürchterlichen Schrecken gehabt hat, laufe man sofort zum Klosett. Hat man Probleme, mache man einen scharfen Fußmarsch. Diese beiden so oft wiederholten englischen Lebensregeln, die ich schon in der Kinderstube gelernt hatte, kamen mir jetzt wieder in den Sinn. Ich beschloß, die Butterrationen der Familie ihrem Schicksal zu überlassen – sie konnten auch zerschmelzen, wenn sie wollten –, ich jedenfalls würde jetzt in den Garten gehen.

Ich schob die Vorhänge beiseite, öffnete die Fenstertür und trat hinaus, wo mich ein Luftzug traf, so eisig, daß er mir fast den Atem raubte. Der Rasen war nicht mehr grün und freundlich wie gestern, sondern lag kalt, steif und weiß vor mir, wie ein verlassener Eisplatz. Unverdrossen stapfte ich zu der niedrigen Mauer hinüber, die den Blick auf die Hauptstraße zum Dorf freigab, wo einige vermummte Gestalten in Militärmänteln damit beschäftigt waren, Zementblöcke beiseite zu schaffen. Durch sie sollte, wie man mir gesagt hatte, Codicote vor anrückenden deutschen Panzern geschützt werden; der Krieg, einschließlich seiner absurden Aspekte, war noch immer um uns. Zurück, an einem Dahlienbeet vorbei, das noch gestern in prächtigen Farben gestrahlt hatte und dessen Blüten jetzt, über Nacht vom Frost befallen, schwarz dastanden. Einige Rosen hatten den plötzlichen Einbruch des Winters überlebt, was allerdings nicht sonderlich überraschte, denn immerhin hatten sie auch die verfehlten Tore der Fußballspiele unserer Kinder überdauert.

Schon als ich ans Ende des Gemüsegartens gelangt war, dorthin, wo meine Eltern in dem Bemühen, sich nicht unterkriegen zu lassen, planten, ein kleines Haus für meine Schwester zu bauen, spürte ich, daß das simple Hausmittel, mit Depression fertig zu werden, seine Wirkung tat. Schließlich war ja nicht alles hoffnungslos. Bestrebt, unseren Eltern die Last zu erleichtern, hatten meine Schwester und ich beschlossen, wenigstens unsere Söhne in ein Internat zu schikken. Wir hatten eines in Pyrford ausfindig gemacht, dessen Leiter, ein Mr. Pooley, der Aussicht, zwei kleine Deutsche und einen Australier zu erziehen, gelassen entgegensah; ja, er finde diese Aufgabe sogar interessant, geradezu aufregend. Mit Nicky würde er keine Schwierigkeit haben, er war in England geboren und hatte sich seit seiner Ankunft wieder nahtlos in seine Umgebung gefügt, so als wäre es nie anders gewesen. Bei meinem jüngeren Sohn John war ich nicht so sicher. Er redete von Berlin noch immer als seinem Zuhause, und wenn man sein Englisch kritisierte oder belachte, beantwortet er dies am liebsten mit den Fäusten.

Was Christopher, meinen stämmigen kleinen Dreijährigen anlangte, so konnten wir vielleicht Madi, unsere frühere Gouvernante, überreden, sich seiner anzunehmen.

Immer munter weitergelaufen, Chris: noch einmal die Runde durch den Garten. Als ich wieder in der Nähe des Hauses ankam, rannte ich fast und glühte am ganzen Körper von der klaren, kalten Luft und meiner wiedergefundenen Zielstrebigkeit.

Die Treppen hinauf mit all den Frühstückstabletts – fast schien es, als ob verschiedene unklare Hoffnungen und halbgare Pläne bereits auf dem Wege der Erfüllung wären. Sachte, sachte, eines nach dem andern. Als erstes beabsichtigte ich, meine britische Staatsangehörigkeit zurückzugewinnen. Ich hatte es satt, Deutsche zu sein, und das britische Gesetz erlaubte die Änderung. Als zweites wollte ich eine Verbindung aus Vorkriegstagen wieder auffrischen; Adam von Trott hatte den Mann in unser Haus in Berlin mitgebracht, und seitdem hatte ich ihn nicht mehr gesehen. Bei unserer letzten Begegnung hatte Adam mir gesagt, daß David Astor vermutlich der einzige wirkliche Freund sei, den er in England noch habe. David war der Sohn von Nancy Astor, des ersten weiblichen Parlamentsmitglieds, deren Kampagnen im Unterhaus, wie mir ein Onkel berichtete, immer dafür gesorgt hatten, den Laden in Schwung zu bringen. Ich erinnerte mich an David als einen hochgewachsenen, blonden, jungenhaft aussehenden Mann, hinter dessen schüchternem Wesen sich nicht nur scharfsinnige Kenntnis des politischen Geschehens verbarg, sondern auch ein instinktives Verständnis für die Situation, in der wir uns damals befanden. Es war im Juli 1939 gewesen. Sein Besuch hatte uns allen wohlgetan, hatte uns ein Weilchen das Gefühl der Hilflosigkeit und der Isolation genommen, während uns Hitlers Krieg täglich näher und näher rückte. Ich war mir ziemlich sicher, daß sich Adam während des Krieges mit ihm in Verbindung gesetzt hatte; während ich mit den Frühstückstabletts treppauf, treppab trabte, nahm ich mir vor, das gleiche zu tun.

Ein Telefonanruf – und zwei Tage später saß ich in einem Autobus, der mich nach London brachte und abends wieder in Codicote absetzte. Die Stunden dazwischen vergingen im Nu. Adams Freund war unverändert, außer daß er inzwischen geheiratet hatte und außenpolitischer Redakteur des Observer geworden war. Das gleiche jungenhafte, gute Aussehen; das gleiche schüchterne, zurückhaltende Auftreten. Wenn es sich jedoch darum handelte, mit Problemen fertig zu werden, so gab er einem wie kein anderer das Gefühl persönlicher Anteilnahme und entwickelte sein Talent, Lösungen zu finden. Ich verstand sehr gut, warum Adam ihn für einen ganz besonderen Menschen gehalten hatte.

Es gab einiges, das ich angehen mußte. Wir waren zu viele im Haushalt meiner Eltern. Was konnte ich tun? Und wie könnte ich, wenigstens zeitweilig, nach Deutschland zurückreisen? In den Augenblicken, in denen ich glaubte, vom Schicksal bevorzugt zu sein, hatte ich mich sogar gefragt, ob es nicht möglich wäre, etwas für die Witwen und Kinder des 20. Juli zu tun, von denen sich einige in großer Not befanden. Wie aber stellt man ein derartiges Unternehmen auf die Beine? David Astor war durch solche Fragen nicht aus dem Konzept zu bringen. Zunächst müsse ich natürlich die britische Staatsbürgerschaft zurückerwerben; dann suchte er mich mit großem Takt davon zu überzeugen, daß seine Zeitung nichts so dringend brauche wie eine Korrespondentin, die sich in Deutschland nicht nur gründlich auskannte, sondern auch die Sprache fließend sprach. Und gern wollte er sich darum kümmern, wie den Witwen des 20. Juli zu helfen sei, er hielt dies sogar für eine vorzügliche Idee. Die Briten seien stets überwältigend freigebig; sie hätten nur eben keine Ahnung, daß es außer Hitlers Deutschland auch ein anderes gegeben habe. Ein solches Unternehmen könnte zu einer Brücke werden zwischen Engländerinnen, die vielleicht ihrerseits auch Kriegswitwen waren, und deutschen Frauen, die ebenso lernen mußten, allein mit dem Leben fertig zu werden. Es müßte eine Stiftung mit karitativem Status sein. Der Verleger Victor Gollancz, der die Wohlfahrtseinrichtung »Save Europe Now« aufgebaut hatte, sei der Mann, uns bei der Entwicklung einer solchen Stiftung zu beraten. Wir würden auch eine Patronatsherrin benötigen, und Lady Cripps, die Frau von Sir Stafford, der inzwischen Schatzkanzler war, sei hierfür hervorragend geeignet. Sowohl sie wie ihr Mann hatten Adam gekannt und ihm auch während des Krieges immer voll vertraut. Ein von Lady Cripps unterzeichneter Brief an die *Times* wäre genau das Rechte, um die Sache in Gang zu bringen. Er kannte noch eine andere Frau, Diana Hopkinson, die sicher bereitwillig mithelfen würde. Eine Adresse? Wir könnten den *Observer* als Adresse nennen.

Ich hatte nichts Vergleichbares als Gegenleistung anzubieten, außer ihm ein möglichst klares Bild über unser Leben seit unserer letzten Begegnung zu geben. Als die Abenddämmerung herabsank und in London die Straßenlaternen angezündet wurden (nicht mehr ganz so hell wie früher), hörte er mir noch immer in tiefem Schweigen zu, rührte sich nicht, warf mir nur gelegentlich einen Blick zu, mit einem Ausdruck, als mache er vieles des Erzählten am eigenen Leibe durch.

Als ich diese Nacht im Bett lag und meinen Gedanken nachhing, ließ mich eine Vorstellung fast laut auflachen. Als offizielle Kriegskorrespondentin des *Observer* würde ich Uniform tragen müssen; mein Bruder John hatte mir schon seine Dienstjacke angeboten. In Deutschland galt das

Fraternisierungsverbot, einen Deutschen auch nur anzulächeln oder gar zu umarmen, war strikt verboten. Was, in aller Welt, würde Peters Reaktion sein, wenn er seiner angetrauten Ehefrau in einer so erstaunlichen Verkleidung wiederbegegnete? Aber heute hatte ich gelernt, daß Probleme nur dazu da waren, um überwunden zu werden. Kein sinnloses Gejammer mehr – ich war wieder auf dem richtigen Weg. Dann drehte ich mich auf die Seite und war bald fest eingeschlafen.

VIERTES KAPITEL

Das Flugzeug, das mich einige Wochen später nach Deutschland zurückbrachte, sah der Maschine, die ich vor ein paar Monaten mit meinen Kinder bestiegen hatte, zum Verwechseln ähnlich. Ein Militärtransporter ohne jeglichen Komfort, alle Passagiere waren in Uniform, ich ebenfalls. Unser Ziel war Hamburg. Ich hatte vorsorglich eine extra Ration Zigaretten in meine Reisetasche gepackt, in der Hoffnung, sie Peters Mutter in Aumühle geben zu können. Nach dem Umfang der Koffer und Bündel meiner Mitreisenden zu urteilen, war deren Inhalt ganz ähnlicher Art. Ich war mir meiner Aufmachung nicht ganz sicher: außer meiner Mütze mit dem goldenen »C« auf grünem Grund als Abzeichen, die ich sehr schick fand, waren alle anderen Uniformstücke zusammengeborgt. In letzter Minute hatte mein älterer Bruder, der seit Nordafrika immer leicht fror, darauf bestanden, mir seinen Militärmantel mitzugeben, der mir viel zu groß war und mir zudem das unangenehme Gefühl aufdrängte, wie Hermann Göring auszusehen. Allerdings hatte ich auf dieser ersten Rückreise nach Deutschland über sehr viel mehr als mein Aussehen nachzudenken.

Die Dinge zu Hause waren nach meinem ersten Besuch in London, bei dem mich David Astor moralisch wieder aufgerüstet hatte, langsam ins Lot gekommen. Vielleicht hatte auch die Natur etwas damit zu tun gehabt, denn inzwischen war der Frühling ganz plötzlich gekommen, gerade so, als sollten wir für das entsetzliche Wetter im Winter entschädigt werden. Ein englischer Frühling mit all der Wärme, dem Leben und den Farben, von denen ich so oft geträumt hatte, in der Hoffnung, ihn eines Tages wieder zu erleben.

Mit dem schönen Wetter nahm auch das Gedränge in meinem Elternhaus ab, und in gleichem Maße hob sich die Stimmung der Bewohner. Es hatte nicht lange gedauert, bis meine beiden älteren Söhne, die die Dorfschule besuchten, recht passabel Englisch sprachen und sich nun, da sie die Verständigungsbarriere überwunden hatten, eng mit ihren Vettern und Kusinen angefreundet hatten. Inzwischen hatten ihnen meine rührenden Eltern, vielleicht nicht ganz ohne Hintergedanken, Fahrräder geschenkt, so daß sie gern bereit waren, ihre Fußbälle zu vergessen und statt dessen lange Fahrten über Land zu unternehmen. Sie hatten auch ein *Putting Green* auf dem Rasen angelegt, was meinen Vater als leidenschaftlichen Golfspieler von Herzen freute, und anstatt sich mit den Golfschlägern über die Schädel zu schlagen, waren die Kinder, vor allem Nicky, im Gegenteil eifrig bemüht, den Sport zu erlernen.

Meiner unermüdlichen Mutter war es trotz ihrer Moralprinzipien gelungen, die Bauvorschriften zu umgehen und ein »experimentelles Haus«, wie sie es nannte, zu bauen. Niemand wußte, was daran sonderlich experimentell sein sollte, aber ehe ich abreiste, war der Grundstein bereits gelegt, und am anderen Ende des Gemüsegartens machte man sich schon eifrig zu schaffen.

Meine und meiner Schwester Absicht, unsere schulpflichtigen Söhne ins Internat zu schicken, war verwirklicht: Zwei Wochen vor meiner Abreise waren sie nach Dane Court, einer Vorschule in Surrey, abgefahren. Mit ihren nagelneuen Ranzen, grauen Flanellanzügen anstelle der früheren Lederhosen und den runden, rostroten Schulmützen sahen sie erstaunlich englisch aus. Ein späterer Telefonanruf hatte mich beruhigt, daß sie sich »gut einlebten«, was immer das heißen mochte. Ich konnte aber auch aus ihren Berichten heraushören, daß der Ton in der Schule dafür sorgte, daß sie keinen nationalen Vorurteilen ausgesetzt wurden. Jetzt blieb mir nur noch Christopher, und auch da hatte ich Glück, denn es gelang mir, unsere frühere Gouvernante Madi zu überreden, wenigstens zeitweilig zu uns zu kommen und für ihn zu sorgen. In meinen jungen Jahren hatte sie uns Französisch beibringen sollen. Sie stammte aus dem Elsaß und sprach auch etwas Deutsch; da sie uns nie Angst eingejagt hatte, konnte ich hoffen, daß alles gut gehen würde.

Ich hatte inzwischen meinen britische Staatsangehörigkeit neu beantragt, besaß aber noch keinen Paß. Allein der Umstand, in Uniform mit einem Paß der Kontrollkommission reisen zu dürfen, schien dafür zu sprechen, daß man mich wieder in die Herde aufgenommen hatte.

So weit, so gut. Seit ich aber das Angebot des *Observer* angenommen hatte, stand eine zwar kleine, aber bedrohlich dunkle Wolke am Horizont. Ich war ganz zuversichtlich gewesen, daß mein Arrangement mit Madi auch funktionieren würde, wenn ich nicht mehr da war und einspringen konnte. Aber ich hatte vergessen, daß auch Madi in der Zwischenzeit älter und sehr viel unbeweglicher geworden war. Es hatte nur meiner kurzen Abwesenheiten in London bedurft, um meinem vierjährigen Sohn zu zeigen, woher der Wind wehte. Warnglocken läuteten jedesmal, wenn ich zurückkehrte, und schließlich wurde mir bedeutet, daß Madi uns zwar sehr liebe, es aber nicht lange dauern könne, ehe sie sich aus reiner Erschöpfung gezwungen sehen würde, uns zu verlassen.

Auf David Astors Anregung hin erschien ich, so oft ich konnte, in der Redaktion des *Observer*, um einen Einblick in den Herstellungsvorgang einer Zeitung zu gewinnen. Ich versuchte meine Besuche jeweils auf einen Donnerstag zu legen, denn dies war der Tag an dem die wöchentliche Redaktionskonferenz stattfand. Hinter dieser herrlich anspruchsvollen Bezeichnung verbarg sich eine zwanglose Zusammenkunft, bei der der Chefredakteur, Ivor Brown, den Vorsitz führte. Das ganze fand statt in einem kleinen, spärlich beleuchteten Raum, an einem langen, schmalen Tisch, auf dem sich Bücher und Papiere stapelten.

Der Chefredakteur erschien mir anfänglich als ein Monument der Schweigsamkeit. Wenn er es für angebracht hielt, die allgemeine Unterhaltung zu unterbrechen, dann mit so kurz angebundenen Fragen wie: »Nun gut, aber was ist mit Spanien?« oder »Sollten wir nicht über Afrika reden?« Als blutige Anfängerin fragte ich mich zuweilen, wie in aller Welt eine Zeitung, und noch dazu eine so angesehene, es schaffte, drei Tage später in tausendfältiger Auflage zu erscheinen. Es bedurfte einer ganzen Reihe solcher Sitzungen, ehe mir klar wurde, welchen Vorzug ich genoß, inmitten eines Teams junger Journalisten zu sitzen, die alle längst auf dem Weg waren, Stars in ihrem Beruf zu werden.

Nach einer Tasse schwachen Tees, mit der diese Konferenzen im allgemeinen endeten, brauchte ich nur ein paar Treppen höher zu steigen, um in ein ganz anders geartetes Milieu einzutauchen: die Stiftung 20. Juli, die wie so manche andere karitative Einrichtung durch einen spontanen Einfall ins Leben gerufen worden war. Wir hatten lediglich beabsichtigt, einen Weg zu finden, den Haß und das Mißtrauen zu beseitigen, das der Krieg zwischen Großbritannien und Deutschland geschaffen hatte. Wir hofften, Abgründe zu überbrücken, indem wir englische Familien mit deutschen zusammenbrachten, die ihre Männer und Väter als Folge des mißglückten Versuchs, 1944 Deutschland von Hitler zu befreien, verloren hatten. Als Lady Cripps und der Bischof von Chichester sich bereit erklärten, das Patronat zu übernehmen und einen von ihnen unterzeichneten Appell sowohl in der *Times* als auch im *Observer* veröffentlichten, war die Reaktion darauf überwältigend gewesen. Hier, in einem noch kleineren Zimmerchen, dessen Fenster den Blick auf die Paulskathedrale freigab, traf ich Diana Hopkinson, die sich mit einer Schreibmaschine wie aus Oxforder Studententagen herumärgern mußte, und Gritta Weil, die uns vom *Observer* zur Verfügung gestellt worden war, um bei der Flut von Briefen und Paketen zu helfen, die täglich in der Zeitung eingingen.

»Gute Werke« zu tun, wie meine Mutter das nannte, war sehr befriedigend, und so hatten wir, hoch über den Dächern der City sitzend, sehr viel Freude daran, mit dieser unerwarteten Lawine des guten Willens fertig zu werden. Selbst die Rückfahrt nach Codicote erschien mir nicht mehr freudlos, denn nachdem ich einige der Briefe gelesen und die Pakete aussortiert hatte, wußte ich, daß hinter der Fassade der Alltäglichkeit und der grauen Kriegskleidung wenigstens einiger meiner Mitreisenden Herzen aus Gold schlugen.

Nach einer der Donnerstag-Sitzungen erklärte mir David, er habe Nachricht erhalten, die bedeutete, daß ich unter Umständen sehr bald nach Deutschland abreisen müsse. Das politische Leben scheine sich dort wieder zu regen, und einige Deutsche versuchten bereits, neue politische Parteien zu gründen; daher denke er daran, dort einen permanenten Korrespondenten zu halten. Das Deutschland nach Hitler sei noch immer eine so gut wie unbekannte politische Landschaft, und da ich Sprache und Land so gut kenne, könnte ich zweifellos behilflich sein, verläßliche und vertrauenswürdige Kontakte aufzutun.

David machte sich auch Sorgen um Adam von Trotts Familie, von der er wegen der Postzensur schon seit längerer Zeit nichts mehr gehört hatte.

So kam es, daß ich im Mai 1946, von Kopf bis Fuß in Khaki gekleidet, im Flugzeug nach Hamburg saß. Trotz des Motorenlärms und meiner tiefen Freude bei dem Gedanken, Peter wiederzusehen, klang mir immer noch Christophers Schrei in den Ohren: »Komm bald wieder, Mami, bitte, bitte, komm bald wieder!«, als er von freundlichen Hütern weggeführt wurde, die sich in meinen Augen plötzlich in grimmige Gefängniswärter verwandelten.

An Peter war eine Botschaft abgegangen, um ihn von meiner mutmaßlichen Ankunft zu unterrichten; ich hatte jedoch keine Ahnung, ob sie ihn erreicht hatte oder nicht. Es stellte sich heraus, daß sie wirklich angekommen war. Mit der treuen Freda im Schlepptau war es ihm gelungen, sich einen alten Volkswagen auszuleihen. Sie waren bei Morgengrauen aufgebrochen, um rechtzeitig in Hamburg zu sein.

Der Schock unseres Wiedersehens stellte sich als nicht sonderlich überwältigend heraus. Peter hatte keine Ahnung von meiner äußeren Verwandlung, und deshalb gelang es ihm nicht, mich in dem khakifarbenen Strom, der sich aus dem Flugzeug ergoß, auszumachen. Er war schon im Begriff, den Flugplatz wieder zu verlassen, als Freda, die sich nicht so leicht beirren ließ, meine pseudo-militärische Gestalt erkannte, auf mich zulief und mir die Arme um den Hals warf – trotz des gewaltigen Militärmantels. Während sie munter drauflos schwadronierte, eilte sie mir voran, hinter der sich entfernenden Gestalt meines ahnungslosen Mannes her. Als wir ihn endlich einholten, brachen wir drei in schallendes Gelächter aus.

Alle Hürden hatten wir allerdings noch nicht überwunden, da Peter, der schon seit Morgengrauen unterwegs war, es langsam anstrengend fand, sich an den riesigen Militärtransporten vorbeizuschlängeln, in einem Käfer, der schon bessere Tage gesehen hatte. Obendrein mußten er und Freda bei Sperrstundenbeginn von der Straße verschwunden sein. So beschlossen wir, einen Ort zu finden, wo wir übernachten konnten.

Bis jetzt war uns das Vertrackte unserer Situation noch nicht recht bewußt geworden. Um so mehr waren wir irritiert, als wir in der Nähe von Hannover vor den Toren eines Landsitzes anhielten, der offensichtlich von den Alliierten beschlagnahmt worden war. Nach einigem telefonischen Hin und Her erklärte mir die Wache, ich sei herzlich willkommen, die Nacht im Schloß zu verbringen. Mein »Chauffeur« und meine »Sekretärin« aber müßten mit dem Soldatenquartier Vorlieb nehmen, das sich in den Stallungen befinde.

Meine erste Nacht in Deutschland verbrachte ich in großem Luxus. Erinnerungen an meine Debütantinnenzeit. Da saß ich, trank auf das Wohl des Königs und schwatzte mit jungen Männern mit rosigen Gesichtern und gestriegeltem Haar, die, obwohl selbst so elegant in ihren makellosen Uniformen, von der uns umgebenden Pracht überwältigt zu sein schienen.

Freda und Peter verbrachten einen viel muntereren Abend; sie wurden bis zum Platzen mit Bratwürsten und Rühreiern gefüttert, die sie mit starkem, süßem Tee, als Armeegebräu bekannt, hinunterspülten; später, nachdem sich Freda in weiser Voraussicht zurückgezogen hatte, war literweise starkes Bier gefolgt. Die Feierei endete dergestalt, daß sich Peter am folgenden Morgen nur noch dunkel erinnern konnte, lauthals Lieder gesungen zu haben, in denen immer wieder ein Ort namens »Blighty« vorkam, worauf sich dann alle einig waren, daß es nicht lang dauern würde, ehe sie gemeinsam gegen die Russen loszögen.

Am Tage darauf fuhren wir nach Frankfurt weiter, und da uns unser Weg in der Nähe von Imshausen vorbeiführte, dem Familienbesitz der Trotts, beschlossen wir, einen kleinen Umweg zu machen und Adams Witwe Clarita zu besuchen. Es war eine große Freude, sie wieder mit ihren beiden kleinen Töchtern vereint zu sehen und festzustellen, daß sie ihr Bestes tat, um mit dem Leben ohne Adam fertig zu werden.

Nach dem Fehlschlag des 20. Juli hatte man Clarita verhaftet und ihre Kinder der Fürsorge ihrer Großmutter entrissen. Man hatte ihnen falsche Namen gegeben und sie in ein Kinderheim an der Nordsee geschafft. Es hieß, Hitler habe gefordert, daß auch die Kinder solcher »Verräter« ausgelöscht werden sollten. Allerdings war dieser Befehl nie ausgeführt worden. Es traf sich glücklich für die kleinen Trott-Mädchen, daß sich die Heimleiterin sorgsam die wirklichen Namen der Kinder in ihrer Obhut aufgeschrieben hatte; so kam es, daß nach einem halben Jahr aus Elsa und Ilse wieder Verena und die kleine Clarita werden konnten. Einige Tage vor unserem Besuch war sogar einer der Wächter, der die beiden Kinder abgeholt hatte, nach Imshausen gekommen, um sich für seine Missetat zu entschuldigen. Adams Mutter war eine majestätische Erscheinung, und er gestand, daß er diese äußerste Verachtung, die damals auf ihrem Gesicht gelegen habe, nicht vergessen könne; nie, so habe sie ihm erklärt, hätte sie geglaubt, sich eines Tages dafür schämen zu müssen, eine Deutsche zu sein.

In Frankfurt wurde ich im Pressequartier untergebracht, einem früheren Hotel in der Nähe des Hauptbahnhofs. Dies war ein wichtiger Stadtteil, denn hier befand sich der Schwarzmarkt, der sich zu einem der florierendsten im Nachkriegseuropa entwickelt hatte. Von seiner Existenz hatte ich schon gehört, nun lag er nur um die Ecke, und von meinem Fenster aus konnte ich beobachten, wie Dutzende amerikanischer Soldaten mit den Einheimischen feilschten, hauptsächlich waren es Frauen, die jeden Tag mit ihren Waren erschienen – Schmuck, Kameras, Uhren. Wenn nötig, schlossen sie sich selbst in den Handel mit ein, sobald es galt, den Vorrat an Kaffee, Zucker, Getränken und vor allem Zigaretten wieder aufzustocken. In gewissen Abständen ratterte ein Jeep der Militärpolizei geräuschvoll die Straße auf und ab, worauf die Menschen in Türen und Nebengassen verschwanden, um wieder aufzutauchen, sobald die Gefahr vorüber war.

Es war mir schwer gefallen, mich nach dem Krieg an die Rechtschaffenheit im gesetzestreuen England zu gewöhnen, nun jedoch wurde ich mit der Kehrseite konfrontiert, konnte selbst beobachten, wie schnell unter gewissen Umständen zivilisiertes Benehmen aufgegeben werden kann.

Im Pressequartier gab es etwa einen im übrigen nicht unangenehmen Mann, der lauthals bekundete, die Deutschen gerecht zu behandeln und ihnen die Tugenden der Demokratie darzulegen – aber da war das Problem der Kuckucksuhr, die er in der ihm zugeteilten Wohnung vorgefunden hatte. Seine Kinder würden bei ihrem Anblick sicher ganz aus dem Häuschen sein. Onkel Sam würde ihm eine Kiste zur Verfügung stellen müssen, um sie nach Haus zu verfrachten, wenn er das nächste Mal auf Heimaturlaub ging. Er war nicht der einzige.

Laut alliierter Direktive war das Fraternisierungsverbot noch in Kraft. Peter durfte daher nicht die Schwelle des Pressequartiers übertreten. Hier war der deutschen Zivilbevölkerung der Eintritt verboten, während ich, als zu den Alliierten gehörend, nicht ohne offizielle Erlaubnis nach Haus durfte. Peter lebte weiterhin in unserem kleinen Haus in Kronberg, von Freda versorgt, zusammen mit anderen obdachlosen Flüchtlingen. Freda erwartete die Freilassung ihres Mannes, der, obwohl er der lautstärkste Nazigegner unseres Freundeskreises gewesen war, von den Alliierten aufgrund seiner Stellung im Innenministerium interniert worden war. Es gibt Situationen, die zu absurd sind, als daß Gesetze oder Regeln, einerlei wie scharf sie angewendet werden, auch nur die geringste Aussicht haben, eingehalten zu werden. Unter solchen Umständen muß der gesunde Menschenverstand zu Hilfe kommen. In unserem Fall triumphierte die Menschlichkeit, sobald Pat Nicholson, Dick O'Regan und Betty in unser Leben traten.

Dick war ein rastloser, ambitionierter junger Journalist, der für Associated Press arbeitete, immer bereit, auf einen Zug zu springen, per Anhalter zu fahren oder sich irgendwo hineinzudrängen, wenn es galt, einer guten Story auf der Fährte zu bleiben. Daher war es herzerwärmend, wieviel Zeit er damit verbrachte, Peter im Pressequartier zu »interviewen«, gerade wenn es Mittagszeit war, oder am Abend, wenn die Bar sich füllte und kunterbunte, giftig aussehende Mischungen die Runde machten. Betty war freiberuflich tätig, aber mein Instinkt sagte mir, daß es nur eine Frage der Zeit war, bis Mrs. O'Regan aus ihr würde. Pat Nicholson war eine wundervolle junge Frau, deren blendend weiße Zähne und schlanke Beine sie unverkennbar als »Made in America« auswiesen. Sie hatte den Rang eines Hauptmanns und eine Schlüsselposition in der Verwaltung, da sie für das Büro verantwortlich war, das Passierscheine erteilte und daher bestimmen konnte, wer sich in jedem gegebenen Augenblick wo befand.

»Also wirklich Chris, Ihre Geschichte ist der reine Witz«, bemerkte sie, nachdem sie sich meinen ungewöhnlichen Lebenslauf angehört hatte, und obwohl sie es mit ihrer Arbeit peinlich genau nahm, gab sie mir jedesmal, wenn ich sie brauchte, eine Reiseerlaubnis, einerlei, wohin ich zu fahren wünschte. Darüber hinaus versorgte sie mich mit Transportmitteln, wann immer sie einen Jeep erübrigen konnte.

Von da an konnten Peter und ich uns, nun im Besitz der notwendigen Reisepapiere, frei bewegen, und oft waren wir sogar motorisiert. Als erstes machte ich mich zu unserem Haus in Kronberg auf, wo noch einige meiner zivilen Kleider im Schrank hingen.

Das Kronberger Haus hatte sich unterdessen in ein Durchgangslager verwandelt. Mit Ausnahme der Schlafzimmer von Peter und Freda, in denen sogar Betten standen, bestand das übrige Mobiliar in den Gängen und auf dem Speicher aus einem Wirrwarr von Matratzen und Schlafsäkken, einem alten Stuhl und einer Lampe. Die Küche unten war Mittelpunkt des Haushalts, wo Freda, eine ebenso begeisterte wie schlechte Köchin, undefinierbare Gerichte auftischte, die ich nun mit Dosen aus amerikanischen Militärbeständen aufbessern konnte. Zum Glück hing meine Liebe zu Freda nicht von ihren Kochkünsten ab.

»Weißt du, Chris, die Menschen kommen und gehen, hier gibt es ein Dach über dem Kopf, gelegentlich ist es sogar schön warm, und es ist ihnen völlig gleichgültig, was sie zu essen bekommen«, erklärte Freda vergnügt, obgleich sie einmal sogar ein paar alte Fischgräten gekocht und als *Bouillabaisse à la Rechenberg* aufgetischt hatte. Peter hatte einen Löffel voll versucht und den Rest aus dem Fenster geschüttet.

»Du siehst also, daß sich dein alter Kochtopf, der immer Saltos vollführt, doch als nützlich erwiesen hat!« schloß sie ihren Bericht völlig unbekümmert.

Der einzige Zuwachs im Haushalt, und inzwischen längst Teil der Kücheneinrichtung, war eine rostige, alte Nähmaschine, die Freda vor einer der beschlagnahmten Villen weiter oben in unserer Straße gefunden hatte. Sie hatte eindeutig bessere Tage gesehen, gleichwohl freute ich mich, denn dies bedeutete, daß Freda, entgegen unser aller düsteren Voraussagen, ihre Idee nicht aufgegeben hatte, es mit der Schneiderei zu versuchen.

FÜNFTES KAPITEL

Es war geplant, daß mein erster Auftrag als Kriegskorrespondentin, wenn man das so nennen darf, drei oder vier Wochen dauern sollte. Danach mußte ich wieder nach England zurückkehren, da meine Söhne Sommerferien hatten. Aber schon bald fühlte ich mich in meiner falschen Rolle ziemlich ungemütlich. Es war mir bewußt, daß der wesentliche Beweggrund meiner Rückkehr nach Deutschland der Wunsch gewesen war, Peter zu sehen, herauszufinden, wie es ihm ging, und mit ihm zusammen, soweit möglich, unsere weitere Zukunft und die unserer Familie zu planen. Ich konnte weder tippen, noch hatte ich eine Ahnung, was man mit den Knöpfen und Drähten anstellte, mit denen man der Zeitung die notwendigen Informationen zukommen ließ. Andererseits sprach ich fließend Deutsch, im Gegensatz zu den meisten meiner neu gewonnenen Kollegen, die sich ihr Material aus englischen Quellen suchen mußten. Vor allem aber: Ich wußte, was in den letzten zwölf Jahren geschehen war. Dies hätte eigentlich ein Vorteil sein sollen, aber ich stellte fest, daß dies nicht der Fall war.

Im Gegenteil, wenn ich hin und her pendelte zwischen dem vergleichsweisen Komfort des Ami-Ghettos und der unterprivilegierten Welt draußen, wurde ich zunehmend verwirrter und ärgerlicher, war vermutlich niemandem gegenüber mehr gerecht.

Einerseits waren da meine amerikanischen »Vettern«,

strotzend gesund, rührend freundlich, vielleicht auch einsam, aber mit ihrem Los nicht unzufrieden, so lange die »Fräuleins« willig waren und die sanitären Anlagen in den ihnen zugewiesenen Quartieren einigermaßen funktionierten. Falls sie sich überhaupt Gedanken machten über die ihnen zugewiesene Rolle beim Aufbau eines neuen und demokratischen Deutschland, so kam ihnen sogleich eine weitere nationale Obsession zu Hilfe: »Klassifizierung«. Woran erkannte man einen Nazi? Wie trennte man die Spreu vom Weizen? Ganz einfach, im Grunde – Onkel Sam wußte die Antwort: klassifiziert sie erst einmal alle, und dann sieht man weiter.

Auf der anderen Seite waren da die Überreste der besiegten Herrenrasse, die in Selbstmitleid versanken, und für die ein mitfühlender Zuhörer in alliierter Uniform eine Gelegenheit war, die man beim Schopf packen mußte. Als Stadt kannte ich Frankfurt kaum, wußte nur, daß es das Zentrum der chemischen Industrie und der Lederverarbeitung gewesen war. Jetzt zusehen zu müssen, wie diese riesigen Anlagen demontiert wurden, mußte manchem der Bürger schwer fallen. Dennoch: Die endlosen Klagen jener, deren Finanzen jetzt im argen lagen, die aber während der Nazi-Zeit recht bequem gelebt hatten, brachten mich an den Rand des Zorns.

»Wir, die wir so viel gelitten haben, Frau Bielenberg, und noch immer leiden.« Gelitten haben, leiden? Daß ich nicht lache! Die Jungens, die auf fernen Schlachtfeldern gefallen waren, die hatten gelitten – in der Wüste und in Eis und Schnee, und manche litten noch immer in russischen Gefangenenlagern. Was aber war mit den Plakaten, die überall angeklebt waren, den Filmen über Konzentrationslager, Haufen verhungerter Skelette, Gaskammern? Das waren jetzt keine Gerüchte mehr, es waren erwiesene Tatsachen.

Zum Teufel mit ihren Klagen und ihrem Geleide! Soweit es mich betraf, konnten sie sich mitsamt ihren wertlosen Aktien im Main ertränken.

Mir wurde sehr bald klar, daß Peter, der ja nicht nur in der üblichen Weise zurückzustehen hatte, sondern auch von Berufs wegen dem Befehl der Alliierten unterstand, diesen gegenüber eine fast feindliche Haltung einnahm. Untergeordnet zu sein, lag ihm ohnehin nicht. Um nun nicht auch noch zwischen uns Streit zu haben, kamen wir überein, die alliierte Besatzung als Gesprächsthema auszuklammern. Unser Abkommen war nicht mehr als der Versuch einer Balance, die jederzeit zu kippen drohte. Wir waren jedoch einigermaßen erfolgreich, bis zu diesem Abend in Kronberg, als mich ein Herr beiseite zog, dem ich schon einmal begegnet war und der mir nicht gefallen hatte. Er erklärte mir in verschwörerischem Flüsterton, er habe Informationen für mich, aus absolut einwandfreier Quelle, über die ich seiner Meinung nach unbedingt in Kenntnis gesetzt werden müsse.

Danach erlaubten die Briten, daß jeden Tag Nahrungsmittel mit Flugzeugen von Hamburg nach London verfrachtet würden, anstatt damit die britische Besatzungszone so gut es ging zu verpflegen. War er seiner Quelle wirklich sicher? Allerdings, und wenn nötig, würde er mir auch die Abflugzeiten dieser Maschinen angeben. Ich war schockiert, wollte kaum glauben, daß sich die Briten, scheinbar die Anwälte der Moral, auch nicht viel anders benahmen als die Franzosen, die aus ihrer Zone systematisch sämtliche Vorräte an Wein und Holz abtransportierten, sowie alles übrige, was Profit versprach. Der Gedanke an jene winzigen Portionen Butter daheim in England kam mir blitzartig in den Sinn, die es ja wenigstens jeden Morgen gab, während selbst in der amerikanischen Zone, wie ich wußte, viele Menschen seit Monaten keine Butter gesehen hatten.

Es war nicht einfach, den Schutzwall an Sicherheitsmaßnahmen zu durchdringen, hinter dem sich die Befehlshaber der Militärregierung verschanzten. Das Abzeichen an meiner Mütze, das meine Verbindung zu Presse und Öffentlichkeit verriet, war auch nicht eben hilfreich. Als es mir daher endlich gelungen war, mich an die passende Stelle heranzupirschen, war ich froh, auf einen angenehmen, jungen Offizier zu treffen, der mich einlud, ein Kännchen Tee mit ihm zu teilen. Nach den üblichen einführenden Bemerkungen über das Wetter fragte ich ihn, ob er mir vielleicht sagen könne, ob täglich von Bremen und Hamburg aus Transportmaschinen mit Nahrungsmittelladungen starteten.

»Oh ja, allerdings«, kam die prompte Antwort. »Täglich, seit zwei Wochen.« Und ihr Flugziel? Berlin, selbstverständlich. Hatte ich denn noch nicht gehört, daß die Bedingungen im britischen Sektor dort viel schlimmer waren als in der Zone?

»Eventuell müssen wir nächste Woche noch mehr schikken, sofern ich die Yankies bewegen kann, uns mit Nahrungsmitteln zu unterstützen«, fügte er hinzu und konnte sich offensichtlich den Ausdruck der Erleichterung, der über mein Gesicht gekommen war, überhaupt nicht erklären.

Diese Erleichterung hielt jedoch nicht lange an; ehe ich nach Frankfurt zurückkehrte, war ich nahe daran zu explodieren.

Ich gerate nur selten in Zorn, aber wenn es geschieht, ist es ratsam, mir aus dem Wege zu gehen und mich eine Weile toben zu lassen, bis ich mich wieder beruhige. Vor einem Jahr war mir diese Eigenschaft zu Hilfe gekommen, kurz vor meiner Vernehmung bei der Gestapo in der Prinz-Albrecht-Straße; da hatte ich mit ansehen müssen, wie eine Gestapo-Sekretärin einen alten, mit Ketten gefesselten Gefangenen, der vor ihr saß, ins Gesicht schlug. Danach hatte ich meine Angst überwunden und war vom Zorn beflügelt in meine Vernehmung gegangen.

Freda kurbelte gerade an ihrer alten Nähmaschine, als ich am folgenden Tag in die Küche stürzte. Ich tobte noch immer.

»Hör mir zu, Fredachen«, rief ich mit Stentorstimme, »vielleicht hast du schon von der allerneuesten, fruchtlosen Jagd gehört, auf die mich dieses Ekel gehetzt hat, vielleicht auch nicht. Das einzige was ich weiß, ist, daß ich es satt habe. Ich bin an dem Punkt angelangt, daß ich mir wünsche, ich wäre gar nicht gekommen, und ich bin froh, bald wieder zu gehen. Also gut, ich sehe dir an, daß du den Mann auch nicht ausstehen kannst – aber warum kommt er dann hier ins Haus? Warum duldet Peter solche verdammten Lügner in seinem Haus? Warum werde ich gezwungen, sie zu treffen und ihre langweiligen Klagen anzuhören? Hat er vergessen, wie es einmal war? Wie kann er sich mit so zweitklassigen Menschen umgeben? Wenn man die anhört, könnte man glauben, die Amerikaner hätten den ganzen Krieg angezettelt. Aber ich kann dir versichern, daß die auch nicht die geringste Lust haben, hier zu sein. Sie wären viel glücklicher, wenn sie es sich auf einer Veranda in Ohio oder sonst irgendeinem verflixten Ort in einem Schaukelstuhl bequem machen könnten. Butter nach London, um alles in der Welt! Typen wie er waren es, die noch vor nicht langer Zeit Denunzianten waren, bereit, ihre ekelhaften, kleinen Geschichten der Gestapo zu hinterbringen.«

Ich spürte, daß ich ungerecht war; vermutlich war auch mein Zorn im Abklingen, denn ich fügte etwas ruhiger hinzu:

»Das eigentliche Problem, Fredachen, ist, daß Peter und

ich auseinandertreiben. Im Grunde begreife ich gar nichts mehr. Ich weiß, es klingt schrecklich, aber manchmal ist es mir völlig gleichgültig, ob ich Deutschland je wiedersehe oder nicht.«

Die Nähmaschine hatte aufgehört, gleichmäßig vor sich hin zu rattern, Freda hatte sich zurückgelehnt und sah mich mit Augen an, von so klarem Blau wie ein Herbsthimmel. Sie schüttelte den Kopf, als wollte sie nichts mehr hören.

»Schon gut, schon gut, Chris«, sagte sie. »Nimm die Mütze ab und setz dich hin. So, das ist schon besser. Nun laß mich mal was sagen. Du bist jetzt genau zwei Wochen hier, und wir waren so glücklich, dich wieder da zu haben, aber vergiß nicht, daß Peter hier monatelang ohne dich allein war. Ich weiß, ihr seid übereingekommen, nicht über das, was inzwischen hier geschehen ist, zu sprechen, ich bin mir aber gar nicht sicher, ob das eine sehr gescheite Idee war.

Sieh mal, Peter mußte schließlich eine Arbeit finden, und mit seiner sauberen politischen Weste und seinen Englischkenntnissen war das nicht sehr schwer. Ich weiß nicht mehr, ob er schon bei der Metallgesellschaft war, ehe du abfuhrst, aber erinnere dich, als ich hierher kam, war ihm bereits die Aufgabe übertragen worden, den Amerikanern bei der Entnazifizierung zu helfen. Ich weiß, er hat diese Aufgabe in gutem Glauben angenommen – er fühlt, wie ich auch, daß jeder, der überlebt hat, die Pflicht hat, zu tun, was in seinen Kräften steht – aber ich habe den Eindruck, daß er nicht lange nach deiner Abreise bereits wünschte, er hätte diese Aufgabe nie angenommen. Ich weiß nicht, ob du dir einen dieser großen Fragebogen mal angesehen hast, die seit Weihnachten verschickt worden sind. Ich habe es. Es ist ein Fragebogen, der von allen, die in der amerikanischen Zone leben, ausgefüllt werden muß, um der Militärregierung die

Entscheidung zu erleichtern, wer Nazi war und wer nicht. Entsprechend den Antworten soll die Bevölkerung in fünf Kategorien eingeteilt werden, von schweren Verbrechern über kleine Verbrecher bis zu jenen, die von aller Schuld freigesprochen werden. Dann werden die Bösewichte bestraft und die Braven läßt man laufen – und der Fall ist erledigt. Für mich klingt der ganze Plan total verrückt – fast so, als wollte man versuchen, eine ganze Nation zu psychoanalysieren. Du und ich, Chrislein, würden uns doch unser Schulgeld zurückgeben lassen, wenn wir einen echten Nazi nicht bei der ersten Begegnung erkennen könnten! Aber nein, die wollen alles schwarz auf weiß. Hör dir mal die folgende Frage über Religion an: ›Welcher Konfession gehören Sie an? Haben Sie je Ihre Beziehung zur Kirche, offiziell oder inoffiziell, abgebrochen? Wenn ja, geben Sie Einzelheiten und Gründe an.‹ Du liebe Güte! Ich erinnere mich speziell an diese Frage, weil neulich die Haushälterin der Furtwänglers hier auftauchte und mich bat, ihr bei der Beantwortung zu helfen, da sie die meisten Fragen überhaupt nicht begriff. Auf diese Frage wußte sie aber die Antwort und bat mich, sie niederzuschreiben: ›Ich habe aufgehört, in die Kirche zu gehen, nachdem sie von einer alliierten Bombe getroffen wurde, die den Pastor tötete!‹ Wie du siehst, bleibt Berlin immer noch Berlin.

Aber zurück zum armen Peter. Er sitzt in der Mitte, obgleich er nur mit Industriellen zu tun hat, die entweder ihre Unternehmen behalten oder neu anfangen wollen, dies aber nicht können, solange sie nicht eine astreine Vergangenheit nachweisen. Laß dir von mir sagen, meine Liebe, was hier ins Haus kommt, sind keine Freunde, so wie früher – die sind tot, Chris, oder in alle Winde verstreut. Was hier herumläuft, könnte man Bekannte nennen, von denen die meisten

Peters Hilfe wollen, um wieder ein Leben zu beginnen, und so lang sie ein legitimes Anliegen haben, ist Peter auch bereit, ihnen beizustehen.

Erst neulich habe ich erfahren, daß die Amerikaner, als sie Italien besetzten, eine Menge ausgewanderter Italiener in der Verwaltung einsetzten, und das mit gutem Erfolg. Sie konnten die Sprache, freuten sich, wieder im Lande zu sein, und wenn es um Hökerei und Schwindel ging, wußte keiner besser als sie, wie man mit ihren früheren Landsleuten umzugehen hatte. So wurde bald ein sehr zufriedenes, nicht überpedantisches Familienunternehmen aus dem Ganzen, das vorzüglich funktionierte.

Ich nehme an, sie hofften, das gleiche hier in Deutschland zu wiederholen, mit deutschen Emigranten, aber die waren natürlich vorwiegend Juden. Nun, du kannst von den Juden nicht verlangen, uns zu lieben, Chris, und man kann ihnen auch keinen Vorwurf daraus machen, wenn sie sich jetzt groß aufspielen. Tatsache bleibt jedoch, daß sich die meisten weigern, Deutsch zu sprechen, und dabei ist ihr Englisch so schlecht wie meine Küche. Sie erwarten, daß die Deutschen stramm stehen, wenn man sie anspricht, und sie glauben ihnen sowieso kein Wort.

Denk an deinen Peter, der bestrebt ist das Rechte zu tun, der aber noch nie ein Muster an Geduld war oder großes Talent hatte, den Untergeordneten zu spielen. Schließlich ist er nicht einmal aufgestanden, als sein Kriminalbeamter in Ravensbrück in seine Zelle kam. ›Für den Kerl aufstehen? Ausgeschlossen!‹ Erinnerst du dich nicht?

Ich weiß nicht, ob ich dir schon von dem Vorfall neulich erzählt habe, als er dem Beamten, der für derartige Dinge in der Militärregierung zuständig ist, einen Fall vorlegte. Ich weiß, daß er ihn sehr sorgfältig vorbereitet hatte. Es handelte sich um einen Mann, der der SS beigetreten war, um seine halbjüdische Frau zu schützen und die Firma des Schwagers zu erhalten. Er hatte sich nichts zuschulden kommen lassen, und es war ihm gelungen, Frau und Schwager zu retten. Laut Fragebogen genügt jedoch das SS-Etikett, um ihn seines Lebensunterhaltes zu berauben und ins Gefängnis zu schicken. Der verantwortliche Beamte saß schweigend da und schwieg auch weiter, als Peter seinen Vortrag beendet hatte. Darauf schlug Peter vor, wenn ihm Englisch schwer fiele, sei es vielleicht besser, sie sprächen Deutsch miteinander. Peter behauptet, er sei sehr höflich gewesen, aber ich habe da meine Zweifel. Jedenfalls sprang der Beamte bei diesen Worten auf und brüllte: ›Raus!‹ Hat ihn also rausgeschmissen, obgleich ich mir nicht vorstellen kann, daß da viel geworfen wurde, denn laut Peter war er klein, rund und sah so aus, als habe er seiner Lebtag noch keine Uniform getragen. Peter zog sich zurück, aber ich fürchte, eines schönen Tages, wenn wieder so etwas passiert, wird er es nicht tun, sondern so einem Mann die Aktentasche um die Ohren schlagen und dann in einem Internierungslager landen, diesmal dann in einem amerikanischen.

Daher hör mir zu. Falls du meinen Rat willst, so ist es folgender: Nimm ihn von hier fort, überrede ihn, hier wegzugehen, wenn du kannst, und zwar bald. Und noch ein letztes, ehe ich wieder meinen Mund halte. Du solltest dir klar sein, daß hier momentan an schmachtenden Damen kein Mangel herrscht. Außer den Amerikanern gibt es kaum Männer. Wie du selbst sehr gut weißt, sieht Peter vorzüglich aus, und wenn du nicht hier bist, ist er auch verfügbar, sozusagen. Ich liebe euch beide, aber du kannst von mir nicht verlangen, daß ich hier unentwegt die Anstandsdame spiele.«

Freda war aufgestanden, blickte bei ihren letzten Sätzen

strengen Auges auf mich. Während sie noch sprach, verwandelte sich jedoch ihr Ausdruck von dem eines kleinen, unerbittlichen richtenden Engels in totale Verblüffung. Ich beobachtete ebenso gebannt wie sie, wie langsam aber stetig ein seltsamer farbiger Auswuchs aus den Tiefen der rostigen Maschine quoll.

»Sieht aus wie eine Baumwollwurst«, sagte ich. »Wir sollten mal etwas herumstochern.«

Aber Freda hörte mir nicht zu. Statt dessen schlug sie auf den Tisch und schrie ebenso laut wie ich zuvor: »Verflucht, verflucht, verflucht! Verflucht diese elende Maschine – verflucht die Deutschen – verflucht die Alliierten – verflucht der Krieg – verflucht, verflucht einfach alles!« Dann setzte sie sich ebenso unvermittelt wieder hin und brach in Tränen aus.

»Also gut, Freda, du hast gewonnen. Ich komme nach den Ferien zurück und werde alles versuchen, Peter eine Einreiseerlaubnis zu verschaffen, und sei es auch nur eine vorübergehende. Mein Vater tut ohnehin schon, was in seinen Kräften steht. Ich bin sicher, auch andere werden mir helfen.«

Ich versuchte, sie zu trösten, aber ohne Erfolg, bis mir zum Schluß nur noch einfiel: »Also bitte, hör auf zu weinen, ich fange auch schon an.«

So trockneten wir unsere Tränen mit einem der khakifarbenen Taschentücher meines Bruders und versuchten gemeinsam, in jenem lächerlichen Baumwollknäuel herumzustochern. Ein kleines Mysterium fand seine Aufklärung, als Freda später beiläufig erwähnte, der seltsame Auswuchs könne damit zusammenhängen, daß sie die ausgekratzten Reste der Bratpfanne in die Maschine gegossen hätte, da sie kein geeignetes Öl besaß. Nach einer solchen Mitteilung konnte niemand traurig bleiben, und so dauerte es nicht lange, bis unser seelisches Gleichgewicht wieder hergestellt war. Auf unsere gemeinsamen Anstrengungen hin arbeiteten auch die Räder und Spulen bald wieder. Es stand nicht zu befürchten, daß die einzigartige Kollektion der Maison Rechenberg über Nacht vom Markt verschwinden könnte.

SECHSTES KAPITEL

Ich wußte, daß ich noch eine Reise unternehmen mußte, ehe ich nach England zurückkehrte – nach Rohrbach; auch wenn ich mir recht töricht vorkommen würde, dort in Uniform am Steuer eines amerikanischen Jeeps aufzutauchen. Es war etwas an jenem kleinen Flecken Deutschlands, von dem ich mir erhoffte, daß es helfen würde, die künstliche Welt, in der ich lebte, fortzuwischen und mich zu einfacher Klarheit zurückzuführen.

Ich wünschte, Peter hätte mich begleiten können, aber irgend etwas an der französischen Zone war ihm unsympathisch. Er konnte sich dort nicht verständlich machen, und obgleich er sehr gut wußte, wie sich die Deutschen in Frankreich aufgeführt hatten, war es ihm unerträglich, sich der Rache ausgeliefert zu sehen.

Die kleinen Städte in der französischen Zone wie Furtwangen waren noch immer in Trikoloren gehüllt, aber Spahis und Ghoums zogen nicht mehr durch die Straßen, sondern hatten Scharen französischer Zivilisten Platz gemacht. Gleich nach dem Abzug der kämpfenden Einheiten waren die regulären Besatzungstruppen eingetroffen, und ihnen hatte man erlaubt, ihre Familien mitzubringen: Frauen, Kinder, Mütter, Großmütter, Tanten, Onkel, Neffen und Nichten. Diese pragmatische Lösung hatte vermutlich dazu beigetragen, den Nahrungsmangel und die Wohnungsnot in Frankreich zu mindern, hatte aber denen, die im besetzten

Deutschland zu leben und auszukommen suchten, eine weitere Last aufgebürdet.

Trotzdem fand ich die Einstellung der Deutschen ihren Eroberern gegenüber dort gesünder als in den anderen Zonen, da nicht von ihnen verlangt wurde, Respekt zu zeigen, den sie gewiß nicht empfanden. Im Ganzen schien die Ansicht zu herrschen: »Erst haben wir es ihnen gegeben, jetzt geben sie es uns, und damit braucht man keinerlei Moralfragen zu verknüpfen.«

Rohrbach selbst hatte sich überhaupt nicht verändert, mit Ausnahme des weißen Tischtuchs, das man über den Stammtisch des Bürgermeisters gebreitet hatte, sowie der Weingläser, die im allgemeinen nur bei Hochzeiten und Beerdigungen zum Vorschein kamen. Die Gaststube des *Adler*, die sich bald bis zum Überquellen füllte, nahm mich wieder als eine der ihren auf.

Es gab reichlich zu bereden. Ich mußte mich allerdings erst wieder an den Dialekt gewöhnen, um zu erfahren, was sich seit meiner Abreise im Tal zugetragen hatte. Sepp hatte seine Voraussage darüber, was er nach dem Krieg tun würde, erfüllt, flickte weiter Schuhe und betreute das Telefon, von dem er hoffte, es würde sich eines Tages von der Behandlung erholen, die ihm von den Ingenieuren zuteil geworden war.

Der Bürgermeister war trotz unserer Intervention beim Gouverneur in Villingen gezwungen gewesen, sich vorübergehend in den Ruhestand zu begeben. Die Dorfbewohner lösten das Problem jedoch bald selbst; sie deuteten die neu aufgestellten demokratischen Regeln dahingehend, daß sie ihn binnen kurzer Zeit wieder als Vorsteher ihrer Gemeinde einsetzten.

Frau Muckle machte mir Sorgen, denn sie war sehr gealtert und dünner geworden, auch schien sie ihr Rheuma stärker denn je zu plagen. Voller Hoffnung hatte sie meine britische Flagge weiter in einem ihrer Fenster kleben lassen, aber das hatte nach unserer Abreise den *Adler* nicht vor den französischen Truppen geschützt. Manche von ihnen hatten sich verhalten, wie man es Soldaten nachsagt, hatte ihre umfangreiche Ausrüstung überall verstreut, Frau Muckles Vorräte aufgegessen und auch gestohlen.

Frau Muckle vermißte uns, vor allem aber meinen kleinen Christopher; Tränen traten ihr in die Augen, als sie mir erzählte, sie und Martina hätten ihr jüngstes Kätzchen Christofli getauft, als dauernde Erinnerung an ihn. Martina wollte nicht mehr wie früher Nonne werden; ich war sicher, sie würde bleiben und das noch vorhandene Vieh versorgen, solange Frau Muckle das Regiment führte. Aber wie lange würde das noch dauern? Nur ein einziger junger Mann, der aus dem oberen Tal stammte, war aus dem Krieg zurückgekehrt, um sein altes Handwerk als Wagenbauer wieder aufzunehmen. Seit dem schrecklichen Tag, als Frau Muckles Sohn Ernst als vermißt gemeldet wurde, hatte sie nie wieder etwas von ihm gehört. Ich spürte, sie hatte inzwischen die Hoffnung aufgegeben, daß er aus Rußland heimkehren und das Gasthaus führen würde.

Ich wünschte ihr so vieles, sogar, daß ich einen Sohn hätte, der alt genug wäre, anstelle von Ernst weiterzumachen. Nach zwei kurzen Tagen mußte ich jedoch leider wieder abfahren. Ich hatte eine lange Reise vor mir, zurück nach draußen, in eine andere, für mich fast unwirkliche Welt jenseits des Horizontes.

Auf dem halben Wege nach Schonenbach hinunter hielt ich den Jeep am Wegrand an und kletterte hinaus. Der Schnee hatte das Tal später verlassen als im vergangenen Jahr, aber jetzt blühten die Himmelsschlüsselchen schon auf den Weiden.

Inzwischen zeigten die Dorfbewohner kein Interesse mehr an den von der Wehrmacht hinterlassenen Panzern und Geschützen, denn sie hatten längst alles, was nützlich war, abmontiert. Knapp unter mir lag ein solches verlassenes Wrack, und abermals sah ich, daß es nur noch einem Vögelchen von Nutzen war, denn auch dieses Jahr hatte es sein Nest im Auspuff gebaut.

Als ich meinen Weg den Berg hinunter nahm, in die sogenannte Zivilisation zurück, wurde mir der Abschied immer schwerer, so daß ich, ehe ich Donaueschingen erreicht hatte, beschloß, meine Rückkehr noch ein wenig zu verschieben und nach Riedlingen und dem in der Nähe gelegenen Schloß Wilflingen zu fahren, wo ich hoffte, Dölt und Camilla Stauffenberg, alte Freunde aus Berlin, anzutreffen. Dölt war ein Vetter von Claus, und Camillas Familie stammte aus Nordirland. Als ich ihr das letzte Mal begegnet war, hatte sie noch auf Dölts Rückkehr aus der englischen Kriegsgefangenschaft gewartet. Mein Transportmittel in jener Zeit war ein Fahrrad gewesen, und die Reise hatte fast einen ganzen Tag gedauert, aber jetzt, am Steuer eines Jeeps, schaffte ich sie in zwei Stunden.

Sie freuten sich beide, mich zu sehen, zudem Dölt, der einige Tage zuvor aus der Gefangenschaft entlassen worden war, des Lobes voll war darüber, wie er als englischer Kriegsgefangener behandelt worden war. Erst als ich bemerkte, daß er trotzdem nicht sonderlich gesund aussähe, berichtete mir Camilla über sein Schicksal, nachdem er England verlassen hatte. Zusammen mit anderen Kriegsgefangenen, die alle ebenso gut behandelt worden waren, war er, ehe man sie in die Heimat entließ, zunächst in ein britisches Durchgangslager in Belgien verlegt worden. Dort hatte man ihnen ihre geringe Habe gestohlen, ihre Uhren und alles Geld, hatte sie fast verhungern lassen, so daß viele, als man sie mit der Bahn nach Düsseldorf weiter transportierte, kaum noch laufen konnten. Camilla war es, in ihrer stillen Art, offensichtlich peinlich, mir diese Geschichte erzählen zu müssen, und ich war ehrlich entsetzt.

Auf meiner langen Fahrt zurück nach Frankfurt wollte mir diese Geschichte nicht aus dem Sinn gehen, und als ich das Pressequartier erreicht hatte, wußte ich, was zu tun war. Schließlich war ich ja offiziell Journalistin. Aus welchen anderen Grund fuhr ich in einem Jeep durchs Land, winkend und grüßend, mit einem großen goldenen »C« auf meiner albernen Kappe? Ich hatte eine Story und mußte mich sofort mit meiner Redaktion in Verbindung setzen.

Inzwischen war ich zwar keine ganz blutige Anfängerin mehr, aber trotzdem hielt ich es für gescheiter, erst vorsichtig meine Fühler auszustrecken und anzufragen, ob diese Geschichte lohnte, entwickelt zu werden; und ob sie mir auch, falls die Antwort positiv ausfiel, zutrauten, die Sache weiter zu verfolgen. Wenn ich je Zweifel gehegt hätte – hier schien mir die Bedeutung einer freien Presse offensichtlich. In meinem Falle kam hinzu, daß ich es mit einem außenpolitischen Redakteur zu tun hatte, dem es darum zu tun war, liberale und demokratische Traditionen aufrechtzuerhalten. Ich erhielt sofort grünes Licht, und einige Tage später wurde mir Nummer und Lokalität des Lagers durchgegeben sowie die Namen des Lagerkommandanten und eines britischen Offiziers, der über die Umstände Bescheid wußte und nach seiner Demobilisierung versucht hatte, das Kriegsministerium aufmerksam zu machen, jedoch ohne Erfolg. Mir wurde zusätzlich versichert, daß zwei Parlamentsmitglieder unterrichtet worden seien, die bereit waren im Unterhaus unbequeme Fragen zu stellen. Ein ungeklärter Aspekt bedurfte noch der Aufklärung, und zwar durch die Kriegsgefangenenkommission, deren Hauptsitz sich in Berlin befand.

Meine Aufgabe war, zuzuhören, Notizen zu machen und der Kommission zu versichern, daß alles, was sie zu dieser Frage äußerten, veröffentlicht werden würde.

Der Alliierten-Zug fuhr abends in Frankfurt ab, rollte durch die verschiedenen Besatzungszonen und kam am anderen Morgen in Berlin an. Irgendwo in der Nähe von Hannover wurde ein herzhaftes Frühstück im hell beleuchteten Speisewagen serviert; ich war froh, daß der untere Teil der Fenster durch Vorhänge verdeckt war, so daß die sich auf den Bahnhöfen drängenden Menschen, an denen wir vorbeifuhren, nicht sehen konnten, was wir auf den Tellern hatten. Vor achtzehn Monaten hatte ich zu ihnen gehört, drängelnd, kletternd, übermüdet und hungrig, und die Reise hatte zwei Tage und zwei Nächte gedauert, ehe wir an unser Ziel gelangten. Inzwischen hatte eine Uniform meinen Status verändert, aber warum dies so sein sollte, leuchtete mir nicht recht ein, denn unter all der Verkleidung empfand ich mich noch immer als die gleiche.

Ich sehnte mich, nach Berlin zu kommen, erstens, um nachzusehen, ob noch etwas von unserem Haus in Dahlem übrig war, und zweitens, um festzustellen, ob in der angeblich völlig zerstörten Stadt noch irgendwelche Freunde übrig geblieben waren.

Sobald der Zug sein Ziel erreicht und dampfend haltgemacht hatte, warf sich eine buntgewürfelte Menge auf Türen und Fenster, in der Hoffnung, durch Gepäcktragen ein paar Zigaretten zu ergattern. Als ich über die rastlose Menge grauer Gesichter blickte, fiel mir ein Mann auf, der kleiner war als die übrigen, vielleicht auch weniger aggressiv. Er trug eine deutsche Militärmütze, mit dem Schirm nach hinten, auf der eine große Kennziffer aus Pappe befestigt war, die ganz offensichtlich ein Eigenfabrikat war. Trotz dieser persönlichen Initiative war klar, daß er wegen seiner kleinen

Statur allmählich an Boden verlor, und so wartete ich, bis sich die Menge zerstreut hatte, ehe ich auf den Bahnsteig stieg und ihn bat, meinen Koffer zu tragen.

»Träger«, rief ich zögernd und wurde sofort und unmißverständlich daran erinnert, daß ich wieder in Berlin war.

»Träger?« gab er schnippisch zurück, in dem unverwechselbaren Berlinerisch, das mein Sohn John auch nach vielen Monaten im Schwarzwald nicht verloren hatte. »Träjer, wat heeßt hier Träjer. Ick bin jetzt befördert, ick heeße Poooorter«, wobei seine Aussprache dieses Wortes, während er mein Paket *Lucky Strike* in die Tasche schob, jedem hochgestochenen Engländer Ehre gemacht hätte.

Im Pressequartier erwartete mich die Nachricht, daß mich am nächsten Morgen um elf Uhr ein Wagen von der Kriegsgefangenenkommission abholen werde. Ich hatte also den Nachmittag frei und beschloß, nach Dahlem zu fahren, eine Weile bei unserem kleinen Haus zu verbringen und allein meinen Erinnerungen nachzuhängen.

Es war Sommer und der unverwechselbare Kieferngeruch aus dem Grunewald versetzte mich unversehens in die Jahre zurück, die wir im Falkenried gelebt hatten. Wie es so oft mit Erinnerungen geht, waren es trotz Bomben, Gefahr, Angst und Kummer nur die glücklicheren Bilder, die in mir wieder auftauchten.

Unser Haus, das den Endkampf um Berlin überlebt hatte, sah zwar recht mitgenommen aus, aber es stand noch. Die Gartentür hing schief in den verrosteten Angeln, so als ob ihr jemand einen gewaltigen Stoß versetzt hätte, der Pfad zur Haustür war dicht mit schlüpfrigem, braunem Moos bewachsen. Das Haus schien jedoch bewohnt zu sein, denn mein Klopfen wurde bald von einem feindselig wirkenden Mann in Hemdsärmeln beantwortet, dessen Gesichtsausdruck jedoch, als er meine Uniform erblickte, sofort jene Mischung aus Mißtrauen und Unterwürfigkeit spiegelte, die mir inzwischen so widerlich war. Das Mißtrauen gewann die Oberhand, als ich ihm auf Deutsch erklärte, ich wolle mich umsehen, da dies mein Zuhause gewesen sei.

Auf meinem Besichtigungsgang überfiel mich sofort ein beklemmendes Gefühl. Als wir Berlin vor vielen Monaten – die mir jetzt wie Jahrzehnte vorkamen – verließen, hatten Peter und ich den größten Teil unserer Habe, Bilder, Porzellan, Lampen, Möbel, Töpfe und Pfannen zurückgelassen. In gewisser Weise hatten wir fast jedes Gefühl für Besitz verloren, aber wir waren auch so naiv gewesen, zu hoffen, eine Familie, die all dies vorfand, würde sich freuen und sorgsam damit umgehen.

Ein einziger Blick in unser Wohnzimmer setzte solchem Wunschdenken ein jähes Ende. Es war leer, bis auf eine alte Eichenkredenz und eine ebenso schwere eicherne Brauttruhe, Bauernmöbel aus Schleswig-Holstein, die uns Peters Großmutter geschenkt hatte. Als wir heirateten, waren auf Hochglanz polierte Garnituren aus Rosenholz und Mahagoni Mode gewesen, aber Peter und ich hatten Freude an anderen Dingen, und inzwischen ging von diesen beiden stämmigen Möbelstücken etwas ungemein Tröstliches aus! Kriege und marodierende Heere waren so oft über sie hinweggezogen, und auch jetzt hatten sie dem Ansturm widerstanden. Im übrigen war der Parkettboden überall herausgerissen, vermutlich war er als Feuerholz verheizt worden; unsere kleine Sammlung Hamburger Stiche war von den Wänden gerissen und mit Messern durchschnitten worden. Das ganze Bild der Zerstörung offenbarte mir so völlige Sinnlosigkeit, so daß es fast erlösend wirkte, als ein Blick aus dem Fenster mir zeigte, daß der Rasen umgegraben worden war, um Platz für ein Gemüsebeet zu schaffen.

Unterdessen war der hemdsärmelige Mann, nachdem er

erst in den ersten Stock gebrüllt hatte, daß Amerikaner im Haus seien, in unserem Schlafzimmer im Parterre verschwunden und hatte die Tür hinter sich verriegelt. Der Anblick des Wohnzimmers hatte mir eigentlich schon genügt. Aber da war noch die Tür in den Keller, wo wir Äpfel aufbewahrt und so oft während der Luftangriffe mit den Kindern Mensch-ärgere-dich-nicht gespielt hatten. So öffnete ich die Tür und spähte in den Keller hinunter, um nachzusehen, ob noch irgendein Spielzeug oder sonst ein Gegenstand heil geblieben war. Die Stufen waren mit zerbrochenem Glas und Geschirrsplittern übersät, und am Fuß der Treppe lagen die total zerschmetterten Reste dessen, was früher einmal unser Hausrat gewesen war.

Ich stieg die Steintreppe hinunter, um mich zu vergewissern, und kehrte mit einem heilen Eierbecher und einem Frühstücksteller zurück, die ich sorgsam in mein Taschentuch wickelte, ehe ich das Haus durch eine der Fenstertüren verließ und das Gartentor hinter mir schloß.

Am nächsten Morgen wurde ich pünktlich um 10.45 Uhr von einem Militärwagen abgeholt. Unser Ziel war die Zentrale der Kriegsgefangenenkommission. Als wir unseren Weg durch die engen Schluchten nahmen, die einmal Straßen gewesen waren, gewann ich einen gewissen Eindruck von dem, was mit Berlin während der letzten grauenvollen Tage geschehen war, als Hitler darauf bestanden hatte, die Stadt bis zum letzten Mann zu verteidigen.

»Ich fürchte, das verdammte Schwein hat nicht gewußt, was er da anfing.« Mein Fahrer kam aus Coventry und schien ein gewisses Verständnis für die gespenstischen Gestalten zu haben, die ziellos von Schuttberg zu Schuttberg huschten.

»Manche von diesem armen Schluckern scheinen gar nicht zu wissen, wohin sie gehen«, fügte er hinzu, während er zugleich mit großem Geschick einer solchen Nachtwandlerfigur auswich, die sich schnurstracks auf unseren Kühler hinbewegte.

Ein freundlicher junger Offizier erwartete unsere Ankunft am Fuße einer Steintreppe, die in eines der wenigen noch stehenden Gebäude der Straße führte. Er begleitete mich zu einem antiquierten Aufzug, der uns in ein Obergeschoß brachte. Meine Ahnung, daß man mir Vorzugsbehandlung angedeihen ließ, bestätigte sich, als mir ein geschäftiger Mann, ebenfalls in Uniform, die Tür aufriß; er war so sehr damit beschäftigt, höflich zu sein, daß es ihm offenbar nicht bewußt wurde, mir schon einmal begegnet zu sein. Diesmal bot er mir einen Stuhl an, fragte, ob ich Kaffee wünschte, ob ich rauchen wolle, räusperte sich schließlich und machte mich mit drei aufrechten Gestalten von offensichtlich höherem Rang bekannt. Sie hatten sich bei meinem Eintritt erhoben und standen nun wie zur Parade hinter einem langen Tisch, auf dem drei dicke Aktenordner lagen, von denen einer aufgeschlagen war.

Unsere Unterhaltung begann mit den üblichen Bemerkungen über das Wetter und höflichen Nachfragen über die Annehmlichkeit meiner Reise. Erst dann kam einer der Drei zur Sache und fragte mich, ob und auf welche Weise sie mir behilflich sein könnten. Ich erzählte ihnen meine Geschichte, und auf die Frage, um welches Lager es sich handle, war ich imstande, ihnen sämtliche Einzelheiten, die mir der *Observer* hatte zukommen lassen, zu unterbreiten.

An hohen Offizieren, einerlei welcher Nation sie angehören, ist meiner Erfahrung nach immer etwas Geradliniges, fast Naives. Die Offiziere vor mir waren dafür besonders gute Beispiele, so daß ich fast Mitleid mit ihnen empfand, während sie in ihren dicken Akten vorwärts und rückwärts blätterten, schließlich bei einer bestimmten Seite innehielten. Ich spürte, sie wußten, daß sie verloren hatten. Einer fragte sogar, ob es Lord Astor nicht möglich sei, die ganze Sache zu vergessen, vorausgesetzt, das ganze Lager würde aufgelöst. Hier mußte ich ihnen nun den letzten Hieb versetzen und erklären, daß die Geschichte am folgenden Sonntag erscheinen würde und es daraufhin Anfragen im Unterhaus geben würde. Da ich an derlei Situationen nicht gewöhnt war, berührte es mich fast peinlich, ihre Danksagungen darüber entgegenzunehmen, daß ihnen Gelegenheit gegeben werden würde, ihre Seite der Angelegenheit klarzulegen.

Unterdessen ging meine kleine Nebenvorstellung munter weiter. Der Oberst, der mich reichlich mit Kaffee und Zigaretten versorgte, den man jedoch nicht aufgefordert hatte, Platz zu nehmen, schien sich plötzlich zu erinnern, daß wir uns schon einmal begegnet waren:

»Ich bin sicher, Mrs. Bielenberg, wir haben uns schon irgendwo kennengelernt. Nie vergesse ich ein Gesicht«, murmelte er mir ins Ohr, während er mir Feuer gab. »War es vielleicht in London oder in Paris?« Ich antwortete kühl, ehe ich mich wieder seinen Vorgesetzten zuwendete: »Oh ja, wir sind uns schon begegnet, aber es war weder in London noch in Paris.«

Das Interview war beendet. »Bringen Sie Mrs. Bielenberg bitte an der Lift, Oberst, und begleiten Sie die Dame zum Auto.« Wie ich jetzt feststellen konnte, gibt es einen Befehlston, der international ist, er erheischt sofortigen, selbstverständlichen Gehorsam. Mein Begleiter ergriff meine Aktentasche und sprang zur Tür. Während er auf dem Weg zum Aufzug neben mir hertrippelte, sah ich, daß ihm keineswegs wohl war.

»Wissen Sie«, fing er wieder an, »es macht mir Kopfschmerzen, Mrs. Bielenberg. Ich bin ganz sicher, wir sind uns schon begegnet. Wo war es nur?«

Ich bin von Natur nicht rachsüchtig, aber als ich mich zu ihm hindrehte und sah, wie er da neben mir herschnaufte und meine Aktentasche trug, fragte ich mich doch, wie oft einem das Schicksal eine so unerwartete Gelegenheit der Abrechnung beschert.

»Sie haben auch allen Grund, Kopfschmerzen zu haben«, hörte ich mich antworten. »Und geben Sie sich gar keine Mühe, mich zum Wagen zu begleiten. Es war in Frankfurt, vor einigen Monaten: damals war ich die arme Närrin, die einen verdammten Deutschen geheiratet hat.«

Mein Begleiter erreichte mit Mühe den Aufzug, und ich amüsierte mich von Herzen. Während der alte Aufzug langsam zum Erdgeschoß hinunterfuhr und sich nacheinander sein Kopf, sein untersetzter Körper und seine Stiefel meinem Blick entzogen, merkte ich plötzlich, daß ich grinste. Abgesehen davon, daß meine Uniform schon eine arg theatralische Note besaß, konnte ich meine Abschiedsbotschaft an die Kriegsgefangenenkommission ganz zufrieden als wirkungsvollen Abgang buchen.

Es war Mittag, als ich in das Pressequartier zurückkehrte. Die Bar war voller Journalisten, seriöse, leichtfertige, wenige des Deutschen mächtig; viele trugen Abzeichen, die erkennen ließen, wo sie die vergangenen sechs Jahre ihres Lebens verbracht hatten. Sie waren durchaus hilfsbereit und willens, einer so offenkundigen Anfängerin tippen zu helfen und ihren Bericht rechtzeitig nach London zu übermitteln, um die Sonntagsausgabe noch zu erreichen.

»Nehmen Sie einen Gin-Tonic, Chris, Sie sehen etwas mitgenommen aus.« Ich war kein bißchen mitgenommen. Im Gegenteil, nachdem ich einen Gin hinuntergegossen hatte, der einem Alkoholiker Ehre gemacht hätte, war ich eigentlich in Hochstimmung. Ich war keine Außenseiterin mehr, sondern eine ausgewachsene Auslandskorrespondentin, und falls ich diesen Experten trauen durfte, hatte ich Schlagzeilenmaterial geliefert. Als solches sollte es sich in der Tat herausstellen. Jetzt konnte ich aktiv an einer anderen Welt teilhaben, vielleicht aber auch die Frustrationen kennenlernen, die einem, so meine Kollegen, von den Chefs vom Dienst bereitet werden; die hätten nämlich nichts besseres zu tun, als die tagtäglich und allnächtlich auf uralten Schreibmaschinen produzierten literarischen Meisterwerke der Kollegen durch den Fleischwolf zu drehen.

Sobald ich jedoch meinen Gedanken erlaubte, in die Welt hinaus zu wandern, schienen mir Zeitungsreportagen ungenügend. Vielleicht könnte ich eines Tages ein bißchen weitergehen und ein Thema, das sich weder erklären noch sinnvoll deuten ließ, auf meine Weise zu erklären und zu deuten versuchen.

Ehe ich Berlin verließ, blieb mir noch eine weitere Pflicht: wenn möglich herauszufinden, wo Alexander Werth abgeblieben war. Alexander war ein loyaler Freund von Adam von Trott gewesen und hatte mit ihm im Auswärtigen Amt zusammengearbeitet. Als die Führung ihrer Abteilung einem hohen Nazi übertragen wurde und das Haus dieses Herrn einer Bombe zum Opfer fiel, hatte sich Alexander erboten, ihn in seiner Wohnung aufzunehmen, offiziell um sich willig zu zeigen, inoffiziell jedoch, um ein wachsames Auge auf ihn zu halten. Alex gelang es, nach dem 20. Juli der Gefangennahme zu entgehen, aber das Schicksal ereilte ihn später, als er von den Russen verhaftet wurde. Inzwischen galt er als einer der Kriegsverbrecher, die auf ihren Prozeß in irgendeinem Lager vor Berlin warteten. Ich beschloß, mein Glück sofort zu versuchen.

Es brauchte eine Weile, ehe es mir gelang, einen der Taxifahrer, die täglich in ihren uralten Wagen vor dem Pressequartier auf Kundschaft warteten, zu überreden, mich in den russischen Sektor von Berlin zu fahren. Der erste, den ich bat, lehnte es glatt ab und erklärte, selbst wenn ihm sein eigenes Leben nicht mehr sehr viel wert sei, so sei ihm doch sein Taxi zu schade. Der zweite wünschte, daß unsere östlichen Alliierten jenseits des Urals geblieben wären; der dritte beäugte meine angebotenen Zigaretten und entschied sich, das Risiko einzugehen, das heißt, mich dorthin zu bringen, so lang ich bereit war, meinen eigenen Weg zurückzufinden. Und so, begleitet von munteren Rufen wie: »Auf Wiedersehen irgendwann« und »Ich hoffe, Sie haben ein paar Butterbrote dabei«, machten wir uns auf nach Karlshorst, wo die Russen ihr Hauptquartier hatten.

Kaum hatten wir das große Betongebäude erreicht, das reichlich mit Hämmern und Sicheln verziert war, als mir mein Taxifahrer auch schon hastig Glück wünschte und in einer Staubwolke davonbrauste, als sei ihm der Teufel auf den Fersen.

Eine lebhafte Menge von Männern und Frauen in steifen Militärmützen und schäbigen Uniformjacken drängten sich vor dem Gebäude; sie schwatzten und lachten und zeigten dabei eine erstaunliche Anzahl blitzender Silberzähne. Ich hatte keine Ahnung, ob es sich bei ihnen um Wachen handelte; falls sie es waren, schienen sie ihre Pflichten nicht sehr ernst zu nehmen. Wären es britische Soldaten gewesen, hätte nur noch der obligatorische Fußball gefehlt.

Im düsteren Innern wirkten die Dinge organisierter. Ein Beamter, der sich hinter einem Schreibtisch räkelte, schien mein Anliegen zu begreifen und wies mich die Steintreppe hinauf zu einem kleinen Büro, wo mich ein gutaussehender, junger Mann, dessen Brust mit vielen Orden geschmückt war, in ausgezeichnetem Englisch begrüßte. Ich sei gekommen, um mich nach Alexander Werth zu erkundigen. Ah, ja. Der Fall schien ihm bekannt zu sein. Er zog einen Federhalter hervor, bot mir eine amerikanische Zigarette an, hörte mir aufmerksam zu und machte sich Notizen.

Als ich an das Ende meiner Ausführungen gelangt war, stand er auf, schüttelte mir warm die Hand und erklärte mir, er sei nicht ganz die zuständige Person, aber wenn ich den Gang entlang ginge und durch die letzte Tür rechts, Nr. 225 – ich könne es gar nicht verfehlen –, würde ich genau den Beamten finden, den ich benötigte. Ich dankte ihm aufrichtig und fragte mich im stillen, warum soviel Unsinn über das Betragen und die Untüchtigkeit der Russen erzählt wurde.

Der Raum am Ende des Ganges, den er mir genannt hatte, stellte sich als großer Saal heraus, in dem sich außer zwei an der Wand aufgereihten Stuhlreihen keinerlei Möbel befanden. Auf diesen saßen gesprächige junge Männer und Frauen, alle in Uniform, die paarweise die Stuhlreihen entlang aufrückten, bis sie die Tür am anderen Ende erreichten und dahinter verschwanden. Nach einigen Augenblicken kamen sie durch eine zweite Tür bester Dinge wieder zum Vorschein und wurden von den anderen mit Gelächter und Rückenklopfen begrüßt.

Beamte waren keine zu sehen, und da alle anderen nur Russisch sprachen, setzte ich mich an das Ende der wartenden Schlange, und es dauerte eine Weile, bis ich herausfand, was vor sich ging. Das falsche Zimmer? Unmöglich! Der schmucke Offizier hatte mir doch ausdrücklich erklärt, es sei die letzte Tür rechts, und er hatte mir auch die Nummer genannt.

Ich kam der Tür am anderen Ende immer näher. Das Paar vor mir wurde mit jeder Minute aufgeregter und nervöser; jetzt wurde mir erst klar, was hier wirklich vorging, und ich erhob mich zum Gehen. Was immer hinter dieser Tür geschah, hatte ganz gewiß nichts mit Alexander Werth zu tun. Ich gelangte zu dem Schluß, daß es sich um eine Art

Standesamt handeln mußte, und es schoß mir der absurde Gedanke durch den Kopf: wenn du länger hier bleibst, könnte es geschehen, daß du einem Russen bigamistisch angetraut würdest.

Ein schneller Rückzug zum Ende des Ganges genügte, mich zu überzeugen, daß meine Hilfsaktion für Alex ein völliges Fiasko war. Niemand war mehr da; es herrschte tiefe Stille; die Tür zum Zimmer meines schmucken Offiziers war fest verschlossen.

Als ich aus dem Gebäude trat, machte sich gerade eine überfüllte Straßenbahn abfahrbereit, und es bildete sich bereits wieder eine lange Schlange, in der Hoffnung, mit der nächsten mitzukommen.

Als wir so Schritt für Schritt vorwärtskamen, fand ich mich neben einem hochgewachsenen, schlanken jungen Mädchen, das irgendwie anders aussah als die formlosen Gestalten, die sich neben uns herschoben. Sie trug keines der unvermeidlichen Bündel; ihre Kleidung war dunkelgrün – kam sie vielleicht aus Bayern? –, zwar schäbig und abgetragen, aber dennoch von unverkennbar gutem Schnitt.

»Ich wünschte, Sie hätten sich voriges Jahr ein bißchen mehr beeilt.« Die Stimme neben mir schien an den breiten Rücken der Dame vor uns gerichtet, sprach aber zu meiner Überraschung Englisch, mußte also mir gelten.

»Wie meinen Sie? Die Alliierten? Der Vormarsch auf Berlin? Wenn ja, dann gebe ich Ihnen völlig Recht«, antwortete ich mit Nachdruck und dachte zurück an jene Tage im Schwarzwald, als wir nur beten konnten, daß der Sturm so rasch wie möglich über uns hinwegbrausen und uns am Leben lassen möge. Das Mädchen blickte mich mit einem traurigen Halblächeln an, schien aber weiterreden und ihr Herz ausschütten zu wollen, in einer Sprache, die nur ich verstand.

»Nur fünfzig Kilometer haben gefehlt, dann hätten wir Sie alle bei uns zu Hause willkommen heißen können. Statt dessen...«

Eine Straßenbahn ratterte auf uns zu, und erst als wir uns hineingeschoben hatten und dicht aneinander gedrängt zum Stehen gekommen waren, konnte sie fortfahren. Statt dessen – nun, statt dessen waren natürlich die Russen gekommen, und ihr Vater hatte es nicht übers Herz bringen können, seinen Grund und Boden zu verlassen. Ihre Mutter war schon während des Krieges gestorben und ihre beiden Brüder an der Ostfront gefallen. Ohne sein Land und ohne Erben hatte ihr Vater sowieso keinen besonderen Grund gehabt weiterzuleben. Niemand hatte den Schuß gehört, mit dem er seinem Leben ein Ende gesetzt hatte, da die Russen damals schon beinahe vor den Toren standen und im Dorf viele Schüsse gefallen waren. Aber ein treuer Förster hatte dafür gesorgt, daß der Herr Graf anständig begraben wurde, was immer das bedeutet haben mochte. »Unter einem seiner Bäume, hoffe ich; ich habe nie den Mut aufgebracht nachzusehen.«

Was sie selbst betraf, so hatte sie erstaunliches Glück gehabt. Auf typisch preußische Art hatten ihre Eltern immer darauf bestanden, daß sie jedes Jahr eine gewisse Zeit in der Küche verbrachte, um kochen zu lernen und auch, wie man mit großen Fleischmengen umging; Schinken und Würste mußten gepökelt und geräuchert werden, um den Haushalt im Winter zu versorgen. Auch mußte sie mit dem Personal, das auf dem Gut arbeitete, vertraut werden, mit »ihren Leuten«, wie sie es nannte.

Als die Russen schließlich kamen, hatte sie sich in die Gutsküche zurückgezogen; die Arbeit war zwar hart gewesen, aber sie wurde weder belästigt, noch mußte sie hungern, denn die alte Köchin war ein Drachen und sorgte auch dafür, daß sich selbst die russischen Soldaten ordentlich benahmen: »Kein Benehmen – kein Essen«, lautete die simple Devise.

Sie hatte auch Glück gehabt, als der russische Kommandant, ein Oberst mit seiner Frau und zwei Kindern – ein Junge und ein Mädchen – einzog und sie zur Gouvernante beförderte. »Es ist im Grunde eine erstaunliche Erfahrung; die Kinder sind zwar schwer zugänglich – schon zu verwöhnt –, aber die Eltern sind beflissene Schüler und versäumen es keinen Abend, mir ihre säuberlich gemachten Hausaufgaben vorzuzeigen.«

Ihr Oberst und seine Familie waren inzwischen in Berlin stationiert und hatten sie mitgenommen. Abgesehen vom Kochen, Putzen und der Überwachung der Kindererziehung war sie gegenwärtig mit einer eher bizarren Sonderaufgabe betraut. Zu den Privilegien eines russischen Offiziers gehörte anscheinend die Erlaubnis, seinem ältesten Sohn die väterliche Uniform in Miniatur verpassen zu lassen, einschließlich sämtlicher Orden und Abzeichen. Dem Vater war jedoch aufgefallen, daß sein Sohn nicht gut genug auf sein Prachtgewand aufpaßte, und er war zu dem Schluß gekommen, der Schmutz an der Jacke sei die Folge der Angewohnheit seines Söhnchens, anstatt ein Taschentuch zu benutzen, seine Nase aus dem Fenster hinaus zu schnäuzen.

Das *Fräulein* wurde zitiert und beauftragt, in Aktion zu treten. »Sie scheinen keine Taschentücher zu besitzen«, sagte sie erklärend, und so ginge es eben: »Rechtes Nasenloch, puff – linkes Nasenloch, paff.« Meine Gefährtin konnte ein herzliches Lachen nicht unterdrücken, als sie beschrieb, wie sie lernte, den scheinbar endlosen Rotzmengen, die ihr Zögling von sich gab, Richtung zu geben. »Aus dem Fenster hinaus, aber nicht gegen den Wind.«

Das Mädchen stieg aus, ehe die Straßenbahn aus dem russischen in den britischen Sektor überwechselte. Als ich ihr durch das Fenster nachsah, wie sie sich resolut ihren Weg durch das Gedränge auf dem Bürgersteig bahnte, fiel mir ein, daß wir uns zwar sehr harmonisch unterhalten hatten, aber weder ich sie nach ihrem Namen gefragt hatte, noch sie mich nach meinem. Alte Gewohnheiten ließen sich nicht so schnell ablegen – das galt für mich ebenso wie für sie. Wir hatten soviele Jahre durchlebt, während derer bloße Bekanntschaft einfach nicht genügte, ja sogar gefährlich werden konnte. Es mußte Freundschaft sein, echte Freundschaft, ehe die Schranken fallen konnten.

Einige Monate später wurde Alex Werth aus der Haft entlassen und erklärte mir, ehrlich wie er war, daß mein Besuch ihm wenig genützt habe, im Gegenteil, er sei hinderlich gewesen. Die Atmosphäre zwischen den westlichen und östlichen Alliierten war längst nicht mehr freundlich und meine Fürsprache hatte in der Tat das Mißtrauen nur noch gesteigert.

SIEBENTES KAPITEL

Es brauchte mehrere Monate, ehe sich Fredas dringender Rat, Peter so bald wie möglich herauszuholen, in die Tat umsetzen ließ. Mein Vater war besonders aktiv um unsere Angelegenheit bemüht, was mich umso mehr rührte, wenn ich mich an seine ursprünglichen Sorgen bezüglich unserer Heirat erinnerte. Freunde halfen ebenfalls wo sie konnten, aber die Regeln der Alliierten waren streng. So näherte sich das Jahr seinem Ende, ehe ich in die Kronberger Küche zurückkehren konnte, in der Hand die englische Einreiseerlaubnis für Peter H. W. Bielenberg, Doktor der Rechte. Es war die erste derartige Erlaubnis, die einem deutschen Zivilisten nach Kriegsende erteilt wurde.

Dahin waren die Hoffnungen aller liebeslustigen deutschen Damen, die Freda Sorge gemacht hatten. Jetzt hatten wir Grund zum Feiern! Hans und Ellen Eiche kamen mit zwei Flaschen köstlichen Elsässer Weins, den sie in Vater Eiches Keller entdeckt hatten. Auch sie hatten Grund zur Freude, denn ihre kleine Tochter Ursel hatte eine Gehirnhautentzündung überstanden, dank eines amerikanischen Militärarztes, der mir Penizillin verschafft hatte, das sonst nur auf dem Schwarzmarkt zu finden war, gegen zehn unauftreibbare Kilo Butter pro Spritze. Bob Stephens vom *Observer*, Betty und Dick O'Regan, Pat Nicholson, zwei weitere amerikanische Offiziere sowie zwei Leute von der UNRRA, ebenfalls mit Flaschen bewaffnet, hatten sich alle eine Mahlzeit im PX versagt, um mit uns ein etwas sonderbares Menü zu teilen, das Freda und ich aus sämtlichen Vorräten in der Speisekammer komponiert hatten.

Einige Wochen zuvor hatte Peter der Entnazifizierungskommission ohne Blutvergießen gekündigt und war bei der soeben gegründeten Handelskammer eingetreten. Auf diese gute Nachricht hin hatte er auf dem Schwarzmarkt ein Vermögen für eine wunderbare Flasche edlen, alten Cognacs geopfert, der sich allerdings als kalter Tee erwies. Nichts konnte aber unserer guten Laune Abbruch tun. Selbst Fredas Mann, Hannes, ließ sich überreden, ein oder zwei Stunden lang seinen soziologischen Studien abtrünnig zu werden. Er war im Sommer aus der Haft entlassen worden, nachdem ich seinetwegen einige Anstrengungen unternommen hatte, und war seither auf den Speicher verbannt worden, mitsamt einer uralten Schreibmaschine, die allen außer ihm gründlich auf die Nerven ging.

Es war ein sehr gelungenes Fest, das allerdings nicht ganz ohne Drama verlief, denn gegen Ende war plötzlich nicht mehr klar – sicherlich dank der vielen ungewohnten Flaschen –, wo Peters Reiseerlaubnis abgeblieben war.

Ich wußte, daß ich mich nicht lang in Frankfurt aufhalten konnte, denn kurz vor meiner Abreise aus England war die Situation eingetreten, die ich schon den ganzen Sommer lang hatte kommen sehen. Überflüssig zu sagen, betraf es meinen jüngsten Sohn, Christopher, und seine sogenannte Hüterin, Madi. Letztere hatte meine Abwesenheit im Frühjahr zwar überstanden, als sie aber hörte, daß eine weitere Abwesenheit drohte, die womöglich ein oder zwei Wochen dauern konnte, griff sie sich an den üppigen Busen und war dem Herzinfarkt nahe.

Meine Schwester und ich hatten unser Bestes getan, den Tag der Entscheidung hinauszuschieben und hatten die

Kinder während der Sommerferien nach Devonshire verfrachtet, um dort vierzehn Tage bei strömendem Regen am Strand zu verbringen. Ich hätte vorgezogen, mit den Kindern nach Irland zu reisen, nicht wegen der großen Mengen von Eiern, Schinken und Brot, die alle der Rationen überdrüssigen Engländer über die Irische See lockten, sondern aus Heimweh nach dem unbekümmerten Leben auf dieser Insel, das ein Teil meiner sorglosen Kindheit gewesen war. Kaum waren wir jedoch nach Codicote zurückgekehrt, mußten wir zusehen, wie Madi meinem kleinen Liebling morgens, mittags und abends durch den ganzen Garten hinterherjagte, und so war ich nicht wirklich überrascht, als sie eine Woche vor meiner Abreise ihre Koffer packte und tränenreichen Abschied von uns nahm.

Ich weiß, daß ich geneigt bin, auf mich zukommende Probleme bis zum letzten Augenblick hinauszuschieben, immer in der Hoffnung, daß mir kurz vor Torschluß die rettende Lösung kommt, aber diesmal fiel mir nichts ein, wenn ich mich nicht in zwei Teile teilen wollte. Je näher der Tag meiner Abreise rückte, um so mehr war ich bereit, Christopher in meine Reisetasche zu stecken und mitzunehmen. Mein Bruder John, der selbst unerträgliche Erinnerungen an Internate hatte, schlug eine mögliche Lösung vor: A. S. Neills Schule in Somerset. Neill war Gründer und Direktor dieses Internats und ein Pionier moderner Pädagogik, der den Schülern unter seiner Obhut erlaubte, mehr oder weniger alles zu tun, was sie wollten.

Meine Unterredung mit Mr. Neill fand in seinem sogenannten Büro statt, während wir auf einem dreibeinigen Sofa saßen, dessen viertes Bein durch einen Stapel Bücher ersetzt war. Er erklärte, das fehlende Bein sei das Opfer einer kleinen Revolte im vorigen Trimester geworden, als einige der älteren Knaben wild geworden waren, die Fenster zertrümmert, das Geschirr zerschlagen und ihre Pulte und Betten zu Kleinholz zerhackt hatten. Seine Antwort darauf war gewesen, ihnen Glasscheiben und Holzplanken zur Verfügung zu stellen, um den Schaden mit eigenen Händen gutzumachen, was ihnen, als die Tage kälter und ihre Lebensumstände ungemütlicher wurden, auch sehr bald gelungen war. Er versicherte mir überdies, daß die Schule der Kleinen intakt geblieben war, und bei meiner etwas besorgten Inspektion konnte ich mich mit eigenen Augen überzeugen: es war ein bequemes, kleines Haus, mit vielen Spielsachen und einer sanften Hausmutter, der ich auf den ersten Blick Vertrauen schenkte.

Und so kam Christopher nach Summerhill, sein erster Schritt auf einem ungewöhnlichen Weg, der ihn über elf verschiedene Schulen schließlich zu einem *Honours Degree* in Naturwissenschaften am Trinity College, Dublin, führen sollte. Ich frage mich noch immer, ob dieser recht unorthodoxe Pfad auf ein befriedigendes Ende hin, der zwar zum Teil durch die Umstände bedingt war, nicht auch an meiner eigenen Unentschlossenheit als Mutter lag, nachdem man mir die Laster der traditionellen Lehrsysteme in allen Einzelheiten auf einem dreibeinigen Sofa in Somerset auseinandergesetzt hatte.

Das war jedoch alles noch Zukunftsmusik. Vorläufig befanden wir uns in Frankfurt, man schrieb das Jahr 1946, und ich war bemüht, meinen Weg durch einen Nebel der Ungewißheit zu suchen. Ich war nicht nur die Überbringerin guter Nachrichten, sondern hatte noch zwei weitere Gründe für meine Anwesenheit in Deutschland. Erstens war es allen Beteiligten mit der Zeit klar geworden, daß unser Hilfswerk für die Witwen des 20. Juli uns zu überschwemmen drohte. Gritta konnte kaum noch ihr kleines Büro betreten, in dem sich die täglichen Sendungen stapelten, und Dianas Schreibmaschine arbeitete auf Hochtouren. Wir hatten Marion Dönhoff, eine gute Freundin von uns, gebeten, von deutscher Seite zu helfen, aber sie war gerade im Begriff, eine Zeitung zu gründen, und hatte uns bedeutet, daß sie nicht für uns weiterarbeiten könne. Wir waren gezwungen, jemand anderen zu finden.

Der zweite Grund meiner Anwesenheit drohte, größere Komplikationen zur Folge zu haben. Er betraf einen Mann namens Gerhard Graf von Schwerin. David Astor hatte gehört, daß er sich in einem amerikanischen Lager befände und auf sein Gerichtsverfahren als Kriegsverbrecher wartete.

Wir hatten Graf Schwerin schon vor dem Kriege gekannt. Damals war er als junger Wehrmachtsoffizier nach England gereist, in der Hoffnung, die Briten warnen zu können, daß es zum Krieg kommen würde, falls Hitler an der Macht bliebe. Er war nicht allein gewesen in dem Glauben, man müsse die Briten überzeugen, daß eine dramatischere Geste notwendig sei als ewiges Weiterverhandeln à la München. Ein Abgesandter, vorzugsweise ein General, müsse vom englischen König zu Hitler persönlich geschickt werden, unter Umgehung aller üblichen diplomatischen Wege, um ihm die simple Botschaft zu überbringen: »Noch einen Schritt weiter, und es gibt Krieg!«

Es war natürlich fraglich, ob eine solche Botschaft Hitler hätte zögern lassen, aber es gab viele, die der Ansicht waren, daß sich der Versuch lohnte. In der Tat hatte sich auch Peter einige Tage vor Kriegsausbruch seinen Gestellungsbefehl in die Tasche gesteckt und war nach England aufgebrochen mit der gleichen verzweifelten Absicht. Sowohl Peter als auch Schwerin waren unverrichteter Dinge zurückgekehrt: Schwerin, weil das britische Oberkommando etwas Verräterisches in seinem Benehmen zu erkennen glaubte; Peter, weil es August war und sich die Mehrzahl der verantwortlichen Beamten auf Urlaub befand.

Während des Krieges hatten wir nicht viel von Schwerin gesehen, da er nur selten nach Berlin auf Urlaub kaum; aber es war nicht schwer gewesen, seine Laufbahn von Schlachtfeld zu Schlachtfeld zu verfolgen, bis er schließlich zum Generalmajor aufrückte, denn er schickte inoffizielle Berichte an vertrauenswürdige Freunde an der Heimatfront aus Polen, aus Frankreich, Rußland und schließlich Italien. Nie hatte er hinter dem Berge gehalten mit seinen Beschreibungen der Verhältnisse an der Front; nie hatte er versucht zu verheimlichen, wie sehr er die Übergriffe ablehnte, die nach seiner Auffassung hinter der Front verübt wurden. Er gehörte zu jenen mutigen, äußerst tüchtigen Berufsoffizieren, die sich in dem Dilemma gefangen sahen, für einen Führer kämpfen zu müssen, dessen Methode der Kriegsführung sie verabscheuten.

Auf seiner Vorkriegsmission in England hatte er David Astor kennengelernt und seine Hilfe gesucht. Damals war ich mit David noch nicht sehr gut bekannt, inzwischen war er jedoch ein vertrauter Freund geworden, von dem ich wußte, daß er nicht leicht aufgab. David hatte Schwerin getraut und ihn sympathisch gefunden. Jetzt war letzterer in Dachau, dem Konzentrationslager, das die Amerikaner in ein Internierungslager für Schwerkriegsverbrecher umgewandelt hatten, die dort auf ihre Prozesse warteten.

Es mußte ein Fehler unterlaufen sein – und es mußte etwas geschehen. Wenn es um Freundschaft und um die Richtigstellung von Unrecht ging, glich David einem Jagdhund auf der Fährte. Daher war mir auch klar, daß ich zumindest einen Versuch machen mußte, auch wenn ich kaum glauben konnte, daß es einer so gut wie unbekannten britischen Kriegskorrespondentin gelingen würde, ohne Hilfe in eine solche Festung einzudringen und die Obrigkeit von ihrem Irrtum zu überzeugen.

Während wir uns berieten, wie man die Sache angehen könnte, fiel mir plötzlich Captain Register ein und die Bedeutung, die er einem eindrucksvollen Stempel beigemessen hatte, wenn man es mit Militärs zu tun hatte. Es dauerte nicht lange, bis David ein noch besseres Dokument herbeizauberte: einen Einführungsbrief mit der Bitte, meiner Wenigkeit jegliche Unterstützung zuteil werden zu lassen, unterzeichnet von Robert Murphy, Eisenhowers politischem Berater.

Ehe ich Feste feiern konnte, mußte ich daher erst einmal nach Dachau fahren. Sobald Pat Nicholson mir ein passendes Transportmittel verschaffen konnte, dem sie auch noch einen Fahrer beifügte, als sie mein Einführungsschreiben gelesen und ich ihr meinen Reisezweck auseinandergesetzt hatte, machte ich mich auf den Weg nach München. Inzwischen hatte ich noch zwei weitere Briefe von freundlich gesinnten Generälen in der Tasche, die Robert Murphys Unterschrift gesehen hatten und glaubten, es könnte nicht schaden, sich der Sache anzuschließen.

Bis dahin war meine einzige Erfahrung eines Konzentrationslagers Ravensbrück gewesen, wo ich Peter Ende 1944 besucht hatte. Dachau wirkte auch jetzt noch unheimlich: der hohe Stacheldrahtzaun mit den Wachtürmen, die Baracken, die so aussahen, als stünden sie schon seit langer Zeit. Nur die Wachen in den schwarzen Uniformen mit den weißen Initialen MP auf den Helmen waren neuen Datums. Ebenso wie in Ravensbrück residierte der Lagerleiter außerhalb des Zauns, und mich überkam ein seltsames Gefühl des *déjà vu*, als ich an einer schmucken Villa klingelte und mir die Tür von einem kleinen, dicken Mann mit kalten, blauen Augen und einem glattrasierten Schädel geöffnet wurde.

Seine Stiefel waren so sehr auf Hochglanz poliert, wie ich es im Leben noch nie gesehen hatte. Warum diese Stiefel und die Ledergamaschen einen derartigen Eindruck auf mich machten, weiß ich nicht zu sagen, denn bald entdeckte ich, daß er trotz seiner Aufmachung nicht so recht wußte, was er mit mir anfangen sollte, nachdem er meine Einführungsbriefe gelesen hatte. Seine häufigen Blicke auf das Abzeichen an meiner Mütze verrieten die typische Reaktion aller Subalternen, denen der gesunde Menschenverstand einen Weg vorschreibt, deren Angst vor einer Rüge von höherer Stelle ihnen jedoch einen anderen Weg nahelegt. Es befriedigte mich jedoch sehr, daß er mein goldenes »C« nicht mit der Presse in Zusammenhang zu bringen schien.

Ich kann nicht behaupten, daß mir mein Interview mit dem Lagerkommandanten von Dachau große Sorgen bereitet hätte. Im Gegenteil, bis er soweit war, mir eine Unterredung von zehn Minuten mit Schwerin zu gewähren, hatte ich schon angefangen, Spaß an der Sache zu finden. Es war kaum zu glauben, daß noch nicht einmal zwei Jahre vergangen waren, seit ich, starr vor Furcht, bei der Gestapo in der Prinz-Albrecht-Straße darauf gewartet hatte, an die Reihe zu kommen; die Äußerlichkeiten waren so ähnlich, die Umstände aber so grundverschieden. Als ich mich vom Lagerkommandanten verabschiedete, wartete bereits ein Jeep mit einer Mannschaft aus Wachpersonal, um mich in das Lager zu fahren. Dicke Rollen Stacheldraht säumten unseren Weg, der sich von einer schmalen Spur zur anderen wand, ehe wir in der Mitte der Umfriedung ankamen. Ein offener Platz, der vielleicht Paradezwecken diente, war umgeben von den unvermeidlichen Baracken, aus deren vergitterten Fenstern kein Laut drang. Die Ausnahme bildete ein Gebäude, auf dessen Stufen sich schwarz uniformierte Wachen in der Sonne räkelten, während im Hintergrund ein Radio plärrte.

Die Wachen waren offensichtlich über meine Ankunft unterrichtet worden und die Tatsache, daß einer von ihnen herbeikam, um mir aus dem Jeep zu helfen, schien Beweis, wie wenig klar dem Lagerkommandanten die Unscheinbarkeit meines Ranges und der Grund meiner Mission geworden war.

»Der Gefangene Nr. 75 wird sofort herbeigeschafft«, wurde mir erklärt, und es dauerte nicht lang, bis eine aufrechte Gestalt in einem jener mit Schafspelz gefütterten Soldatenmäntel, mit denen die deutschen Truppen in Rußland (meistens zu spät) ausgerüstet worden waren, zwischen zwei der entfernter gelegenen Baracken auftauchte und sich uns schnellen Schrittes näherte, die Kappe unter den Arm geklemmt.

»Endlich mal ein General, der auch wie einer aussieht«, bemerkte einer der Wächter, während er Schwerin näherkommen sah. Da er mir überdies gerade erklärt hatte, wie sehr ihm mein englischer Dialekt gefiele, war ich ganz zuversichtlich. Womit ich allerdings nicht gerechnet hatte, war der Schock, der mein Anblick für den armen Gerhard sein würde. Das letzte Mal waren wir uns in Berlin begegnet. Er hatte damals Zivil getragen, das so stark nach Mottenkugeln roch, daß er sich erboten hatte, seine Kleider noch im Garten auszuziehen und sich für den Nachmittag etwas von Peter auszuleihen. Jetzt, nachdem er den Wachen zugenickt hatte und seine Mütze (von der, wie ich feststellte, alle Rangabzeichen entfernt worden waren) auf dem Tisch neben dem Eingang abgelegt hatte, wandte sich sein Blick mir zu, und er erstarrte. Einen entsetzlichen Augenblick lang fürchtete ich schon, er würde in »Chris, um Gottes willen!« oder eine ähnliche unpassende Begrüßung ausbrechen. Vermutlich war er jedoch schon lang genug Gefangener gewesen, denn er stand nur stumm da und sah mich an wie ein Gespenst, während ihm plötzlich Schweißperlen auf Stirn, Wangen und Kinn standen.

»Zehn Minuten – ok?« Die Spannung wurde von einer der Wachen gebrochen, und ich tat das meine, indem ich ihn in aller Form auf Deutsch anredete:

»Graf Schwerin, man hat mir zehn Minuten zugestanden, um mit Ihnen gewisse Angelegenheiten zu besprechen«, sagte ich. Mir wurde klar, daß sich diese Förmlichkeit nicht lang aufrechterhalten ließ, und da mein Selbstvertrauen von Minute zu Minute wuchs, wandte ich mich den Wachen zu und erklärte in meinem besten »englischen Dialekt«, ich wünsche selbstverständlich, mit dem General unter vier Augen zu sprechen.

Niemand schien einen Einwand zu haben, und wir wurden in ein winziges Nebenzimmer geführt, kaum größer als ein Schrank, dessen Mobiliar lediglich aus einer Bank an der Wand bestand, die Dekoration hingegen aus einem Plakat, auf dem zwei splitternackte Damen lächelnd und winkend auf einer gelangweilt wirkenden Giraffe ritten. Wir hatten beide die Bank nötig, denn als Gerhard sich mir zuwandte, um meine Hand zu ergreifen, sah ich, daß er den Tränen nahe und kaum noch Herr seiner Stimme war. Schließlich brachte er hervor:

»Tut mir leid, Chris, welch eine Begrüßung – aber ich hatte keine Ahnung – ich dachte, man hole mich zu einem Verhör ab und dann ausgerechnet Sie – eine Freundin und in britischer Uniform. Es tut mir wirklich leid.« Dann riß er sich zusammen, richtete sich auf und rief: »Um Gottes willen! Bin ich verrückt? Was tun Sie eigentlich in diesem Saftladen?«

»Nicht Sie sind verrückt«, erwiderte ich, »die Welt ist aus den Angeln, das ist es.« Um ihm Gelegenheit zu geben, sich zu fassen, wiederholte ich ihm gegenüber die Bemerkung der

Wache, als er über den Paradeplatz gelaufen war. Dann wurde mir klar, daß wir kostbare Minuten verschwendeten, und ich beeilte mich zu fragen, ob er irgend eine Ahnung habe, warum er hier gefangen sitze.

»Keinen Schimmer«, antwortete er. »Ich weiß nur, daß ich von einem Verhör zum andern gehe – ich werde nicht schlecht behandelt, wohlgemerkt –, und immer werden mir die gleichen Fragen über Orte und Geschehnisse gestellt, von denen ich keine Ahnung habe. Ich erkläre es ihnen immer wieder, weiß aber auch, daß sie mir nicht glauben. Einer von ihnen hat mir sogar erklärt, er möchte endlich einmal einem Kraut begegnen, der von irgend etwas eine Ahnung hat, und soweit es ihn beträfe, seien sie allesamt ein verdammtes Lügnergesindel. Jetzt sind sie auf einen Vorfall gestoßen, bei dem fünf Geiseln aus einem Dorf bei Brüssel auf meinen ausdrücklichen Befehl erschossen worden sein sollen. Ich war aber nie im Leben auch nur in der Nähe dieses Ortes. Es ist entwürdigend – wie kann nur…?« Gerhard sprang auf, und wäre der Raum nicht so winzig gewesen, wäre er sicherlich auf und ab getigert.

In diesem Augenblick ging mir ein Licht auf. Gerhard war Berufssoldat und besaß wohl alle Tugenden seiner Klasse und seines Berufs, aber eben auch dessen Begrenzungen. Ich konnte mir vorstellen, daß er aus seinen Verhören ein heilloses Durcheinander machte, weil er die Wahrheit sagte, aber als Lügner hingestellt wurde; dies traf ihn so hart, daß es ihm fast unmöglich wurde, sich angemessen zu verteidigen.

»Hören Sie zu, Gerhard, so kommen wir nicht weiter, und wir haben nicht mehr viel Zeit. Wenn Sie nicht da waren, wo man glaubt, gibt es vielleicht noch andere Schwerins?«

»Oh ja, jede Menge. Wir sind eine weitverzweigte Familie.«

»Aber vermutlich keinen bei der SS?« Meine arglose

Frage ließ ihn aufzucken. Er antwortete leise: »Doch, einen schon«, und fügte hinzu, so als ob er die Bedeutung des Gesagten noch immer nicht begriff: »Ich kenne ihn nicht und will ihn auch nicht kennen. Es kann leicht sein, daß er schon tot ist.«

»Du liebe Zeit, Gerhard!« Wären nicht nebenan die Wachen gewesen, hätte ich geschrien. »Sehen Sie denn nicht, daß er, einerlei ob lebendig oder tot, des Rätsels Lösung ist? Schnell, geben Sie mir seinen Namen. Offensichtlich ist das eine Verwechslung.« Ich stotterte fast vor Aufregung, während ich ihm mein Notizbuch reichte und er darin den Namen aufschrieb, sehr langsam, viel zu langsam, fast so, als schäme er sich, es tun zu müssen.

Ich hörte, wie im Nebenzimmer bereits Stühle gerückt wurden, als ich meine Aktentasche öffnete, um das wertvolle Dokument zu verstauen. Dabei stieß ich auf die fünf Stangen Zigaretten, die ich für alle Fälle mitgebracht hatte. Ich hatte sie völlig vergessen, und jetzt war es zu spät. Aber ich hatte nicht mit dem wieder auflebenden Grafen Schwerin gerechnet, und es war nun an mir, erstaunt zu sein.

»Schnell, können Sie...?«

»Und ob!« antwortete er knapp, stopfte sich je zwei Stangen in die Ärmel seines Mantels, eine in den Gürtel und stand vor mir, als habe er keinen Muskel bewegt. Als sich die Tür öffnete und die Wache rief, daß unsere Zeit abgelaufen sei, grinste Gerhard wie ein Schuljunge und brachte es sogar trotz der Polsterung fertig, sich zu verbeugen und mir die Hand zu küssen.

»Auf Wiedersehen, Frau Bielenberg, und vielen Dank«, sagte er und setzte dann auf Englisch hinzu, ehe er sich auf die, wie mir schien, riskante Überquerung des Paradeplatzes machte: »Endlich ein General, der weiß was er tut.«

Etwa sechs Wochen später erwartete mich ein langer Brief

von Gerhard Schwerin im Pressequartier. Er war aus Dachau entlassen worden und fuhr nun für die Amerikaner Lastwagen. Er schien zu glauben, daß ich dazu beigetragen hatte, ihm das Leben zu retten. Ich aber wußte, ohne den unnachahmlichen Amtsstempel hätte ich gar nichts ausrichten können; er wäre noch immer in Dachau und würde sich weiter fragen, warum.

Nach dieser, wie ich hoffte, lohnenden Anstrengung, blieb mir noch eine weitere Aufgabe, bevor ich Deutschland verlassen konnte. Da Peter auch einiges zu erledigen hatte, ehe er sich von der Handelskammer trennte, beschloß ich, nach Hamburg zu fahren, und die Zukunft unserer 20. Juli-Stiftung mit Marion Dönhoff persönlich zu besprechen. Ich fand sie in bester Verfassung vor, da ihre neue Wochenzeitung, *Die Zeit,* sich durchaus erfolgreich anließ. Die erste Ausgabe war sogar vollkommen ausverkauft gewesen und die Begeisterung ihrer Kollegen war nur leicht gedämpft worden, als man ihnen auf typisch Hamburger Art (in der Hansestadt hielt man nichts von Überschwang) erklärte, daß dieser Anfangserfolg nicht verwunderlich sei, schließlich hätten sie als Erscheinungsdatum einen Tag gewählt, an dem der Fischmarkt abgehalten wurde. Einwickelpapier war selbstverständlich knapp, wenn nicht sogar unerhältlich, und so könnten sie sich selber ausrechnen, welchen Gebrauch man von ihren journalistischen Bemühungen gemacht habe.

Marion nannte mir den Namen eines Grafen Hardenberg, der der Verwalter der Hohenzollernschen Besitzungen war. Um ehrlich zu sein, war ich überrascht, daß es derartiges noch gab, denn ich hatte den ersten Weltkrieg als kleines Kind erlebt und während meiner ganzen Kindheit hatten wir am 5. November, dem Guy-Fawkes-Tag, immer eine Strohpuppe des Kaisers verbrannt. So hatte ich auch angenommen, daß das Haus Hohenzollern samt all seinen Besitzungen längst der Vergangenheit angehörte. Es schien jedoch, daß Gräfin Hardenberg lebhaftes Interesse für die 20. Juli-Stifung zeigte, und um Kontakt mit ihr aufzunehmen, gab mir Marion eine Adresse in Berlin, von der aus ihr Mann offenbar sämtliche noch verbliebenen weltlichen Güter der kaiserlichen Familie verwaltete. Ich beschloß daher, meinen Rückweg nach Frankfurt über Berlin zu machen.

In der Reichstrümmerstadt angekommen, war ich auf der Suche nach der Hardenbergschen Adresse verschiedene Straßen auf und ab gelaufen, die sämtlich unbewohnt wirkten. Nur gelegentlich lugte ein unerwarteter Schornstein aus den Ruinen hervor und der vorbeiziehende Rauch deutete darauf hin, daß darunter Menschen lebten. Ich kam zu dem Schluß, daß ich mit meiner Meinung über den Kaiser Recht gehabt haben mußte, zumindestens war seine Verwaltung wohl umgezogen. Daher war ich verblüfft, als ich an den geborstenen Überresten eines Baumes vorbeikam und eine Karte bemerkte, die an dem Stumpf befestigt war: Nr. 75. Es konnte keinen Zweifel mehr geben, auch nicht an dem Pfeil, der nach links auf einen Haufen wies, der lediglich wie ein weiterer Schuttberg aussah.

Bei näherer Betrachtung erkannte ich, daß der Pfeil auf einen schmalen Korridor zeigte, der säuberlich von allem Schutt gereinigt worden und mit Pflastersteinen belegt war, von denen jedes kleinste Staubkörnchen weggefegt worden war. An Ecken und Windungen vorbei gelangte ich schließlich an eine auf Hochglanz polierte Tür mit einem blitzenden Messingschild, das mir bedeutete, daß ich mein Ziel erreicht hatte. Inzwischen war ich auf fast alles gefaßt, nicht jedoch darauf, daß mein zaghaftes Klopfen sofort von einer unwahrscheinlichen Gestalt beantwortet werden würde, deren fast kahlrasierter Kopf kein Haar aufzuweisen hatte,

istabel, 1940

WEDDING OF PEER'S NIECE

Bride and bridegroom after the wedding, at Marylebone register office yesterday, of Miss Christabel Burton, elder daughter of Major and Mrs. P. C Burton and niece of Lord Rothermere, with Mr. Peter Bielenberg, only son of Mr and Mrs. Bielenberg, of Hamburg.

Meine Eltern:
Colonel Percy Burton
und Christabel Burton,
geb. Harmsworth

Unsere Hochzeit am 29. September 1934

Nächste Seite:
Christopher hat nur eine Limonadenflasche zum Spielen: Rohrbach 1945

Nicky und Christopher beobachten alliierte Bombenflugzeuge, die über Rohrbach hinweg nach München fliegen

ser Haus in Berlin. Als einziges im ganzen Bezirk blieb es von Bomben verschont

er

o:

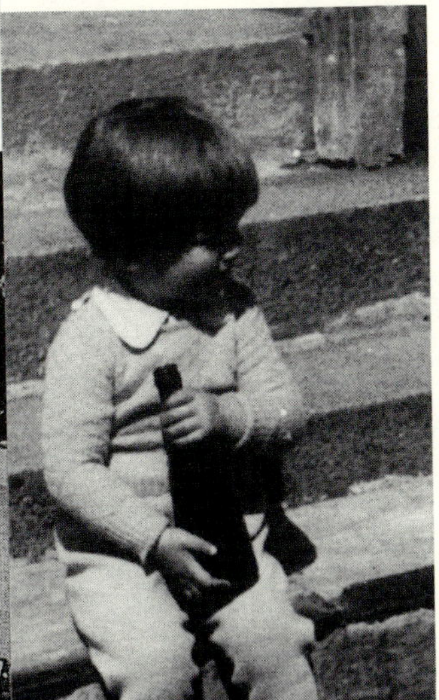

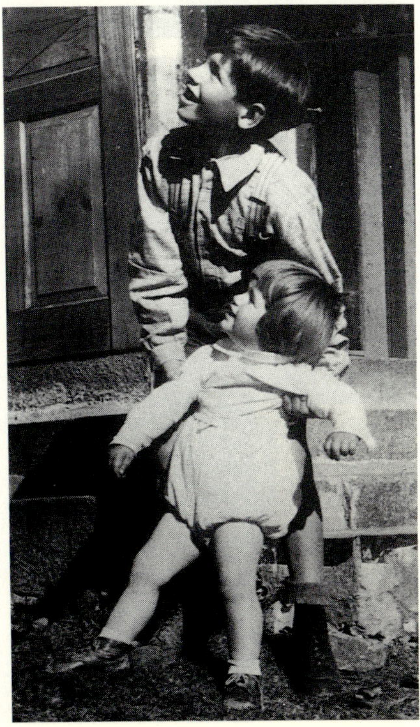

In Munny House, 1985

außer einem Schopf oben, der säuberlich in der Mitte gescheitelt war. Der Mann trug eine Art Livree, zu der glänzend polierte Ledergamaschen und weiße Baumwollhandschuhe gehörten.

»Die gnädige Frau werden schon erwartet«, erklärte er und redete mich dabei in der etwas veralteten dritten Person an, die, wie ich mich dunkel erinnerte, noch immer von den traditionsbewußten Mitgliedern des deutschen Adels als Anredeform von Untergebenen verlangt wurde.

»Wollen die gnädige Frau bitte Platz nehmen? Darf ich eine Tasse Tee bringen?« Er führte mich in einen kleinen, dunklen Raum, in dem zwei Stühle und ein Refektoriumstisch das gesamte Mobiliar auszumachen schienen, und hätte ebenso gut auch noch hinzufügen können: »Und wollen gnädige Frau gern den Schock Ihres Lebens haben?« Denn während er zur andern Tür eilte und mir erklärte, er werde dem Herrn Grafen meinen Besuch melden, reichte er im Vorbeigehen hinauf und zog an einer Schnur, die den Raum sogleich in helles Licht tauchte. Diese plötzliche Verwandlung hatte ihren Ursprung nicht über mir, sondern rührte zu meinem Entsetzen von einem lebensgroßen, voll beleuchteten Portrait Seiner Kaiserlichen Hoheit persönlich: Kaiser Bill, Big Willie – der Butzemann meiner frühen Kindheit. Da war er, genau wie ich ihn als Kind geahnt hatte, mit dem goldenen Adler auf der Pickelhaube aus Messing, der weißen Uniform, voll bunter Schärpen und glänzender Orden, aber vor allem war da sein kadaverartiges Gesicht mit den kalten, starren, braunen Augen und dem Schnauzbart, der zu einem W gestutzt war. Kein Wunder, daß ich es in jenen Kindertagen nie gewagt hatte, allein zu baden, denn da war immer der schmale Spalt zwischen Wand und Wanne, und wer hätte mir schon versprechen können, daß das gefürchtete Ungeheuer es nicht eines

Abends fertig bringen würde, sich mit Helm und allem Drum und Dran durch den Spalt zu winden, ehe ich noch mein Badetuch ergreifen und im Kinderzimmer Zuflucht suchen konnte?

Das Gespenst wurde gebannt, als Graf Hardenberg eintrat und sich als ein hochgewachsener, schlanker und sehr liebenswürdiger Mann herausstellte. Er sah nicht sonderlich gut ernährt aus, seine Kleider hingen ihm lose am Körper und ein leerer Ärmel steckte in seiner Jackentasche. Voll Dankbarkeit für die Existenz einer Stiftung wie der unseren, empfand er den Umstand, daß normale englische Bürger so spontan reagiert hatten, schlechthin als Wunder. Er war sicher, daß seine Frau, die viele persönliche Freundinnen unter den Witwen der Ermordeten hatte, nur zu bereit sein würde ihren Teil zu der Hilfsaktion beizutragen. Seine Begeisterung war derart, daß ich, als ich mich verabschiedete, selbst überzeugt war, unser etwas laienhaftes Bemühen um Aussöhnung lohne sich wirklich, und fast war ich versucht, Big Willie eine wohlverdiente lange Nase zu zeigen. Letzterer hatte unserer Unterredung reglos beigewohnt und seinem Landsmann streng über die Schulter geblickt, gleichsam starr vor Mißbilligung.

Graf Hardenberg gab mir Geleit bis zur Tür und entschuldigte sich, mich nicht weiter begleiten zu können. Als wir am Eingang standen, erleuchtete ein Abendsonnenstrahl die Ruinen um uns und zeichnete seltsame Silhouetten gegen den klaren Berliner Himmel. Eine fensterlose Mauer, ein hinfälliger Schornstein, wie ein buckliges Männlein, blickten herab auf riesige graue Steinhaufen, die ebensogut von einem zurückweichenden Gletscher hätten hinterlassen sein können.

»Wir Deutschen nennen inzwischen diese Zeit die Stunde Null«, bemerkte mein Begleiter, als er mir die Hand küßte und Gottes Segen für unsere Bemühungen erbat. Dann fügte er mit einem plötzlichen Lächeln hinzu: »Aber vielleicht hat unsere Begegnung heute etwas Neues eingeleitet. Nennen wir es von jetzt ab die Stunde Eins.«

Als ich wieder an dem geborstenen Baumstumpf ankam, war die Sonne schon untergegangen, die Nacht brach herein, und ein wunderschönes, rosiges Licht hob die kargen Umrisse der Spitzen der Trümmerberge vor dem noch immer klaren Himmel ins Relief, die als letzte vom Abendlicht getroffen wurden.

Als ich zögernd meinen Rückweg antrat, zweifelte ich, wie ich je in dieser Dunkelheit aus der schweigenden Mondlandschaft herausfinden sollte. Ich war daher sehr erleichtert, als ich in den Schatten vor mir eine Art Bewegung ausmachte, begleitet von einem seltsamen metallischen, rhythmischen Geräusch. Ich beschleunigte meine Schritte, doch es bestand kein Grund zur Hast, um die Kolonne marschierender Gestalten einzuholen. Zunächst war es schwierig festzustellen, ob es sich um Männer oder Frauen handelte, denn manche hatten Spaten geschultert, andere Pickel; ihre Kleidung schien weitgehend aus formlosen Säcken zu bestehen, und ihre Art der Fortbewegung konnte man auch kaum als Marschieren bezeichnen, dieses rhythmische Geschlurfe, bei dem die Eimer, die Teil ihrer Ausrüstung waren, gegen den Wegrand schlugen. Ich wollte mich nicht an ihnen vorbeidrängen und in Anbetracht dessen, daß sie offensichtlich einem Ziel entgegenstrebten, während ich keine Ahnung hatte, wo ich war, beschloß ich, mich ihnen auf gut Glück anzuschließen.

Wir gelangten an eine etwas größere Kreuzung, an der sich ein oder zwei Personen von der Gruppe trennten und etwas wie »Gute Nacht, bis morgen« murmelten. Sie schlugen einen der Seitenwege ein, von denen ich im ganzen fünf zählen konnte. Fünf klaffende Löcher in den Trümmermauern, fünf Möglichkeiten, sich zu verlaufen – ich entschied, daß der Augenblick gekommen war, meine Gegenwart zu erläutern.

Ich war zwar eine Fremde in ihrer Mitte, aber ich sprach Deutsch, und weil ich trotz Uniform keinerlei befehlshaberisches Getue an mir hatte, scharten sie sich in eindeutig hilfreicher Absicht um mich.

Aus der Nähe betrachtet, konnte es keinen Zweifel geben, daß meine Gefährten Frauen waren. Ihre häßlichen Kopfbedeckungen, Mützen, Tücher und formlose Filzgebilde, sowie ihre übrige Bekleidung – ein Sammelsurium von irgendwelchen alten Lumpen, die sich noch als Schutz gegen die Elemente verwerten ließen – hätten von beiderlei Geschlechtern getragen werden können, aber ihre Stimmen waren Frauenstimmen, ihre Hände Frauenhände, die sich auf die Spaten stützten, während sie mich mit Fragen bombardierten, in einer Vielzahl von Dialekten, unter den ich nur den Berliner erkennen konnte.

Wohin ich denn wollte? Sie wären, wie ich wohl sehen könnte, auf dem Weg in die Oper – *Rosenkavalier* – reich mir die Pralinen, Irmgard! Wie üblich war es eine muntere Berlinerin, die die andern ohne Schwierigkeiten zum Lachen brachte. Der Umstand, daß ich in einem Teil von Berlin untergebracht war, der unter britischem Befehl stand, stiftete einige Verwirrung, und ihr Gefuchtel mit Spaten und Pickel in sämtliche Himmelsrichtungen gab mir zu verstehen, daß sie keine Ahnung hatten, wie man dorthin gelangte. Auf ihr eigenes begrenztes Territorium beschränkt, stellte das übrige Berlin für sie ein Buch mit sieben Siegeln dar.

Während sich eine hitzige Diskussion über meinen weiteren Weg entspann, verschafften sich einige der offensichtlich erschöpften Frauen eine höchst notwendige Ruhepause auf ihren umgestülpten Eimern; andere waren zu Boden gesunken, mit dem Rücken an eine Wand gelehnt, und starrten dumpf auf ihre schweren, alten Stiefel.

Dies war der Augenblick, mit einigen Zigaretten herauszurücken. Dem Kaiser war es gelungen, mich den ganzen Tag vom Rauchen abzuhalten, und mit etwas Glück hatte ich genug für uns alle dabei.

»Hören Sie«, sagte ich so laut ich konnte, um ihren Redeschwall zu übertönen, »Sie sind sehr rührend und hilsbereit. Aber warum kann ich nicht einfach hinter Ihnen herlaufen, bis wir zu einer Hauptstraße kommen, wo ich vielleicht eine Straßenbahn, ein Taxi oder auch ein Militärauto finde, in das Sie mich setzen können und dann sind Sie mich los. Aber wie wäre es erst mal mit einer Zigarette?«

»Eine Zigarette? Eine für jede?« Ein tiefes, fast feierliches Schweigen entstand, nicht wegen meiner so geistreichen Lösung des Problems, sondern beim Klang des einen gelobten Wortes »Zigarette«. Während ich mit dem Feuerzeug die Runde machte und beobachtete, wie sich der Ausdruck vollständiger Zufriedenheit auf einem verstaubten Gesicht nach dem andern ausbreitete, dachte ich bei mir, daß mir in Zukunft niemand mehr sagen sollte, Zigaretten seien ungesund.

Als wir da im Dämmerlicht saßen und pafften, von den Ruinenbergen umgeben, lauschte ich einigen der Geschichten, die sie zu erzählen hatten. Es waren auch Flüchtlinge aus dem Osten unter ihnen, die kaum ein Wort Deutsch konnten. Die Mehrzahl stammte jedoch aus Berlin, zwei kamen aus Dresden. Sie waren alle nicht mehr jung, und auf ihren Geschichten lag etwas tragisch Gleichförmiges. Der lange Treck nach Westen, aus der Heimat vertrieben wie Vieh, Ehemänner gefallen oder vermißt, Kinder verloren, und dann jene letzten Tage und Nächte in Berlin, die heulenden Granaten, die verzehrenden Flammen, während sie vergebens beteten, daß die westlichen Alliierten vor den Russen ankämen. Schließlich die Vergewaltigungen, in manchen Fällen nicht nur ein oder zwei, sondern viele Male. Den Russen war erlaubt worden, Rache zu üben. Die Geschichten dieser Frauen waren entsetzlich und wurden noch schrecklicher durch den völligen Mangel an Selbstmitleid, die fast sachliche Art, in der sie sie erzählten.

Die Zeit verrann, die Zigaretten verglimmten, obwohl ich bemerkte, daß die Kippen sorgfältig in Schürzentaschen verwahrt wurden. Für meine Gefährtinnen war der Tag noch nicht zu Ende. Manche mußten noch Kinder von Freunden oder Verwandten abholen, die sie untertags hüteten, andere mußten noch Schlangestehen, in der Hoffnung, Lebensmittel und Brennstoff zu ergattern für sich und auch für andere, die zu alt oder zu krank waren, es selbst zu tun. Jede hatte die ihr zugeteilte Aufgabe; in ihrem Bemühen, zu überleben, hatten sie alle den Wert der Gemeinschaftsarbeit erkennen gelernt.

Der Weg zur Hauptstraße dauerte nicht allzu lang. Mir kam vor, als bewegten wir uns schneller und als sähen die Gesichter um mich herum plötzlich jünger aus.

Ich habe die Theorie, daß Frauen, zum Beispiel alte Schulkameradinnen oder Freundinnen, wenn sie in der richtigen Laune zusammenkommen, bereit sind, ihre Jahre, ihre Verantwortung total zu vergessen und völlig kindisch zu werden. Warum dies so ist, ahne ich nicht, aber jedenfalls war es so, als eine von uns plötzlich entdeckte, daß die ragenden Trümmerklippen um uns herum ein wundervolles Echo widergaben; bald riefen, krähten, heulten, buhten wir und zerbarsten dabei fast vor Lachen, während das Echo von den nicht mehr vorhandenen Giebeln auf uns zurückkam. Wir amüsierten uns königlich und das Spiel hätte auch noch länger gedauert, wenn es nicht einer Stimme plötzlich eingefallen wäre »Heil« zu rufen, und als das Echo ein ums andere Mal das »Heil« zurückwarf, war der Spaß ganz plötzlich vorbei. Wir konnten nur noch schweigen – da gab es zu viele Erinnerungen. »Ein kleiner Schönheitsfehler«, bemerkte meine Nachbarin und wischte sich die Lachtränen mit dem Schürzenzipfel aus den Augen. »Ich glaub', sie wollte ›Hölle‹ rufen.«

Fahrer und Schaffner sowie die Mehrzahl der Passagiere der klapprigen alten Straßenbahn, die ich an der Hauptstraße bestiegen hatte, waren ebenfalls Frauen, und nachdem ich den letzten Getreuen, die darauf bestanden hatten, mich bis zur Haltestelle zu begleiten, zum Abschied gewinkt hatte, fiel mir ein, daß in der ganzen Zeit unseres Zusammenseins, während wir miteinander geredet und gelacht hatten, kaum ein Wort über Männer gefallen war. Ferne Erinnerungen an Damentees überkamen mich, bei denen der Satz »Ich muß meinen Mann fragen« der ständige Refrain gewesen war, als überarbeitete Väter, ebenso überarbeitete Ehemänner und ihre daraus abzuleitende »Nervosität« endlosen Gesprächsstoff geliefert hatten. Die Rolle der »Hausfrau« war für mich völlig neu gewesen, und es war mir immer ein Rätsel geblieben, warum deutsche Frauen, deren Tüchtigkeit ich bewunderte, sich so kampflos zu Bürgern zweiter Klasse reduzieren ließen.

Jetzt, nach sechs Kriegsjahren und einem Jahr der sogenannten Befreiung, waren diese Frauen noch immer damit beschäftigt, zu knausern und zu sparen, Nahrung zu beschaffen, dafür zu sorgen, daß ihre Familien am Leben und die Überbleibsel ihrer Behausungen erhalten blieben. Hatten sie vielleicht herausgefunden, daß sie das alles ganz erfolgreich allein schafften? Nach und nach würden die noch übriggebliebenen Männer heimkehren und ich fragte mich, ob ihnen wohl erlaubt werden würde, wieder in ihre alte Rolle als unbestrittene Herren der Schöpfung zu schlüpfen.

In die vergleichsweise üppige Bequemlichkeit des Pressequartiers zurückgekehrt, wo wir nach Herzenslust über die Langweiligkeit der britischen Militärkost klagen konnten, sowie über die unbequemen Matratzen, die uns alle an unsere Internatszeit erinnerten, merkte ich, daß meine Gedanken immer wieder zu den Trümmerfrauen zurückkehrten. Dies waren die Frauen, denen Hitler die berühmten drei Ks auferlegt hatte – Kinder, Küche, Kirche – und hier waren sie, verstaubt und zerzaust, aber ungebeugt; sie ersetzten ihre fehlenden Männer, räumten auf und fingen wieder von Neuem an. Die *Stunde Null.* Wenn es überhaupt irgendwo einen Neubeginn gab, dann konnten sich diese Frauen mit ihren verstaubten Gesichtern, schwieligen Händen und ausgefransten Schürzen zu den Bannerträgerinnen der *Stunde Eins* zählen.

Drei Tage nach meiner Rückkehr aus Berlin fuhren Peter und ich von Frankfurt aus nach England. Nur den Alliierten war es erlaubt, mit dem Flugzeug zu reisen. Die uns vorgeschriebene Route führte uns über Hannover, Hamburg und Kopenhagen. Kurz vor der Abfahrt wurde ein Umschlag mit dem Vermerkt *On His Majesty's Service* im Pressequartier abgeliefert. Mein Paß! Obgleich ich darin als britisch geborene, britisch naturalisierte Staatsbürgerin bezeichnet wurde und ich mir nicht recht erklären konnte, wie ich es geschafft hatte, beides zugleich zu sein, war ich überglücklich, den Löwen und das Einhorn wieder mein Eigen nennen zu können.

Sobald wir die dänische Grenze überschritten hatten, zog ich meine Uniform aus und wurde wieder ich selbst, obgleich ich nicht behaupten konnte, daß das recht müde, acht Jahre alte Kleid, das ich aus Kronberg mitgebracht hatte, mich nun in eine elegante Reisende verwandelt hätte.

In Kopenhagen machten wir uns in ein Lieblinglokal aus der Vorkriegszeit auf, wo Peter eine Riesenschüssel Boeuf Stroganoff verzehrte und ich den größten Teller Räucherlachs, den ich je gesehen hatte, auch fast ganz leerte.

Ich weiß nicht warum, aber während der langen Bahnfahrt, erst durch das zerstörte Deutschland und dann durch Dänemark, wo die Dörfer und Städtchen keinerlei Bombenschäden zeigten, gingen mir immer wieder Graf Hardenbergs Abschiedsworte in Berlin durch den Kopf. Die Stunde Null – *Zero Hour* – ließ sich leicht genug übersetzen, aber wie stand es mit Stunde Eins? Erst am folgenden Morgen, als Peter und ich in der Dämmerung an der Reeling lehnten, glaubte ich die Antwort gefunden zu haben.

Die Stunde Eins. Warum versuchen, die beiden Worte zu übersetzen? Mochten sie doch so stehen bleiben als Symbol der Hoffnung für zwei junge Menschen mit vielen Lebensjahren vor sich, die bei Morgengrauen über die Reeling gelehnt standen und sich fragten, was wohl vor ihnen lag, während das Schiff die Stürme der Nordsee hinter sich ließ und leise in die Themsemündung glitt.

ACHTES KAPITEL

Nach meiner Überzeugung führt einen das Leben selbst von einem zum nächsten Meilenstein. Mag man auch glauben einen bestimmten Weg zu verfolgen – unerkannt und unerkennbar – warten bereits die Ereignisse darauf, daß man des Weges kommt und bei ihnen verweilt, ehe man weiterzieht.

Derartige Gedanken gingen mir immer wieder durch den Kopf, während ich jede Nacht an Peters Bett in der Unfallstation des Selly Oak Hospitals in Birmingham saß, wartend, hoffend, daß er wieder zu Bewußtsein kommen möge.

Es war so fruchtlos zu fragen, warum Peter, Teil meines Lebens, den Krieg, die Bomben, all die Gefahren und die Monate im Konzentrationslager überlebt haben sollte, um nun hier reglos zu liegen, so jung anzusehen, aber so flach atmend, daß er uns jederzeit widerstandlos in das Unbekannte entgleiten konnte. Sinnlos zu fragen, warum dies sein mußte, gerade in dem Augenblick, als sich an unserm Horizont eine Art Zukunft abzeichnete. Sollten wirklich ein Motorrad und ein unachtsamer Lastwagenfahrer genügen, uns den Weg zu versperren und uns durch einen Schädelbruch unvermittelt an ein Ende zu bringen, in eine Sackgasse, aus der es kein Entrinnen gab? Der Arzt hatte mich gefragt, ob Peters Herzschlag von Natur so äußerst langsam sei – ein Athletenherz vielleicht?

Ja, ja, das ist es! Meine Antwort schien ihm willkommen.

Er war ein ehrlicher Mann, eben aus dem Militär entlassen und offensichtlich gewohnt, seine Meinung unverblümt zu sagen. In diesem Falle könnte er meine Hoffnungen von zehn Prozent auf zwanzig Prozent Überlebenschancen hinaufschrauben. Was genau mit »überleben« gemeint war, hatte ich nicht zu fragen gewagt.

Nachts ist eine Krankenstation ein beklemmender Ort, wenn das Gerassel der Rollwagen und die andern Tagesgeräusche verstummen, die Lichter gedämpft sind und die Schwestern auf leisen Sohlen wie Geister von Bett zu Bett gehen. Nur Seufzer, Wimmern oder Stöhnen unterbrechen gelegentlich die Stille, während hier und dort ein Kranker um sein Leben kämpft. So alleingelassen in einer Welt des Zwielichts, ohne verläßliche Zukunft, fiel es mir leichter, mich Erinnerungen zuzuwenden. In der Vergangenheit hatte es Gewißheit, Glück und auch Absurdes gegeben, woran zu denken jetzt sehr viel einfacher war, als an eine Zukunft, die jeden Gedanken verbot. Ich besaß einen Schatz solcher Erinnerungen, die ich nun heraufbeschwören konnte.

Da gab es zum Beispiel den stürmischen Empfang, den meine Familie Peter bereitet hatte; alle waren sie bemüht gewesen, seine Ankunft so festlich wie möglich zu gestalten. Mein Vater hatte auserlesene Flaschen aus dem Weinkeller geholt, meine Mutter hatte zunächst sämtliche Blumen im Garten abgeschnitten, um das Haus zu schmücken, und dann war es ihr gelungen, nachdem sie erst einmal ihre Prinzipien an den Nagel gehängt hatte, einen Rinderbraten von Vorkriegsdimensionen auf den Tisch zu zaubern. Da waren Peter, meine Brüder, mein Schwager und ein Lieblingsvetter, der noch in Uniform steckte – fünf junge Männer, denen es gelang, sechs Jahre bitterer Feindschaft unsinnig erscheinen zu lassen, durch die Wärme ihres Willkommens und ihre offensichtliche Freude darüber, am Leben und abermals beisammen zu sein.

Dann gab es den Tag, an dem ich mich aufgemacht hatte, um nachzusehen, wie es Christopher in seiner experimentellen Schule ging. Ich fuhr allein, da ich nach unserer langen Trennung nicht sicher war, ob Peter, der täglich von neuen Eindrücken bestürmt wurde – genau wie ich selbst einige Monate zuvor – dieses spezielle Phänomen der englischen Nachkriegswelt nicht doch über die Hutschnur gehen würde. In der Tat fand ich Christopher in einer großen leeren Turnhalle vor, wo er mit andern kleinen Jungen, von denen einige Zigaretten rauchten, auf dem Boden hockte.

Es gibt gewisse unvergeßliche Augenblicke im Leben und zu ihnen gehören die Momente der Gewißheit, daß man geliebt wird, mit einer arglosen, vertrauensvollen Liebe, wie sie einem wohl nur von Kindern geschenkt werden kann. Einen solchen verzauberten Augenblick erlebte ich, als mein kleiner Sohn seine zerzausten Haare beiseite schob, aufblickte und mich plötzlich in der Tür stehen sah. Eine Sekunde lang schien er mich für eine Erscheinung aus einer andern Welt zu halten, für eine langersehnte Traumgestalt. Dann sprang er auf, hüpfte über Arme und Köpfe und alles, was sich ihm sonst in den Weg stellte, hinweg und warf sich in meine Arme.

Überflüssig zu sagen, genügte mir das vollkommen. Das Trimester sollte zwar noch einige Wochen andauern, aber er nahm es als ausgemachte Sache an, daß er die Schule sofort verlassen würde, und ich war nur zu bereit, mich einer so ausgezeichneten Idee anzuschließen. Es gab nur einen kleinen Augenblick des Zögerns, als er sich plötzlich an etwas erinnerte, das er in der Turnhalle vergessen hatte. Als er Deutschland verließ, waren Zigaretten knapp gewesen. Er zeigte mir eine kleine Dose, halb angefüllt mit den

Kippen seiner Freunde; er hatte sie für seinen Vater gesammelt.

Dann gab es ein Kapitel, das noch so jungen Datums war, daß ich jedesmal, wenn ich darüber nachdachte, nicht sicher war, ob ich mit mir selbst zufrieden sein oder mich in Grund und Boden schämen sollte.

Es war mir nicht beschieden gewesen, nach meiner Ankunft in Codicote sehr lange dort zu bleiben. Kaum eine Woche war vergangen, als ich Nachricht von meinem Lieblingsonkel erhielt, der zugleich mein Pate war. Seit dem Tode seiner Frau lebte er allein in einem riesigen, am Hyde Park gelegenen Haus, versorgt von einem ältlichen Faktotum, seinem früheren Butler, der aller Welt als Mr. Wilkins bekannt war. Die Botschaft, die einem Notruf gleichkam, besagte, daß Mr. Wilkins ganz plötzlich gestorben sei, gerade als er im Begriff war, meinem Onkel den Morgentee zu bringen.

Onkel Cecil war, seit ich denken konnte, immer außergewöhnlich großzügig zu mir gewesen, und als ich von seinem Unglück erfuhr, schlug ich seiner Familie vor, zeitweilig zu ihm zu ziehen und zu versuchen, neue Angestellte zu finden, die ihn versorgen könnten. Natürlich hatte man mein Angebot mit Freuden angenommen und nach einigen Wochen war mir auch klar warum.

Platzmangel, zumindesten, war kein Problem mehr, denn in dem Palais meines Onkels, Nr. 13 Hyde Park Gardens, hätte eine kleine Armee unterkommen können. Es besaß eine große Bibliothek, einen Ballsaal, einen Eßsaal, verschiedene Salons, in den oberen Stockwerken unzählige weitläufige Schlafzimmer und Bäder und im Dachgeschoß noch einmal zehn oder zwölf kleinere Schlafzimmer. Sämtliche Etagen waren mittels eines veralteten Aufzugs zu erreichen, der gelegentlich stecken blieb und deswegen mit einer lauten Pfeife ausgestattet war; diese erlaubte es dem jeweiligen Insassen, sobald er steckengeblieben war, ein anderes Mitglied des Haushalts zu alarmieren, das dann einer der Gittertüren einen festen Fußtritt versetzen mußte, um den Aufzug wieder in Gang zu bringen.

Bevor ich meine befristete Mission unternahm, war ich nie bis in die Wirtschaftsräume des Hauses vorgedrungen. Jetzt mußte ich jedoch bald erkennen, daß Ersatz für Mr. Wilkins zu schaffen, sehr leicht zur lebenslänglichen Aufgabe ausarten konnte. Wir hatten verschiedene Antworten auf unsere Zeitungsinserate erhalten, und ich hatte mir eine Reihe sehr geeigneter Anwärter persönlich angesehen, die auch von den finanziellen Absichten meines Onkels positiv beeindruckt waren, aber es gelang mir nie, die Führung durch das Souterrain, wo sie ihr Quartier nehmen sollten, zu beenden, denn währenddessen wurde mir immer schon bedeutet, daß alles weitere Zeitverschwendung sei. Es war nicht wirklich überraschend, denn ich hatte längst festgestellt, daß sich die Wirtschaftsräume in ihrem Ausmaß vielleicht noch am ehesten mit der Untergrundbahnstation von Piccadilly Circus vergleichen ließen. Eine riesige Küche, in der leicht für eine ausgewachsene Kegelbahn Platz war, wurde von einem Herd beherrscht, in dem man ohne Mühe einen Ochsen hätte braten können. Ungezählte Kohlenkeller, Waschküchen und Silberkammern sowie drei oder vier große leere Zellen, die meine Tante als Luftschutzkeller benutzt hatte, vervollständigten das Bild.

Die Wochen vergingen, die Schulferien der Kinder kamen und gingen, ebenso wie die unschuldigen Opfer, die ich für ein oder zwei Tage in das Souterrain zu locken vermochte. Mein zeitweiliges Gastspiel im Hause drohte zum Dauerstand auszuarten.

In gewisser Weise hatte unser Umzug nach London auch seine Sonnenseite, da Peter, der nie viel Talent zum Nichtstun besessen hatte, bald einen alten Freund wiedertraf, Werner von Simson, der ebenfalls mit einer Engländerin verheiratet war und nun, nachdem er eine Weile in einem Internierungslager verbracht hatte, entschlossen war, ein kleines Exportgeschäft aufzubauen. Werner war ohnehin ein Gewinn, denn er war nicht nur scharfsinnig, sondern auch geneigt, den Lauf der Welt mit großer Belustigung zu verfolgen; eine Einstellung, die, wie ich bald feststellte, ansteckend war. Die Zentrale seines zukünftigen Industrie-Imperiums, wie er es nannte, war ein winziges Büro in Birmingham. Er war auch bereit, die Tatsache zu übersehen, daß Peters Einreisegenehmigung keine Arbeitserlaubnis einschloß. So bot er ihm an, in seiner Firma mitzumachen, vorausgesetzt, er käme zur Tür hinein.

Was mich betraf, konnte ich, da wir nun näher am Zentrum des Geschehens lebten, eine aktivere Rolle in unserm Hilfswerk spielen, den *Observer* von unserer Gegenwart befreien und unsere Zentralstelle (die aus zwei Schreibmaschinen und einigen Pappkartons bestand) in einem der vielen leeren oberen Schlafzimmer im Haus meines Onkels unterbringen. Jetzt war es auch leichter, mich mit so unermüdlich hilfsbereiten Freunden wie David Astor, Isobel Cripps und Victor Gollancz zu treffen.

Was meinen Onkel betraf, so schien er es zu genießen, die Jungens und ihren Lärm um sich zu haben, während diese wiederum selig waren, einen nagelneuen Großvater gefunden zu haben, der ihre Briefmarkensammlung mit größter Aufmerksamkeit studierte, und dem es nichts auszumachen schien, wenn sie auf seiner übergroßen Veranda auf Rollschuhen herumtobten. Auch ich genoß die Abende, die wir miteinander verbrachten, am offenen Kamin in der Bibliothek lesend oder seinem Redefluß lauschend, den Beschreibungen seiner Laufbahn erst im Unterhaus und nun im

Oberhaus. Ich stellte fest, daß es nur ein Thema gab, welches ganz eindeutig tabu war, bei dem ein völlig unerwarteter Widerspruch in seinem sonst so ausgeglichenen Charakter zutage trat: Er konnte Juden nicht leiden. Er sagte nie warum, obwohl das Gerücht ging, während seiner Amtszeit im Foreign Office, noch vor dem Ersten Weltkrieg, habe er unangenehme Erfahrungen gemacht mit den Machenschaften gewisser jüdischer Diamantenhändler, die, wie er versicherte, der Grund für den Ausbruch des Burenkrieges gewesen wären.

Der Tag kam, an dem ich mit Victor Gollancz im *Ivy*, einem seiner Lieblingslokale, zu Mittag aß. Er war sehr niedergeschlagen, denn seine Stiftung »Save Europe Now« mußte umziehen. Unter ihrem Büro in Covent Garden war ein Blindgänger gefunden worden. Er hatte versucht, die Sache hinauszuzögern, aber die Behörden hatten ihm nur drei Tage Räumungsfrist gewährt, und bisher hatte er noch keine neue Unterkunft gefunden. Seine Trauer war völlig begründet, denn er hatte so viele Pläne und so treu ergebene Mitarbeiter, und dennoch würde er nun gezwungen sein, ein Unternehmen, das ihm so sehr am Herzen lag, zu liquidieren.

Ich weiß auch nicht, zu welchem Zeitpunkt mir plötzlich die zehn leeren Schlafzimmer im Obergeschoß von Nr. 13 Hyde Park in den Sinn kamen. Aber der Gedanke war notgedrungen von nur kurzer Dauer: Victor war Jude, und soweit es Onkel Cecil anging, bedeutete dies das Ende der Geschichte. Als ich jedoch von dem Mittagessen zurückkehrte und in der hallenden Eingangsdiele stand, in Gedanken noch immer bei Victor und seinem Problem, kam mir eine meiner besseren Ideen. Jedenfalls kam es mir zu dem Zeitpunkt so vor. War es überhaupt nötig Onkel Cecil zu fragen? Brauchte er es überhaupt zu wissen? Je länger ich darüber nachdachte, um so klarer wurde die Sache, und alles schien ganz einfach.

Drei Tage bis zur erzwungenen Räumung würden Victor bis zum Samstag Zeit geben, und samstags pflegte sich mein Onkel auf seinen Landsitz nach Egham zurückzuziehen, von dem er jeweils erst am Montag früh zurückkehrte. An Wochentagen lief der Haushalt nach einem unabänderlichen Zeitplan: um neun Uhr früh mußte der Aufzug im zweiten Stock bereitstehen, um meinen Onkel zum Frühstück hinunterzubefördern; um sieben Uhr abends mußte er wieder im Parterre sein, um ihn zum abendlichen Umziehen hinaufzubringen. Wenn sich Victors getreue Mitarbeiter um acht Uhr früh im Souterrain einstellten und jeweils paarweise hinaufführen, könnten sie schon alle im Dachgeschoß sein, ehe mein Onkel erschien, und auch wieder auf dem Weg nach Hause, ehe der Aufzug seine abendliche Funktion erfüllen mußte.

Der Plan erschien mir fehlerlos, und kaum war mein Onkel am folgenden Wochenende auf das Land gefahren, als auch schon der Aufzug krächzend auf und ab fuhr; mir kam die Zeit sehr lang vor – wie lang braucht man denn, um ein paar Schreibmaschinen zu befördern? Am Abend trat jedoch Stille ein, und ich fuhr zum Dachgeschoß hinauf, wo ich zu meiner Bestürzung zehn wohlausgerüstete Büroräume vorfand, mit Stühlen, Tischen, Aktenschränken, Schreibmaschinen und sämtlichem Zubehör. Victors Angestellte hatten ein Wunder vollbracht.

Ich war höchst erleichtert, als mich Victor drei Wochen später anrief, um mir mitzuteilen, daß alles in schönster Ordnung sei, er eine neue Bleibe gefunden habe und die ganze Karawanserei am nächsten Samstag ausziehen könne.

Der Samstag kam, Onkel Cecil erschien zum Frühstück

und hielt ein großes weißes Taschentuch in der Hand. Er war von einer leichten Erkältung befallen und hatte daher beschlossen, nicht aufs Land zu fahren, sondern das Wochenende in London zu verbringen. Keinerlei Überredungskünste, daß es kaum etwas besseres gegen Erkältung gebe als gute, frische Landluft, vermochten ihn auch nur einen Deut von seinem Vorhaben abzubringen. Er hatte seinen Entschluß gefaßt, und was die Landluft betraf, so werde er vielleicht untertags einen kleinen Spaziergang im Park machen, das reiche vollkommen.

Zwei Telefonanrufe, die beide ohne Antwort blieben, überzeugten mich, daß mein wohlverdientes Schicksal im Anmarsch war und wenig zu tun blieb, als mich in die Bibliothek zu setzen, der Dinge zu harren und zu beten, Victors Auszug möge schneller vonstatten gehen als sein Einzug oder mein Onkel sich im Park verirren!

Das Schicksal war mir nicht hold. Kaum hatte sich die schwere Haustür hinter meinem Onkel, der sich auf seinen kleinen Spaziergang begeben hatte, geschlossen, als auch schon der wohlbekannte Lärm im Souterrain einsetzte. Auf und ab – auf und ab – der völlig überforderte Aufzug rasselte und stöhnte, stieß einen Pfiff nach dem andern aus, und ich war so sehr damit beschäftigt, mir zu wünschen, nie geboren worden zu sein, daß ich gar nicht bemerkte, wie sich die Tür leise auftat und mein Onkel, noch mit Hut, Handschuhen und Wollschal angetan, im Zimmer stand.

Es entstand eine kleine Pause und dann sagte er:

»Chrismary«, (als Kind war ich immer Chrismary genannt worden, um mich von meiner Mutter zu unterschieden), »als ich von meinem Spaziergang etwas früher als sonst zurückkehrte – der Wind war recht schneidend –, bin ich vor meiner Tür einem großen Möbelwagen begegnet sowie einigen sonderbar aussehenden Personen – sind es

Terroristen aus dem Balkan? –, die Möbel aus meinem Hause räumten. Hast du eine Ahnung, um was es sich handelt?«

Hatte ich eine Ahnung? In diesem Augenblick fiel mir nur eines ein, und zwar, alles zu beichten, seine Abscheu vor Juden zu erwähnen, ihm von Victors Misere zu erzählen und von meinen eigenen Bemühungen mit meinem Gewissen, was Victors jüdische Herkunft betraf, ins Reine zu kommen. Ich wurde schweigend angehört und nur einmal unterbrochen, mit der Frage, wie lange er seine ungebetenen Gäste im Hause beherbergt habe.

»Drei Wochen?«

Er dehnte die Worte, als bedeuteten sie drei Jahrhunderte, und fügte dann hinzu: »Du liebe Zeit, welch unerträgliche Situation.«

Ich konnte nur bescheiden mit ihm übereinstimmen: »Ja, unerträglich.«

Nachdem ich mit meinem Bericht stotternd zu Ende gekommen war, herrschte mehrere Minuten lang völliges Schweigen, währenddessen ich den ausgeblichenen Teppich vor mir mit übertriebener Konzentration musterte. Dann erhob sich Onkel Cecil, wandte sich der Tür zu, doch ehe er die Bibliothek verließ, drehte er sich noch einmal um und räusperte sich. Jetzt war es soweit – ich straffte mich, dem Ansturm standzuhalten – aber nein!

»Chrismary«, sagte er. »In diesem Augenblick fällt mir nichts zu sagen ein, nur eines möchte ich deutlich klarstellen – laß so etwas nie wieder vorkommen.«

Ebenso sehr, wie ich ihn liebte, muß mein Onkel Cecil mich wohl auch geliebt haben – und er stellte seine Liebe unter Beweis, als ein Telefonanruf von Werner mich über Peters Unfall unterrichtete. Ich müsse sofort nach Birmingham fahren, er werde dafür sorgen, daß Christopher aus dem Kindergarten abgeholt und wohlbehalten meiner Schwester übergeben würde. Hatte ich Geld? Taxis, Fahrkarten – er werde alles tun, um mich so bald wie möglich an Peters Krankenlager zu bringen.

So hatte meine Wache begonnen. Die Stunden vergingen, und als aus der Nacht die Morgendämmerung wurde, spürte ich, wie leicht sich Gedanken in Phantasien verwandeln.

Eine anteilnehmende, sanft sprechende irische Nachtschwester brachte mir Tee und löste mich gelegentlich ab. Sie kam aus Connemara und hatte Heimweh; wir unterhielten uns flüsternd über ihre Heimat an jener fernen Westküste. Was hatte der Arzt gemeint, als er von Überleben gesprochen hatte? Falls Peter aufwachte – nein, SOBALD er erwachte – würde er je wieder in das Gehetze der Nachkriegswelt zurückkehren können? Vor vielen Jahren, als Hitler auf den Krieg zudrängte, hatten er und ich von Irland gesprochen und von der Möglichkeit, es dort mit der Landwirtschaft zu versuchen. Damals hatte es nicht sein sollen, aber jetzt? Gewiß war es nur ein Phantasiegebilde, aber der Geruch von Torffeuer, die Geräusche der See und des Windes, der über die mit Heidekraut bewachsenen Hügel blies, erlaubten uns, gelegentlich den Schmerz des Heimwehs und den Kummer der Trennung zu vergessen und uns in eine uns allein gehörende Traumwelt tragen zu lassen.

Um fünf Uhr am Morgen des siebenten Tages kehrte Peter aus seiner andern Welt zurück und schlug die Augen auf. Eine kurze Weile lang blickte er die Wände und die Decke an, anscheinend nicht überrascht von der Fremdheit seiner Umgebung, und als er mich neben dem Bett sitzen sah, fragte er mich ganz einfach und leise:

»Wo warst du?« und fügte dann hinzu: »Ich habe dich

überall gesucht.« Und ich hörte meine Stimme, die ihm antwortete: »Ich weiß nicht genau, wo ich gewesen bin; wohl auch überall.«

Wenn ich es recht bedachte, kam dies der Wahrheit ziemlich nahe.

Zweiter Teil

Irland

Die Geschichte eines Landes ist nicht in Parlamenten und auf Schlachtfeldern zu finden, vielmehr in dem, wie die Menschen an Markttagen und Festtagen miteinander reden, wie sie ihr Land bestellen, wie sie streiten und auf Pilgerfahrt gehen.

W. B. Yeats

NEUNTES KAPITEL

Wait till I tell you – Wart, daß ich's dir erzähle! Man braucht nicht sehr lang in Irland zu leben, um zu lernen, daß eine solche Einladung näherzurücken am Kaminfeuer, an der Straßenkreuzung, oder wo immer sonst, jedesmal ein Vergnügen verheißt. Einerlei, ob die Geschichte, der man Gehör schenken soll, tragisch, komisch oder schlechthin dubios ist, des Melodramas kann man immer gewiß sein. »Also sei schon still! Heilige Jungfrau Maria, ist so etwas zu glauben? Ehrlich! Erzähl keine Geschichten!« Dieser Art sind die enthusiastischen Zwischenrufe, die dazu beitragen, die Dinge dem Höhepunkt entgegenzutreiben. Es mag sich um eine Heirat handeln – »ein feiner, aber armer Bursche, sie hat gottlob ein Stück Land«; oder auch ein Begräbnis – »kein Testament, Gott sei seiner Seele gnädig, und hätte man nicht das Dach decken können mit all den Onkeln und Vettern, die übers Wasser zur Totenwache kamen.« Es kann auch um einen Gerichtsprozeß gehen, aber am besten ist immer ein saftiger Sakandal, über den sich dann der Dorfpfarrer so donnernd ausbreiten kann, daß selbst den Heiligen die Ohren sausen.

Wenn ich meine eigene Geschichte so beginnen wollte, wie die meisten irischen Erzählungen beginnen, nämlich im Dunkel der Geschichte, müßte ich bis auf das Jahr des Herrn 1610 zurückgehen, als zwei Brüder, die jüngeren Söhne einer freien Bauernfamilie aus Shropshire in England, ihre Heimat verließen, nach Irland segelten, um sich in einer sehr weit westlich gelegenen Ecke dieser turbulenten Insel niederzulassen. Sie hießen Francis und Thomas Burton, und ihr Beweggrund, die Grafschaft Clare als künftige Heimat zu wählen, war nicht schwer zu erraten.

Gegen Ende des sechzehnten Jahrhunderts, als Clare noch ein Königreich war, entschieden sich die O'Briens, der mächtigste der dort ansässigen Clans, ihre Zukunft an den Stern der englischen Krone zu heften (mit nur gelegentlichen Rückfällen). Ihre Treue tat ihnen keinen Schaden, denn ihr damaliges Oberhaupt wurde als Earl von Thomond in den Adelsstand erhoben, und ihre Ländereien wurden nicht, wie die der übrigen in der neu geschaffenen Grafschaft, beschlagnahmt. Im Gegenteil, die O'Briens wurden mit zusätzlichem Land belohnt, mit dem sie ihre ohnehin ausgedehnten Besitzungen abrunden konnten. Sicherlich um jeglichen Zweifel zu beseitigen, trat Donagh O'Brien, der vierte Earl von Thomond, zusammen mit seinem Bruder Daniel, Baron Inchequin, 1610 zum protestantischen Glauben über; ihr Land erstreckte sich damals von Bunratty im Osten bis Carrigaholt im fernen Südwesten der Grafschaft.

Zu jener Zeit war der Westen Irlands noch nicht seiner berühmten Eichenwälder beraubt worden, um die englische Flotte zu bauen, und zeitgenössischen Berichten zufolge konnte man durch die Ländereien der O'Brien reisen, ohne je den Himmel zu sehen.

Ich könnte mir jedoch denken, daß damals weder Ländereien noch Burgen sicher waren, denn andere mächtige Clans, wie die O'Neills und die O'Donnells, waren stets bereit, im Namen der respektablen Sache irischer Freiheit und Unabhängigkeit in großen Scharen über das Land herzufallen und es zu plündern, um sich dann, mit nützlicher Beute beladen, wieder in ihre nördlichen Festungen zurückzuziehen. Es überrascht daher nicht, daß die O'Briens, Lords of Thomond, 1610 ganz bereit waren, verläßliche protestantische Glaubensgenossen als Pächter willkommen zu heißen, die einem robusten englischen Bauerngeschlecht entstammten und ihnen helfen konnten, sich gegen derartig verheerende Überfälle zu verteidigen.

Es wird behauptet, daß Irland imstande ist, seine Eroberer zu absorbieren, so daß jene, die kamen, um dem Land ihren Willen aufzuzwingen und seine jahrhundertealten Lebensformen zu verändern, schließlich dieses hoffnungslose Unterfangen aufgeben, um irischer als die Iren zu werden. Denen aber, die die Insel verlassen, bleiben für alle Zeit die Träume von *Tir na n Og*, dem goldenen Land ewiger Jugend, von *Tuath de Danaan*, den »kleinen Wesen«, oder dem todverkündenden Heulen der *Banshee*, der Todesfee. Diese Sagen, die in den nebelumwobenen Feldhecken nisten und die runden Kuppen der uralten Berge umgeistern, sind Sirenengesänge, die es ihnen unmöglich machen, das Land, aus dem sie kamen, zu vergessen.

Als ich 337 Jahre später nach Irland zurückkehrte, um mich dort niederzulassen, wußte ich wenig von meinen anglo-irischen Ahnen und hatte auch kein großes Interesse an ihnen. Meine Anhänglichkeit war nicht einem angeborenen, mythischen Drang zuzuschreiben, sondern eher dem Umstand, daß ich in England in einem sehr geregelten Haushalt aufgewachsen war, in dem Mahlzeiten pünktlich auf den Tisch kamen und Kinder zu einer festen Stunde ins Bett gingen, und später in Deutschland gelebt hatte, wo Ordnung ein unerläßlicher Bestandteil des Lebens ist, wohingegen das Irland meiner Erinnerungen aus glücklichen Besuchen in einem Land bestand, wo absolut nichts so funktionierte, wie man es mir beigebracht hatte.

Teil meiner Erziehung war zum Beispiel eine sehr freizügige Einstellung zur Religion gewesen, vor allem was den Kirchgang betraf, doch brauchte ich nur die Irische See zu überqueren, um zu erkennen, daß die Religion eine ernste Rolle im Leben meiner irischen Verwandten spielte, die sämtlich aktive Stützen ihrer Kirche – der protestantischen *Church of Ireland* – waren. Ihre Loyalität war vermutlich ein wenig davon beeinflußt, daß sie ihre kleinen, vereinzelten Bataillone und ihre ältlichen, verwitterten Gebetshäuser mit den »heiligen römischen« Heerscharen vergleichen mußten, die jeden Sonntag aus ihren neugebauten Monolithen aus kaltem, grauen Stein hervorströmten.

Der Kampf war ungleich, aber meine irischen Verwandten blieben unbeirrt und betrieben angemessene Rückzugsgefechte mit Gartenfesten und Bazaren, deren Erlös – sei es im Zigeunerzelt oder in der Schaubude, sei es für Eingemachtes, Bücher oder getragene Kleider – dazu beitrug, das Kirchendach instandzuhalten und die alte Orgel im Gotteshaus ihrer Vorväter weiter spielen zu lassen.

»Ein gutes Bild machen, sich von der besten Seite zeigen«, das waren, wie ich mich erinnere, oft gebrauchte Wendungen, die die Notwendigkeit unterstrichen, unsere Sonntagsgewänder anzuziehen, schnell das Frühstück hinunterzuwürgen und unsere Gesangbücher zu ergreifen, ehe wir uns der kleinen Gemeinde ortsansässiger »Prots« anschlossen, zu Gottesdiensten, die nicht gerade dem Wohlklang verpflichtet waren.

Obgleich sie in vieler Weise engstirnig waren und sich hartnäckig weigerten anzuerkennen, daß ihrer Rolle in der irischen Geschichte mit der Gründung des Irischen Freistaats ein tödlicher Stoß versetzt worden war, sie auch immer noch starrsinnig von Sackville Street, Queenstown oder Kings's County usw. sprachen, die in der Republik längst umbenannt worden waren, waren sie doch andererseits auch nicht bereit, die glückliche Fähigkeit abzulegen, unorthodoxes Betragen als ganz normal und akzeptabel anzusehen.

Da gab es zum Beispiel meinen Onkel Ned, der fest davon überzeugt war, daß in Irland seit dem Ende des achtzehnten Jahrhunderts kein brauchbares Dach mehr gebaut worden war. Damals wären die Schieferschindeln noch aus Bangor in Wales gekommen, erklärte er, und die Handwerker jener Tage seien Künstler gewesen. Inzwischen sei diese Tradition längst ausgestorben. Später wurde Onkel Ned aber doch als ziemlich verrückt angesehen, weil er seine Überzeugung ein wenig zu weit trieb und sich weigerte, sein Dach überhaupt noch reparieren zu lassen, so daß er am Ende seiner Tage unter einem Regenschirm im Eßzimmer schlief. Mir kam er jedoch nicht verrückt vor, wenn ich als Kind neben ihm an den Ufern des Slaney saß und zusah, wie er eine passende Fliege aus dem Band seines alten Tweedhutes zog und seine Leine mit unfehlbarer Genauigkeit über den stillen Gewässern unter uns auswarf; oder wenn er mich an der Hand durch den Dschungel seines Gartens zu einer entfernten Stelle führte, wo seine prächtigen Rosen wuchsen. Er kam nie dazu, eine spezielle Rose zu züchten, die er versprochen hatte, nach mir zu benennen, aber er versicherte mir immer, daß er es fest vorhabe.

Dann war da die Hochzeit meiner Kusine. Ich werde sie Cousin Letitia nennen. Sie kam mir damals mit ihren neununddreißig Jahren wie eine sehr alte Dame vor. Es herrschte natürlich allgemeines Frohlocken, als sie schließlich doch noch einen Mann erwischte, der zwar kein Filmstar war, seinen Mangel an äußerlichen Reizen jedoch dadurch gutmachte, einer *Gentry* Familie anzugehören und zweihundert Morgen besten Weidelandes in der Grafschaft Meath zu besitzen.

Um die Angelegenheit auch würdig zu gestalten, hatte

man bei einer Agentur einen Butler gemietet, der dem ständigen Angestelltenstab vorstehen sollte, der normalerweise aus zwei niedlichen kleinen Dorfmädchen bestand, die ungefähr vierzehn Jahre alt waren.

Wie üblich in Irland, verzögerte sich alles sehr. Der ehrenwerte Herr Kanonikus, ein Verwandter des Bräutigams, der aus England herübergekommen war, um die Trauung zu vollziehen, kam mit seiner Predigt nicht zu Ende, und hinterher gelang es denjenigen der Gäste, die im Auto gekommen waren, nicht, ihre Motoren in Gang zu bringen. Jedoch die noble Gegenwart des gemieteten Butlers, als die Gäste schließlich, wenn auch verspätet, das Haus der Braut erreichten, gab allem eine glanzvolle Note. Besonders weil er und die beiden kleinen Mädchen sich offensichtlich emsig damit beschäftigt hatten, alle Vasen, Schalen und Behälter mit Blumen zu füllen und die Hochzeitsgeschenke höchst geschmackvoll im Eßzimmer auszubreiten. Leider, und anfangs weniger offensichtlich, hatte der Butler auch einen Teil der Zeit damit verbracht, die Flaschen zu öffnen und den Champagner zu probieren. Irgendwann entschied er, daß die Gäste, Mr. und Mrs. Jedermann, der Herr Pfarrer und Mrs. Sowieso, nicht seinem gewohnten Niveau entsprachen, und er begann, hier und da einen Titel hinzuzufügen. Die anglo-irische Gesellschaft hat sehr viel für Titel übrig, aber als aus Leutnants und Hauptleuten plötzlich Oberste und gar Generäle wurden, und jeder, der in der Kleidung eines Geistlichen erschien, zumindestens eines Bischofstitels sicher sein konnte, ließ sich nicht mehr übersehen, daß irgend etwas nicht stimmte. Der Höhepunkt kam, als der Butler, inzwischen in voller Fahrt, alle Vorsicht in den Wind schlug und mit Stentorstimme »Lord und Lady Inglenook« ankündigte. Der Auktionator des Ortes, der gerade mit seiner Frau eintrat, erlaubte sich nur, leicht erstaunt auszusehen ob seiner plötzlichen Erhebung in den Adelsstand, aber seine Frau bekam einen Kicheranfall, der den Rest des Nachmittags andauerte.

Wenn dies in England geschehen wäre, hätte es zumindestens eine ernstliche Rüge gegeben. Und erst in Deutschland – du liebe Zeit! Dort wäre es sicher fast zu einem Aufstand, jedenfalls aber zu einem Gerichtsverfahren gekommen, und ein allgemeiner Chor von »unerhört« und »mein Gott, wie daneben!« hätte dafür gesorgt, die Festlichkeiten völlig zu verderben. Ich erinnere mich aber nicht, hier auch nur ein einziges Wort der Überraschung oder gar der Verurteilung gehört zu haben. Im Gegenteil, als wir das Brautpaar in ihrem frisch polierten Morris Minor die Auffahrt entlangschoben, waren sich alle einig, daß es ein prächtiges Fest gewesen war.

Später, bereits als Backfisch, war ich oft bei meiner Freundin Gwennie MacCormack in Moore Abbey zu Gast, in ihrem Elternhaus in der Grafschaft Kildare, wo wir uns abends um den Flügel im Salon scharten, und ihr Vater, der berühmte Tenor John MacCormack, uns erlaubte, mit ihm zu singen – Opernarien, Lieder und unvergeßliche irische Volksweisen, die uns allen, ihn eingeschlossen, die Tränen in die Augen trieben. Das waren verzauberte Abende, die mir den Mut gaben, selbst Sängerin zu werden, obwohl Gwennie und ich, wenn wir uns des Nachts im gemeinsamen Schlafzimmer in endlosen Debatten über unsere Zukunft ergingen, stets einig waren, daß wir natürlich eines Tages auch heiraten würden. In Anbetracht der Tatsache, daß sie ihre Tage in einer Klosterschule verbrachte, wo es ihr nicht erlaubt war zu baden, ohne sich vorher schwarze Hemdhosen anzuziehen, und ich in einem Internat war, in dem Tüchtigkeit auf dem Sportplatz mehr galt als jegliche Ahnung vom Leben, war es nicht überraschend, daß unsere Vorstellung vom Ehestand nicht sehr viel weiter ging, als verschleiert, in wunderschönen, weißen Kleidern am Arm eines Adonis, dem wir lebenslange Treue geschworen hatten, das Kirchenschiff entlangzugleiten.

Nach Peters Unfall sah ich mich auf den harten Boden der Wirklichkeit gestellt. Das Hospital in Birmingham bestand darauf, daß er, sobald er aus der Unfallstation entlassen war, mindestens sieben weitere Wochen im Krankenhaus zur Pflege und Beobachtung bleiben müsse. Dies stimmte mit Peters eigener Vorstellung über seine Zukunft jedoch keineswegs überein. Zwei Wochen später, kaum war ich wieder nach London zurückgekehrt, unterrichtete mich ein Telefonanruf des Arztes, daß Peter aufgestanden sei, durch das Hospital tobe und drohe, es im Schlafanzug zu verlassen, wenn man ihm nicht seine Kleider zurückgebe.

»Er ist noch immer ein sehr kranker Mann, Mrs. Bielenberg, und er bedarf ärztlicher Beobachtung«, erklärte mir der Arzt. »Aber wir sind kein Gefängnis und ich muß Sie bitten, ihn nach Haus zu holen.« Wenn ich heutzutage in der Zeitung lese, daß es für Menschen, die in Institutionen leben, viel besser wäre, wenn sie zu Haus versorgt würden, muß ich an jene Wochen von Peters Rekonvaleszenz denken, und ehrlich gestanden, tun mir dann immer die Familien leid.

Die nächsten Monate waren für Peter sicher nicht leichter als für alle andern, die so taten, als sei alles so normal wie zuvor. Wir waren voller Mitgefühl, wir versuchten, vorsichtig zu sein, Peters Monologe über seine sofortige Rückkehr nach Deutschland, wo er gebraucht würde, abzubiegen und seine Ausbrüche hilfloser Enttäuschung zu übersehen, wenn er feststellte, daß er nicht einmal eine Londoner Straße überqueren konnte, ohne in Angstschweiß auszubrechen. Der Arzt hatte natürlich in der Beurteilung seines Gesundheitszustands völlig recht gehabt, und obgleich es mir nicht zu gelingen schien, irgend etwas richtig zu machen, hörte ich zu und versuchte, Worte der Ermutigung zu finden, wobei ich spürte, daß mir die Vorstellung einer Rückkehr nach Deutschland immer verhaßter wurde. Schlimmer noch, ich konnte mich des schleichenden Gefühls nicht erwehren, daß ein Mensch, den ich liebte und mit dem ich das Leben geteilt hatte, plötzlich zu einem Fremden geworden war. Es dauerte nicht lang, bis ein gelegentlicher Blick in den Spiegel offenbarte, daß Peter nicht der einzige war, der mitgenommen aussah.

Gerade zu diesem Zeitpunkt, als ich mich zu fragen begann, ob all dies wohl eine Trennung unserer Wege bedeuten würde, sprang meine Mutter auf ihre typisch praktische Art in die Bresche.

Da frische Landluft nach ihrer Meinung die beste Kur für alle physischen und psychischen Leiden war und Onkel Cecil, wenigstens vorübergehend, von einer Familie laienhafter Angestellter versorgt wurde, die im Souterrain zufrieden schienen, waren wir wieder nach Codicote übergesiedelt und im experimentellen Haus am anderen Ende des Gemüsegartens untergebracht. Meine Mutter hatte Peter sehr liebgewonnen, sie bewunderte seine Energie und teilte mit ihm eine gewisse Direktheit im Ausdruck der Meinung. Mit andern Worten, sie pflegte die Dinge beim Namen zu nennen. Da sie selbst ein aktiver Mensch war, konnte sie auch seine Niedergeschlagenheit sehr gut verstehen, obgleich ihr zugleich klar war, daß er gegenwärtig nicht »ganz er selbst« war, wie sie es nannte. Ähnliches sei meinem Vater widerfahren, als er im ersten Weltkrieg an einer Bombenneurose gelitten habe. »Schwierig, meine Liebe, ein bißchen schwierig.« Aber er habe sich wieder erholt, ebenso wie Peter es tun würde; sie jedenfalls halte nichts davon, klein beizugeben, nur weil die Dinge »ein wenig schwierig« seien. Sicherlich sei Deutschland jetzt ein schreckliches Land, aber sie könne seinen Wunsch, dorthin zurückzukehren, sehr gut verstehen, und auch, daß er in England nicht glücklich sei – wo sich die Deutschen allgemein augenblicklich ja nicht übertriebener Beliebtheit erfreuten –, zumal er nichts zu tun habe, außer sich über seinen zukünftigen Gesundheitszustand Sorgen zu machen. Die Kinder noch einmal zu entwurzeln wäre ebenso unsinnig wie eine Trennung. Irgend ein Kompromiß müsse gefunden werden. Peter habe ihr einmal gestanden, daß es als Junge sein Traum gewesen sei, Landwirt zu werden, und hätten wir nicht vor dem Krieg, als Hitler eine Dauereinrichtung zu werden drohte und der Krieg vor der Tür stand, den Plan gehabt nach Irland zu ziehen?

Ich wußte, daß sie selbst keine besonderen Bindungen an Irland empfand, und das Treiben dort bestenfalls mit belustigtem Unverständnis betrachtete. Ihrem ordentlichen Wesen fiel es nicht leicht, für den eher vom Zufall bestimmten Lebensstil meiner irischen Verwandten Verständnis aufzubringen. Was die sozialen Verhältnisse in Irland anbetraf, erklärte sie: »Zuviele Prälaten dort für meinen Geschmack, Liebes – viel zu viele.«

Sie sei sich zwar nicht sicher, eine Lösung gefunden zu haben, aber Unentschlossenheit sei gewiß auch keine. So lohne es sich vielleicht, einen Versuch zu machen. Sie beendete ihre kleine Predigt auf für sie sehr typische Art, riet mir aber noch, erst einmal mit den Kindern einen Besuch in Irland zu machen; die Sommerferien stünden vor der Tür und würden Peter wahrscheinlich nur noch ärger sämtliche Wände hochtreiben.

»Entscheide dich, Liebes. Ich habe viel vor im Garten, und das wird Peter ein paar Wochen lang beschäftigt halten. Falls du meinen Rat willst: Tue es gleich.«

So kam es, daß die Kinder und ich uns im Sommer 1947 mit der Bahn zur Fähre aufmachten, die uns von Fishguard in Wales nach Rosslare in der Grafschaft Wexford bringen sollte; von dort sollte es nach Kilmore Quay weitergehen, einem Fischerdorf, das etwa vierzehn Meilen weiter südwestlich an der Küste lag, wo uns von verschiedenen irischen Verwandten eine Pension warm empfohlen worden war. Obwohl die vor uns liegende Reise lang und ermüdend sein würde, spürte ich, sobald wir den Bahnsteig in Paddington Station betraten, genau wie in früheren Jahren, daß ich England hinter mir gelassen hatte und von geräuschvollen Ausländern umgeben war. Junge Männer, alte Männer, ganze Familien, Kinderscharen; Schirmmützen, die über einem Auge getragen wurden, überquellende Säcke und Pappkoffer, die nur von alten Stricken am Aufplatzen gehindert wurden. Dies waren die »Exilanten«, die zu den Ferien heimkehrten, nachdem sie England auf ihre Weise beigestanden hatten, den Feind zu besiegen.

Der Zug, der endlich auf dem Bahnsteig einlief, stellte sich als sehr verdreckt heraus. Es war, als seien die Behörden entschlossen dafür zu sorgen, den Iren die Rückreise in ihre Heimat so unattraktiv wie möglich zu gestalten.

Als wir uns in die Wagen drängten, zeigten sich meine Reisegefährten jedoch nicht in Stimmung, Ressentiments an den Tag zu legen. All ihre Habeseligkeiten ragten bald drohend aus den Gepäcknetzen und quollen in die Korridore. Kaum war der Zug in Fahrt, da kam auch schon wer weiß woher eine Anzahl Flaschen zum Vorschein und machte die Runde. Was wird's wohl sein? Ob ich einen Schluck wolle? Irische Stimmen sind besonders sanft und angenehm; ebenso irische Umgangsformen. Obwohl ich das einzige weibliche Wesen im Abteil war, wäre es unhöflich gewesen mich auszuschließen. Ich für meinen Teil erinnerte mich noch gut genug an irische Trinksitten, um zu wissen, daß ich ablehnen mußte: Ich hatte keinen Alkohol dabei und konnte daher »meine Runde« nicht stiften, sobald die Reihe an mich käme. »Aber dann vielleicht einen Sprudel für die Jungens?« Ihre Freigebigkeit kannte keine Grenzen. Als der Zug durch die Nacht ratterte und die Kinder endlich auf dem Boden eingeschlafen waren, schloß auch ich die Augen und versuchte zu dösen, stellte aber fest, daß ich immer wieder den endlosen Gesprächen lauschte, die mich in eine ganz andere Welt versetzten, als die, die ich in Irland kannte. Es war nicht die Welt der unbekümmerten, anglo-irischen *Gentry*, die bessere Tage gesehen hatte, sondern eine, in der die Eltern, die *Mammy* und der *Da*, eine fast übertriebene Rolle spielten, wo Begräbnisse schön und Zähne nur lästig waren. Ich ahnte, daß einige Angeberei im Spiele sein würde, wenn diese Helden an den heimischen Herd zurückkehrten. Sie hatten schließlich die Welt gesehen, Manchester, Birmingham, Coventry, einer hatte sogar gegen die Deutschen gekämpft und alle hatten sie Luftangriffe erlebt. Ein anderer hatte es riskiert, ein strenges Tabu seines Heimatlandes zu brechen, und sich in eine protestantische Kirche gewagt; natürlich zu einem Begräbnis, aber was für ein Begräbnis, einfach wunderbar, die Musik, die Blumen – »Jesses, ich kann euch sagen, damit verglichen werden wir bei uns überhaupt nicht beerdigt« – ein Urteil, dem alle beipflichteten.

Ich mußte wohl eine Weile eingeschlafen sein, denn als ich wieder erwachte, waren die Flaschen leer und die Geräusche, die nun das Abteil erfüllten glichen denen, die man hören konnte, wenn die Kneipen in Kilburn schließen (ein Stadteil von London, der vorwiegend von Iren bewohnt wird, d. Übers.).

In Fishguard wartete, zu meiner freudigen Überraschung, am Kai eine alte Bekannte, *SS Princess Maud*, auf die

Ankunft unseres Zuges. Auf allen Irlandreisen war es immer höchst spannend gewesen, welche Fähre für die oft stürmische Fahrt über die Irische See bereitstand. Wenn es die »Prinzessin« war, wie ihre Mannschaft sie liebevoll nannte – oder auch nur »Maud« bei denjenigen, deren republikanische Einstellung ihnen verbot, einen königlichen Namen überhaupt in den Mund zu nehmen – so konnte man jedenfalls sicher sein, daß sie sich auf eine Weise benehmen würde, die man als zickig bezeichnen mußte, selbst wenn die See nur um ein weniges rauher als ein Ententeich war. Achtern war ihr eine gewisse Korkenzieherbewegung eigen, so als schlüge sie mit den Hinterbeinen aus, die mit Sicherheit auch die seefestesten Passagiere nach den reichlich bereitgestellten Papiertüten greifen ließ, während die Schwächeren, die längst aufgegeben hatten und nur noch sterben wollten, eine weitere Ladung heraufwürgten, wobei es ihnen inzwischen auch egal war, wo sie landete. Das andere Risiko einer Überfahrt auf der »Princess« war durch ihr hohes Alter gegeben. Sie war vor Jahrzehnten, noch vor dem ersten Weltkrieg, vom Stapel gelaufen und hatte sich ihren Weg hin und zurück über die Irische See so oft gebahnt, daß es ihr niemand übel nehmen konnte, wenn sie, deutschen Unterseebooten und möglichen Torpedos trotzend, sich um ein oder zwei Stunden verspätete. War es ein Wochentag und das Reiseziel der Hafen von Rosslare, dann legte sie am Ende eines langen Hafendammes an, der als Kai diente. Hier wartete dann eine kleine Bahn auf die Passagiere, um sie nach Wexford zu befördern, von wo sie nach Dublin oder Cork weiterreisen konnten. Handelte es sich aber um einen Sonntag oder Kirchenfeiertag, dann war darauf nicht unbedingt Verlaß. Dann bedeutete die verspätete Ankunft des Bootes, daß der Zugführer die Morgenmesse im etwa zehn Meilen entfernt gelegenen Wexford verpaßte; dies beeinträchtigte zwar nicht seine Berufsaussichten, wohl aber sein ewiges Seelenheil. Aus diesem Grunde neigte er bei solchen Gelegenheiten dazu, mit seiner Bahn abzufahren; die verspäteten Ankömmlinge mußten dann eben eine lange Wartezeit hinter unzureichenden Windbrechern in Kauf nehmen oder versuchen, es »auf gut Glück« zu schaffen. Der Versuch »auf gut Glück«, eine sehr irische Einstellung, bedeutete, sein Gepäck auf einem klapprigen, aus Holzplanken und Stricken bestehenden Gerüst an der Windseite des Hafendamms entlang zu schleppen. Ich kann mir vorstellen, wie sehr die Hafenbehörde von Rosslare erleichtert gewesen sein muß, als das Gerüst einige Jahre später das Opfer einer stürmischen Nacht wurde und ins Meer stürzte, ohne feiertägliche Passagiere zu tragen, die »auf gut Glück« versuchten weiterzukommen.

Bei unserer Ankunft freute ich mich von Herzen, *Princess Maud* ganz unverändert wiederzufinden – blitzende Messingbeschläge, mit rotem Plüsch bezogene Kojen, poliertes Mahagoni. Selbst die Stewardessen waren nicht mehr in der ersten Jugendblüte, hatten sanfte, freundliche Gesichter, trugen gestärkte weiße Schürzen und warteten darauf, die Passagiere an Bord zu empfangen wie in ihrem eigenen Hause. Ein leichter Seegang war vorausgesagt, und wenn ich mich nicht täuschte, gab es doch hier eine Stelle an Deck, auf die wir uns zurückziehen konnten, um dem unglückseligen Drama, das nur zu bald unten in Salons und Waschräumen beginnen würde, zu entgehen.

Meine besondere Ecke war zum Glück nicht besetzt, so daß die Kinder, warm in Decken gewickelt, schon fast wieder eingeschlafen waren, ehe noch das Dunkel die Hafenlichter von Fishguard verschluckt hatte. Ich vermochte nicht zu schlafen, sondern saß versunken in meine Gedanken, die mir weit voraus eilten, in ein Land, das ich seit fünfzehn Jahren nicht mehr gesehen hatte. Ob sich Irland wohl verändert hatte, so wie ich mich verändert hatte? Ich war inzwischen verheiratet und hatte drei Söhne. Irland war nicht in den Krieg eingetreten, sondern eine friedliche Oase geblieben, in der es außer über Teeknappheit nicht viel zu klagen gab. Es war neutral geblieben, hatte seine Karten geschickt gespielt – manchmal etwas zu geschickt für meinen Geschmack; zum Beispiel, als Ministerpräsident de Valera sich dem Beileidstelegramm des deutschen Botschafters an das deutsche Volk zu Hitlers Tod angeschlossen hatte. Ich erinnerte mich auch an jene zwielichtigen Gestalten, die sich Iren nannten, die man in Berlin sorglich meiden mußte und von denen man wußte, daß sie sich in Goebbels Propagandaministerim herumtrieben. Was hatten sie dort gemacht? Sie waren untergetaucht, sobald der Krieg vorbei war. Ich war inzwischen älter und vielleicht auch mißtrauischer geworden.

Die *Princess* legte pünktlich um sieben Uhr früh an, und da wartete bereits der kleine Zug, ebenfalls unverändert, um uns die zweihundertfünfzig Meter bis zum Bahnhof von Rosslare-Hafen zu bringen, wo wir hofften, mit dem Wagen abgeholt zu werden. Ehe wir uns auf diese kurze Fahrt begaben, lief der Schaffner von Abteil zu Abteil und verschloß sämtliche Türen von außen. Ich erinnerte mich, daß ich als kleines Mädchen, als ich allein gereist war, den Schaffner einmal gefragt hatte, warum er das täte. »Damit die Leute nicht aus dem Fenster fliegen, *my darlin'*«, hatte seine Erklärung gelautet, die mir so zufriedenstellend wie jede andere vorgekommen war.

Die kurze Reise war beendet, die Abteiltüren wurden wieder aufgesperrt; ich stand auf dem Bahnsteig und blickte mich um. Die Häuschen der Küstenwachen oben auf den Klippen, der rostige alte Bagger in der Bucht, die Fischerboote, die Seemöwen, die weiche Morgenluft. Nichts hatte sich verändert, außer daß der kleine, aus Steinen gebaute Wartesaal jetzt einen andern Namen trug, ebenso wie die daneben gelegenen Toiletten. Da hieß es nicht mehr »Ladies« und »Gents« sondern *»Fir«* und *»Mna«*, und eine gewisse Verwirrung war bereits entstanden. Einige mit dem Wiederaufleben der gälischen Sprache unvertraute Gestalten, ungewiß, ob sie *Firs* oder *Mnas* waren, huschten hastig aus falsch gewählten Türen heraus.

Wir mußten nicht lange warten, bis wir von einem sehr sympathischen Männlein abgeholt wurden, der sich als Mick vorstellte und uns zu einem geräumigen Auto führte, daß er auf dem Hügel oberhalb des Hafens geparkt hatte. Ein großer, unter einen der Vorderreifen gekeilter Stein wurde beiseite geräumt, der Wagen begann zu rollen und der Motor sprang gerade noch rechtzeitig an, um zu verhüten, daß wir gegen die Hafenmauer prallten. Auf dem Wege nach Kilmore Quay hielten wir zweimal an, einmal um eine Zeitung abzuholen, das andere mal, um eine große Kiste dunkles Bier einzuladen, die, wie Mick erläuterte, für einen andern Gast bestimmt war, der »ohne« nicht auskommen konnte.

Die Pension in Kilmore stellte eine gewisse Überraschung dar. Sie lag am andern Ende des Dorfes, mit Blick auf das Meer, und bestand aus einem baufälligen Bungalow, zwei Wohnwagen, die ziemlich prekär auf ein paar Holzblöcken aufgebockt waren und einem weiteren Gebäude, das wie ein umgebauter Hühnerstall aussah. Letzterer wurde als Nebengebäude bezeichnet und war für die Kinder hergerichtet. Die Besitzerin des Gästehauses, eine Mrs. Godfrey, begrüßte uns am Eingang. Sie war eine Dame mit üppigen Formen, so üppig, daß sie, wie ich später erfuhr, ihre Rolle als Leiterin der Fuchsjagd hatte aufgeben müssen, da sie zu schwer für ihr Pferd geworden war. Es war allerdings sofort festzustellen, daß ihre Stimme nichts von der Tragfähigkeit eingebüßt hatte, die man gemeinhin mit Fuchsjagden assoziiert. Kaum hatte sie uns erblickt, und noch ehe sie uns begrüßte, blökte sie in die dunkle Halle hinter sich, wo vermutlich die andern Gäste über die Bedeutung eines Namens wie Bielenberg ihre Spekulationen angestellt hatten: »Es sind keine Juden!«

Mick fiel ebenfalls etwas aus dem normalen Rahmen, denn er war nicht nur der Chauffeur des Etablissements, sondern auch Gärtner, Hausmädchen, Zimmermädchen und Küchenjunge, obwohl sein Hauptinteresse sicherlich seinem Ehrenposten als Sekretär des Rettungsbootsvereins galt.

Damals überquerten Hunderte von Briten die Irische See, um ein oder zwei Wochen lang den Lebensumständen zu entkommen, die sie dem gewonnenen Krieg verdankten. Die Wexforder Handelskammer hatte entschieden, daß etwas unternommen werden müsse, um eine so günstige Gelegenheit zu nützen. Schinken und Speck, Brot, Landbutter, Fische aus den Flüssen und Hummer aus dem Meer waren offenbar noch nicht genug, die anspruchsvolleren Touristen anzuziehen, namentlich Amerikaner, deren einziges Interesse ihren irischen Ursprüngen und den sanitären Anlagen zu gelten schien. Die Kammer erließ daher eine Verfügung, daß jedes kleine Haus, dem daran gelegen war, zahlende Gäste zu beherbergen, eine Badewanne haben müsse und eine Innentoilette. Diese Regelung stellte Kilmore vor ein nicht unbeträchtliches Problem. Zwar hatten die Besitzer verschiedener Häuschen ihre Registrierung beantragt, aber die einzige Badewanne weit und breit befand sich im Besitz von Mrs. Godfrey. Ich war anfänglich gelinde überrascht gewesen, daß diese Wanne, die noble Maße, große glänzende Hähne und ein prächtiges Abflußrohr besaß, an keine Wasserzufuhr angeschlossen war. Der Grund hierfür wurde klar, als der Postbote den unmittelbar bevorstehenden Besuch eines Inspektors aus Wexford ankündigte, der feststellen sollte, ob alle, die eine Touristenlizenz beantragt hatten, auch die Bestimmungen hinsichtlich der Sanitärauflagen erfüllt hatten.

Kaum hatte das Dorf diese Nachricht vernommen, setzte es sich emsig in Gang. Die erste Visite mußte selbstverständlich Mrs. Godfreys Haus gelten, wo man dem Inspektor mit Tee, heißen Scones und der Badewanne aufwarten würde. Dann mußte Mick ihn um die Ecke zur Rettungsbootshütte fahren, die als weitere große Touristenattraktion galt. Kaum waren sie dort angelangt, wo sich Mick sicherlich lyrisch über sein geliebtes Rettungsboot verbreitete, erschien bereits, wie aus dem Boden gestampft, ein Traktor mit Anhänger. Er hielt hinter dem Hühnerstall, und vier stämmige, junge Burschen schlichen sich leise ins Haus und in das Badezimmer. In wenigen Minuten war die Wanne aus der Hintertür hinaus, durch das Gatter, auf den Anhänger und davon! Sie hatten noch vier weitere Stationen zu machen und ich konnte mir nur denken, daß der Inspektor entweder aus der Gegend stammte und sich das Spiel gefallen ließ, oder daß er unterwegs mit sehr viel herzhafteren Erfrischungen als Tee und Scones traktiert wurde.

Am Abend des gleichen Tages stand ich, als die Prozession zurückkam, an die Kaimauer gelehnt und sah hinüber zu den Saltee Inseln und der untergehenden Sonne, lauschte den vertrauten Meeresgeräuschen: sanfte Wellen, die gegen Felsen spülten, und Boote, die mit ihrem Gefolge schreiender Möwen tuckernd zu den Fischgründen zogen.

Traktor, Anhänger, Mick und Badewanne kehrten zusammen mit einer Schar glücklicher Begleiter zurück. Mick versicherte mir, daß alles glatt verlaufen sei. Der Inspektor sei ein fabelhafter armer Teufel gewesen, und ehe er wieder abgefahren sei, habe er ihm sogar zwei Schillinge für den Rettungsdienst gespendet.

Es war wohl in diesem Augenblick, daß meine Entscheidung fiel. Ich wußte, eigentlich durfte ich noch nicht an Endgültiges denken; zuviele Hindernisse lagen noch auf dem Weg. Aber ich glaubte, ein Ziel gefunden zu haben, auf das ich hinarbeiten konnte. Ich mußte zurückkehren in dieses seltsame, unberechenbare Land – hier wollte ich den Rest meiner Tage verbringen. Bisher hatte es in meinem Leben zuviel Organisation gegeben, zuviel Obrigkeit. Wundervolle Badewanne, wundervolles Kilmore, wundervolles Irland! Konnte es sein, daß ich eine Ecke in der Welt gefunden hatte, wo solcherart fremdländische Vorstellungen keinerlei Aussicht hatten, zu bestehen?

Bei unserer Rückkehr nach England stellte ich mit großer Freude fest, daß sich Peters Gesundheitszustand enorm verbessert hatte. Meiner Mutter Fürsorge und Aufsicht waren offensichtlich sehr viel erfolgreicher gewesen als meine. Zu seiner Pflege hatte sie eine Zugehfrau eingestellt, deren Interesse an Politik die Dorfgrenze nicht überschritt und deren Hertfordshire Dialekt er ohnehin kaum verstehen konnte. Um seinem Müßiggang abzuhelfen, hatte sie ihn im Gemüsegarten »eingesetzt«, den er von einem wüsten Acker in ein präzises symmetrisches Schachbrett verwandelt hatte.

So weit, so gut. Als jedoch die Monate vergingen und aus 1947 das Jahr 1948 wurde, war, trotz Peters vergleichsweiser Genesung, noch immer nicht der Schimmer einer Dauerhaftigkeit in unserem Leben zu erkennen. Der Weg wand sich vor uns hin, aber ein Gefühl der Richtung fehlte. Ich kann daher eigentlich nicht auf ein spezielles Ereignis oder lose formulierten Plan weisen, der uns in dieser oder jener Richtung beeinflußt hätte.

Es mag sein, daß der Anstoß kam, als uns die Nachricht erreichte, Peters Mutter litte an Hungerödemen und es uns mit Hilfe Lord Pakenhams, der inzwischen Leiter der Britischen Kontrollkommission in Deutschland war, gelang, ein Sondervisum für sie zu bekommen, um uns in England zu besuchen. Sie hatte ihre Gesundheit für ihre Enkel geopfert und falls wir irgendwelche Illusionen über den Ernst der Ernährungssituation in Deutschland gehegt hatten, so war jetzt aus ihrem Augenzeugenbericht zu erfahren, wie die Dinge dort wirklich lagen.

Es kann aber auch sein, daß der Impuls kam, weil es Peter, dank erleichterter Reisebedingungen zwischen Deutschland und England, möglich war, nach Frankfurt zu fahren. Wie er dort feststellte, brauchte er als Angehöriger einer fehlenden Generation keine Sorge zu haben, nicht wieder einen guten Posten zu finden. Auf der gleichen Reise traf er jedoch auch Marion Dönhoff, die zwar sehr mit ihrer Zeitung beschäftigt war, sich aber zugleich einsam fühlte in Hamburg und von der weiten offenen Landschaft, von den verlorenen Gütern in Ostpreußen träumte, die ihrer Familie seit Jahrhunderten gehört hatten. Wenn es uns gelänge, irische oder auch kanadische Visa zu bekommen für ihre verstreute Familie sowie für zwei gute Freunde, die zugleich Fachleute in der Landwirtschaft waren, könnten wir doch, wenn wir alle unsere Mittel zusammenlegten, eine Kooperative gründen, aufs Land zurückkehren und neu anfangen. Beide sponnen sie an immer neuen Möglichkeiten, was zweifellos zu Peters Entschlußlosigkeit beitrug. Vermutlich spielte da auch der Gedanke an mich eine Rolle. Der *Observer* schien noch Interesse an meinen Diensten zu haben. Ich war ebenfalls verschiedene Male nach Deutschland gereist, wobei ich den Vorzug hatte, dem dortigen ständigen Korrespondenten, Sebastian Haffner, zur Hand zu gehen – was in Wirklichkeit bedeutete, von einem Mann zu lernen, der in meinen Augen einer der großen Journalisten seiner Zeit war.

Vielleicht rührte mein Gefühl der Entfremdung, das mit jedem Besuch stärker wurde, daher, daß ich in Uniform war und deswegen auf gewisse Weise vom täglichen Leben ausgeschlossen. Für Peter mußte es anders sein. Deutschland war seine Heimat. Ich hatte es schon einmal ausprobiert, war glücklich dort gewesen, hatte mich identifizieren können mit so vielen, deren Freundschaft mir etwas bedeutete und deren Ideale ich teilen konnte. Aber Deutschland hatte diese Menschen einfach abgeschlachtet, und für mich war es jetzt irgendein Land, das seine Vergangenheit energisch zu vergessen suchte, einzig darauf konzentriert, sich eine respektable, aber vor allem wohlhabende Zukunft zu schaffen. Ich konnte mir eigentlich kaum vorstellen, je wieder dort zu leben.

Ich neige eher denen zu, die diese Art englische Erziehung – Gefühle unter Verschluß, Unglück mit zusammengebissenen Zähnen ertragen – für verfehlt halten. Meine italienische Schwägerin, die in einem Augenblick laut heulen konnte, um sich im nächsten vor Lachen zu krümmen, hatte es jedenfalls leichter. Psychosomatik war mir damals ein unbekannter Begriff, obwohl ich durchaus Zeiten erlebt hatte, in denen aufgewühlte Gefühle akute körperliche Schmerzen auslösten. Zum Beispiel damals in Berlin, als ich mich gezwungen sah, einem jungen jüdischen Paar zu erklären, daß ich sie nur für ein paar Tage in unserem Haus beherbergen könnte *, oder als ich von Peters Unfall erfahren hatte und neben seinem Bett im Hospital in Birmingham stand. Jetzt aber, als das Jahr 1948 nahte, verwandelte sich ein gelegentlicher in einen andauernden Schmerz, und meine Gesundheit brach vollständig zusammen.

* Siehe *Als ich Deutsche war.*

Ich wurde zu verschiedenen medizinischen Koryphäen geschickt, die mich alle sehr besorgt ansahen und mir erklärten, daß ich mich einer Operation unterziehen müsse. Sie hüllten ihre Befunde in eine ebenso obskure wie unheilverheißende Sprache, so daß es ihnen gelang, mir Todesängste einzujagen. Daher hielt ich es für angebracht, mir an dem praktischen Verhalten meiner Mutter ein Beispiel zu nehmen und mein Testament zu machen. Sie erklärten mir auch, ich müsse erst »aufgepäppelt« werden, ehe sie mich unters Messer nehmen könnten, und schlugen mir Eastbourne als geeigneten Ort vor. Eastbourne? Wo, zum Teufel, war Eastbourne? Jetzt nahm Peter die Zügel in die Hand. Er kannte meine Liebe zu den Bergen, und ehe mir überhaupt klar war, was geplant wurde, hatte er einen guten Schweizer Freund alarmiert, der gern bereit war, uns eine offizielle Einladung zu schicken. Schon hatte Peter mich in die Schweiz verfrachtet, wo sich nach vierzehn Tagen Sonne und Schnee die Koryphäen, diesmal Schweizer Koryphäen, entschieden mich zu operieren. Sie nahmen mir die Gallenblase heraus und mein Testament konnte in den Papierkorb wandern.

Es waren Monate der Unentschiedenheit, in denen es mir schien, als seien aus den Mitgliedern unserer Familie inzwischen wenig mehr als privilegierte Zigeuner geworden. In dieser Zeit konnte ich nur hoffen, daß während wir Eltern mit unserm Leben ins reine zu kommen suchten, unsere drei Söhne desgleichen täten, auch wenn sie nie sicher sein konnten, wo sie die nächsten Schulferien verbringen würden. Die Auspizien schienen nicht schlecht. Nicky sollte bald Schulältester in Dane Court werden; Johnny hatte sich in die Schule hineingefunden, obwohl sie ihn langweilte; Christopher war inzwischen in einem kleinen Internat in Bexhill-on-Sea, das von einer Freundin empfohlen und von deren junger Tochter approbiert worden war, und ließ es ohne sonderlichen Seelenschaden über sich ergehen, daß man ihm täglich die Nägel bürstete und die Zähne putzte und das Haar zu einem Stiftkopf stutzte.

Peter und ich durchstanden die Stürme gemeinsam, und schließlich am 28. August 1948, kam der Augenblick, als er Irland zum ersten Mal besuchte. Um es genauer zu sagen, als er, abermals auf dem Sattel seines uralten Motorrads, vor der Tür einer meiner Tanten erschien, die in der Nähe von Athy in der Grafschaft Kildare lebte.

ZEHNTES KAPITEL

Ich glaube, alles begann eigentlich damit, daß ein Stück Torf aus dem Kamin im Wohnzimmer fiel und ein großes Loch in den Teppich meiner Tante brannte. Der Teppich hatte sicher schon bessere Tage gesehen, aber schließlich war sie versichert, und es war eine gute Gelegenheit, einen neuen zu bekommen. Meine Tante war bekannt für ihre Ansprüche gegenüber Versicherungen, und sie kam meistens mit ihnen durch, da sie sich auch bei der Anwerbung neuer Kunden als nützlich erwies. So kam es, daß der Versicherungsvertreter, der offensichtlich ein häufiger Besucher war, sehr promt erschien, um den Schaden zu schätzen. An diesem Tage war er in Eile, weil ihm noch eine heikle Aufgabe bevorstand. Einer seiner Kunden, der schon seit zwei Jahren seine Rechnung schuldete, hatte ihm seine fortdauernde Zahlungsunfähigkeit mitgeteilt, ihm aber zugleich erklärt, daß er willens sei, ihm statt dessen ein Pferd zu überlassen. Der Vertreter hatte in den Handel eingewilligt, noch ehe man ihm erzählt hatte, daß das Pferd nicht friedlich in seinem Stall auf Abholung wartete, sondern einige Tage zuvor ausgebrochen und zehn Meilen entfernt, seelenruhig auf einer Sumpfwiese grasend, gesehen worden sei. Der Vertreter war findig und hatte es vorgezogen, anstatt einen Kunden zu verlieren, einen Pferdeanhänger an seinem Auto zu befestigen und das Pferd noch vor Einbruch der Nacht einzufangen.

Hier muß ich abschweifen, um einen weiteren zahlenden Gast meiner Tante zu beschreiben. Es muß zugleich gesagt werden, daß er nicht der einzige seiner Sorte war, der damals die Wölfe von den Türen abgewirtschafteter Herrenhäuser fernhielt. Im Falle meiner Tante handelte es sich um einen pensionierten Offizier, der der Flasche unterlegen war und dessen Verwandte bereit waren, gut zu zahlen, um ihn von England fernzuhalten. In früheren Tagen war er zum Range eines Majors in einem namhaften britischen Kavallerieregiment aufgestiegen und hieß daher im ganzen Haushalt nur der »Major«. Nüchtern hätte niemand liebenswürdiger oder gepflegter sein können; er strahlte eine gewisse ehrenhafte Arglosigkeit aus, wie viele Männer, die das Militär als Beruf gewählt haben. Wenn er allerdings betrunken war, dann gab es kein Halten. Ein kurzer Besuch in einer der Kneipen, von denen es im benachbarten Städtchen viele gab, schnell kippte er mehrere riesige Gins hinunter, um dann singend auf den Bürgersteig hinauszutanzen, bereit, sich jedem vorbeikommenden weiblichen Wesen an den Hals zu werfen. Die Iren verstehen es meisterhaft, mit solchen Situationen fertig zu werden. Als aber Klagen vom Kloster kamen, daß er in diesem Zustand offensichtlich unfähig war, zwischen normalen Hausfrauen und jenen, die den Schleier genommen hatten, zu unterscheiden, war es das Hauptanliegen meiner Tante, ihn so nahe wie möglich an ihrer Seite zu halten, während der Major natürlich darauf erpicht war, Mittel und Wege zu finden, ihrem wachsamen Auge zu entkommen.

Bei der Erwähnung des Wortes Pferd wurde der frühere Kavallerieoffizier hellwach und am Glanz seiner Augen war abzulesen, daß er emsig damit beschäftigt war, verschiedene wichtige Berechnungen anzustellen.

»Hören Sie, mein Lieber«, wandte er sich aalglatt an den

Vertreter. »Da kann ich Ihnen wirklich behilflich sein. Verdammt noch mal, ich habe mein ganzes Leben mit Pferden verbracht. Es ist gar nicht so leicht, ein Pferd einzufangen. Nehmen Sie mich mit, dann brauchen Sie keine Box. Ich fange Ihnen den Gaul und reite ihn hierher zurück, dann können wir ihn hier in den Stall stellen, bis Sie ihn verkaufen. Ist das nicht eine annehmbare Lösung?«

Der Vertreter, der aus diplomatischen Gründen über die gelegentlichen Eskapaden des Majors im dunkeln gelassen worden war, sah höchst erleichtert aus.

»Danke Ihnen, Sir«, sagte er. »Danke Ihnen tausendmal, das ist wirklich eine gute Idee.« Kaum waren die Worte aus seinem Munde, lief der Major auch schon nach oben und kehrte bald gestiefelt und gespornt zurück.

Meine Tante war in der Gegend zwar als findig bekannt, aber sie wußte sehr genau, wenn sie einem wirklich vertrackten Problem gegenüberstand. Jetzt war ihr klar, daß sie in der Klemme saß, denn wenn der Major in der Gegend losgelassen wurde, und noch zu Pferde, konnten nur Unannehmlichkeiten die Folge sein. Andererseits war das Versicherungsgeld für den Wohnzimmerteppich noch nicht auf ihrem Konto eingegangen, und da war auch immer noch der verrostete Schwimmerhahn im Wassertank auf dem Dach. Wenn der sich wieder verklemmte, was sie des öfteren hoffte, würden Treppenhaus und Diele bald überschwemmt sein, und beide hatten einen neuen Anstrich schon seit langem nötig. So entschied sie sich, den Major gehenzulassen, das Beste hoffend, bat aber zugleich Peter und meinen Vetter, an der Expedition teilzunehmen und ihr Mögliches zu tun, die Dinge halbwegs unter Kontrolle zu halten.

Gute drei Stunden später kehrten sie zurück, das heißt Peter, der Versicherungsvertreter und mein Vetter erschienen. Sie waren äußerst zufrieden mit sich und erklärten, ihre

Mission sei ein voller Erfolg gewesen. Es hatte eine Weile gedauert, bis sie das Pferd gefunden hatten, aber nachdem dies geschehen war, hatte der Major als echter Profi die Sache in die Hand genommen, war vorsichtig, unter stetem Rufen und Schmeicheln, auf den Gaul zugegangen und hatte ihm schließlich mit größter Leichtigkeit das Halfter über den Kopf gezogen.

Aber wo war der Major jetzt? Ja, das war ziemlich schwer zu sagen. Das letzte, was sie von ihm gesehen hatten, war, daß er die Straße entlang trabte und soldatisch aufrecht und zielsicher auf das nächste Dorf zustrebte.

»Ein großartiger Mann«, erklärte der Versicherungsvertreter in seiner Unschuld. Wir setzten uns und warteten auf Nachricht, die, wie wir wußten, nur Unheil verkünden würde. Nun begann Peter, sich mit dem Versicherungsvertreter zu unterhalten.

Wir waren in ernstlichen Schwierigkeiten. Unsere großartigen Pläne, mit den Dönhoffs zusammen eine Kooperative zu gründen, waren zunichte geworden. Marion war zunehmend mit ihrer Zeitung beschäftigt, und die andern hatten sich entschlossen, in Deutschland zu bleiben, weil sie alle dort ausgezeichnete Anstellungen in der Landwirtschaft gefunden hatten. Ich hatte mir insgeheim gelegentlich Sorgen gemacht, ob ich mit meiner Weigerung, nach Deutschland zurückzukehren, nicht zu halsstarrig gewesen war. Inzwischen waren wir jedoch übereingekommen, unser Glück allein in Irland zu versuchen. Wir hatten jedes Inserat beantwortet, hatten wochenlang das Land durchstreift, auf der Suche nach einer passenden Farm zu einem für uns erschwinglichen Preis. Wir verfügten allerdings nur über sehr wenig Kapital – £ 5000, um es genau zu sagen – und Peter, der viel Zeit damit verbracht hatte, eine Serie kleiner Taschenbücher mit dem Titel *Teach Yourself Farming* zu studieren, war überzeugt, daß es falsch war, den letzten Heller für das Land auszugeben, da wir Mittel für Gerätschaft und Vieh übrig behalten mußten.

Ich hatte ihm die Sache nicht leichter gemacht, denn jedesmal, wenn er meilenweit gelaufen war, um sich Land anzusehen, das er für brauchbar hielt, fand er mich als mürrisches Häufchen Elend auf dem Motorrad sitzend vor, das ihm erklärte, nie und nimmer bereit zu sein, in der widerlichen Hütte zu leben, die dazugehörte. Wenn ich andrerseits das Haus meiner Träume gefunden hatte, nicht zu groß, achtzehntes oder vielleicht auch frühes neunzehntes Jahrhundert, mit Räumen, die so glücklich proportioniert waren, daß ich mir vorstellen konnte, wie alles aussehen würde, sobald ich mit einer Armee von Malern und Dekorateuren darin gewaltet hatte, konnte ich mich darauf verlassen, daß der Hof, vom Makler überschwenglich als bestes Ackerland bezeichnet, hauptsächlich aus Gestrüpp oder Sumpf bestand und völlig nutzlos war.

An jenem Abend hörte der Versicherungsvertreter unsere Leidensgeschichte verständnisinnig an und nickte mitfühlend, während er immer mit einem Ohr nach draußen horchte, in der Hoffnung, Hufgeklapper würde die Ankunft des Majors ankündigen.

Er schien es kaum zu hören, als Peter fragte, ob er, der in seinem Beruf doch sicher ziemlich viel im Lande herumkomme, nicht vielleicht von einem Objekt gehört habe? Könnte er nicht vielleicht...? Nein, eigentlich nicht, ihm fiele im Augenblick nichts ein – ah, aber Moment mal, vorige Woche sei er in einem Ort namens Tullow gewesen – er habe mit dem Auktionator dort, einem gewissen Paddy Dawson, zu tun gehabt, der nach seiner Meinung einer der wenigen ehrlichen Auktionatoren im ganzen Lande sei; der habe ihm von einem Besitz erzählt, den er schon seit Jahren zu verkaufen versuche; in den Hügeln gelegen; es klang trostlos, aber soweit er von Paddy verstanden hatte, war er billig zu haben.

Eine höchst willkommene Unruhe draußen auf dem Hof ließ ihn innehalten. Es stellte sich heraus, daß es ein Farmer aus der Nachbarschaft war, der das Pferd an der Leine führte und den tief schlummernden Major in seinem Eselskarren ablieferte. Sobald aber das Pferd sicher im Stall, der Major in sein Bett gepackt und der Vertreter mit allen Versicherungen der Dankbarkeit abgefahren war, setzten Peter und ich uns vor das verglühende Kaminfeuer und zogen unsere Landkarte hervor, die über und über mit kleinen roten Kreisen bedeckt war – die vielen »Herrensitze«, die Hunderte von Morgen vernachlässigten Bodens, die wir mit soviel Hoffnung angesehen und mit soviel Enttäuschung wieder verlassen hatten. Tullow, wo war Tullow? Ach nein, es war viele Meilen entfernt: Athy, Carlow, Tullow; unsere Benzinration näherte sich dem Ende und das Motorrad war inzwischen in das Stadium gekommen, wo es fast täglich eine Panne hatte. Es war sicher nur wieder eine Niete, wieder nur eine Verschwendung von Zeit und Geld. Es hatte keinen Sinn; vielleicht war Landwirtschaft einfach eine verrückte Idee; vielleicht hätten wir doch riskieren sollen, nach Kanada zu gehen; vielleicht hätte ich in meiner Einstellung zum Nachkriegsdeutschland nicht so dickköpfig sein sollen.

Ich bin fest überzeugt, daß das Schicksal damals entschied, wir seien ausreichend geprüft worden, und es müsse nun eingreifen. Am folgenden Morgen kehrte meine Tante von ihrer Einkaufsfahrt in die Stadt zurück, wedelte mit dem Lokalblatt und erklärte, sie habe einen Entschluß gefaßt. Das hieß, sie hatte sich entschlossen, sämtliche Hühner auf ihrem Hof zu verkaufen. Wir hatten uns oft gefragt, warum sie nicht eher zu dieser Entscheidung gekommen war, da ihre Hühner unter einem totalen Mangel an Federn zu leiden schienen. Uns wurde zu verstehen gegeben, der Grund hierfür sei, daß sie eine Krankheit hätten, Pick oder Peck genannt, die sie dazu trieb, aufeinander einzuhacken, bis sie alle splitternackt waren. Obendrein schien sie diese Krankheit daran zu hindern, auch nur ein einziges Ei zu legen.

Jetzt aber, als Resultat ihrer Lektüre der Kleininserate im Lokalblatt, hatte meine Tante eine komplette Änderung beschlossen. Sie erklärte, sich ihr ganzes Leben danach gesehnt zu haben, Ankona-Hühner zu besitzen, eine seltene Zucht; »süße kleine Vögel«, selbst ihre Beine waren mit Federn bedeckt, und da gab es plötzlich eine Frau in Newtownbarry, die zwölf solcher Tierchen zum Verkauf hatte, die sehr schnell weggehen würden, und so beabsichtige sie, sich noch heute auf den Weg zu machen und handelseinig zu werden.

Noch am gleichen Tage nach Newtownbarry zu fahren, eine Entfernung von jeweils dreißig Meilen, war ein schier unmögliches Unterfangen. Unser Transportmittel bestand aus einem Motorrad mit einem sehr harten Beifahrersitz; schon so oft hatte ich geschworen, mich da nie wieder draufzusetzen. Es hatte obendrein schon mal wieder eine seiner Pannen und der Vorderreifen war kahl wie ein Ei. Der fahrbare Untersatz meiner Tante, ein Morris Cowley aus der Vorkriegszeit, fuhr nur noch dank der Erfindungsgabe ihres Sohnes, war aber in noch schlechterem Zustand, denn er hatte ein permanent leckes Dach und konnte nur bei schönem Wetter benutzt werden; und der Fußboden, vor allem unter den Rücksitzen, war einfach weggerostet.

Wie ich schon erwähnt habe, war meine Tante ein entschlossener Mensch, ihr Sohn war erfinderisch, und in diesem Falle hatte sie nützliche Verbündete: erst am Tage zuvor hatten wir den Namen Newtownbarry auf der Landkarte gesehen und erkannt, daß das nicht sehr weit von jenem Ort

Tullow entfernt sein könne. So beschlossen Peter und ich, uns der Fahrt anzuschließen.

Wie üblich in Irland verursachte ein Geschehen außerhalb der Tagesordnung einen ungewöhnlich energischen Wirbel der Geschäftigkeit, eine leichtfertige Gewißheit, daß zwar die Auspizien hoffnungslos stünden, man aber dennoch gewinnen würde.

Es hatte über Nacht geregnet. Nun leckte ja der Wagen meiner Tante, und wegen des verrosteten Bodenblechs war es den auf dem Rücksitz Reisenden nicht möglich, ihre Füße auf den Boden zu setzen, wenn sie nicht unterwegs mitlaufen wollten. Mein Vetter wußte jedoch eine Antwort auf alle Probleme. Im Werkzeugschuppen hatte er eine große Dose entdeckt, die, wie er erklärte, eine flüssige Gummilösung enthielte. Die Gebrauchsanweisung betonte zwar, daß die Oberfläche vor dem Anstrich völlig trocken sein müsse, aber das hinderte ihn nicht, das ganze Dach mit der Lösung zu bekleistern. Was den Boden betraf, so meinte er, würde die Türmatte vom Hauseingang die Passagiere auf dem Rücksitz wenigstens davor schützen, sich die Knöchel zu brechen und von Kopf bis Fuß mit Schmutz besprenkelt zu werden. In kürzester Zeit schienen alle Hindernisse aus dem Weg geräumt zu sein.

Meine Tante und ich wurden auf den Rücksitz verfrachtet. Wir preßten unsere Füße fest gegen die beiden Vordersitze, um dem Fußabtreter nicht zuviel zuzumuten. Peter hielt ein Stück Schnur in der Hand, das als Choke Dienst tat, mein Vetter drehte die Anlasserkurbel ein paar Mal – und der Motor sprang stotternd an. Wir fuhren, alles ging glatt und wäre vielleicht auch weiter so gegangen, wenn nicht plötzlich, auf halbem Wege nach Athy, eine Entenmutter, von fünf Küken begleitet, aus dem Straßengraben zum Vorschein gekommen wäre und sich ohne jede Eile daran gemacht hätte, die Straße zu überqueren. Mein Vetter trat unvermittelt auf die Bremse, und ebenso unvermittelt verschwand die Welt vor der Windschutzscheibe hinter einer undurchsichtigen Schicht weißer Gummilösung, während meine Tante und ich plötzlich mit beiden Füßen auf der Fahrbahn standen. Noch schlimmer, von oben regnete es dicke, klebrige, weiße Tropfen auf uns, die uns klarmachten, daß es im Dach mehr als ein Leck gab.

Wären nicht die Hand des Schicksals und die Ankona-Hennen meiner Tante mit im Spiel gewesen, so hätten wir wohl die ganze Expedition abgeblasen, denn anders kann ich mir nicht erklären, warum es uns gar nicht einfiel, etwas derartiges zu tun. Statt dessen: zum Teufel mit dem lecken Dach; hinter dem Rücksitz lag ein Bündel alter Zeitungen. Meine Tante und ich hielten etwas auf unsere Kunst, Papierhüte zu falten, wenn die Kinder sie zum Verkleiden brauchten; vielleicht würde sich auch der Guß über die Windschutzscheibe nicht wiederholen, denn, wie so oft in Irland, war auf Regen plötzlich warmer Sonnenschein gefolgt.

Vier prachtvolle Papier-Dreispitze, vier Papiercapes und genug übriges Zeitungspapier, um auch noch unsere Knie zu bedecken. Wenn unser Auto eine Rolls Royce und unsere Papierhüte mit Federbüschen geschmückt gewesen wären, so hätte meine Tante mindestens als Admiral passieren können, auf dem Wege zu einer Amtseinsetzung im Buckingham Palast! So wie die Dinge lagen, hätten wir jedoch nicht lächerlicher aussehen können. Während wir uns in einem gravitätischen Tempo von vierzig Stundenkilometern – die höchste erreichbare Geschwindigkeit – durch Athy und Castledermot auf Tullow zubewegten und auf dem Weg vielleicht zwei anderen Autos begegneten, konnte ich nur die taktvolle Toleranz aller bewundern, die uns im Vorbeifahren grüßten. Das leichte, seitliche Kopfnicken, das freundliche Lächeln, die Berührung der Mütze, jene herkömmlichen irischen Gesten, hinter denen ich so oft eine kühl berechnende Beurteilung jedweder Situation ahnte. In unserem Falle gehörte das Auto – einerlei wie altersschwach – ohne Zweifel feinen Leuten. Was sollte schon sein, wenn es ihnen plötzlich einfiel, in Papierhüten herumzulaufen? Lange Jahrhunderte hatten sie gelehrt, mit den Grundbesitzern fertig zu werden, und Papierhüte gehörten da gewiß zu den harmloseren von deren vielen sonderbaren Ideen...

Als wir uns Tullow näherten, veränderte sich die Landschaft. Hier gab es nicht mehr die saftigen Weiden der Grafschaft Kildare, dies war ein wilderes Land, mit vernachlässigten Feldern voller Ginster und Farn, die sich zu den mit Heidekraut bedeckten Hügeln vor uns hinaufzogen – den Wicklow Mountains – die nun, da es zu regnen aufgehört hatte, blau und sehr nahe vor uns lagen. Als wir nach dem Weg fragten, wurde uns gesagt, wir müßten zwei Höcker auf der Straße passieren; der erste Hof links gehöre Mr. Dawson. Hier entstand eine gewisse Verzögerung: während wir uns dem Hause näherten, drang ein lautes, zischendes Geräusch, dicke Dampfwolken und eine Flut von Flüchen aus dem Kuhstall. Als aber Peter und mein Vetter aus dem Wagen sprangen, in der Gewißheit gerade zurecht gekommen zu sein, um ein Unglück zu verhüten, begegnete ihnen in der Tür ein fröhlicher alter Mann, der einen leeren Eimer schwang. Es war die Melkmaschine, natürlich, nie war ein Christenmensch von einem dickköpfigeren, verstockteren Ding geplagt worden. Wir sollten uns nichts dabei denken, sie gerate einmal die Woche in Brand, aber er werde mit ihr fertig, er und zwei Eimer Wasser. Falls wir den Boss suchten, der sei in seinem Büro in Tullow.

Tullow stellte sich damals als ein verschlafenes Städtchen

heraus, mit einigen wenigen, kleinen Läden, einer Bank und einem Buchmacher, bewacht von der üblichen, bemoosten Statue eines vor langer Zeit verstorbenen Patrioten, der in diesem Fall ein Priester gewesen zu sein schien. Weit und breit kein Auto, nur hie und da am Hauptplatz ein Ponywagen oder Eselskarren festgebunden, geduldig darauf wartend, daß die Besitzer aus einer der Wirtschaften kämen, die das Stadtbild vervollständigten.

Zwei Kirchtürme dominierten die Stadt, der eine gehörte zur katholischen Kirche, der andere zur anglikanischen Church of Ireland. Beide strahlten ein solides, granitenes Wohlbefinden aus, das ganz offensichtlich von den Mitgliedern ihrer Gemeinde nicht geteilt wurde.

Paddy Dawson, der Auktionator, stellte sich als das heraus, was in Irland als »a lovely man, God bless him« bezeichnet wird. Ein solcher Mann zu sein, hat nichts mit gutem Aussehen zu tun, obwohl er auch das besaß, sondern mit Ehrlichkeit, Herzensgüte und schlagfertiger Witz. Bei Paddy gab es noch eine Dreingabe, nämlich den spöttischen Funken in seinen Augen, den schnellen Seitenblick, der ausdrückte, daß die Welt ein komischer Ort war und man nie alle Geschichten, die einem begegneten, ganz glauben sollte. Später erfuhren wir, daß er, zusammen mit einem Mr. Flynn, Besitzer einer Autowerkstatt, der ungekrönte König der Gegend war.

Mr. Dawson erklärte uns, daß der Besitz, der zum Verkauf stünde, sich auf dem Gelände von Munny, oder auch Money, befinde, einer Anglisierung des ursprünglichen irischen Wortes *Muine*, was »kleines Wäldchen« bedeutet. Er hatte früher einmal zu dem viertausend Morgen großen Gut der Fitzwilliams gehört, das sich von Shillelagh bis zum Meer erstreckte. Munny bestand aus 480 Morgen Land und war seit hundert Jahren im Besitz einer Familie Lawrenson.

Als der Vater noch lebte, sei es ein Mustergut gewesen, denn er war ein hervorragender Mann. Er hatte eine Wasserleitung von den Hügeln hinter dem Hause herunter mit soviel Findigkeit konstruiert, daß seine sämtlichen Maschinen zum Buttermachen oder Rübenhäckseln durch große Wasserräder betrieben werden konnten. Haus und Land gehörten derzeitig seinem Sohn, der auch dort lebe, mit seinen beiden Schwestern und einem jüngeren Bruder. Keiner von ihnen hatte geheiratet. Inzwischen waren sie alt und hinfällig und, wie er erklärte, der Sache nicht mehr gewachsen. Es wäre sinnlos zu behaupten, daß es noch ein Mustergut sei, da das Land seit Jahren als *conacre* bewirtschaftet worden sei, das heißt, jeweils auf elf Monate als Weideland verpachtet worden war. Hatte es vielleicht ein Telephon? Ah… Elektrischen Strom? Gar keine Rede. Es sei ein gewissermaßen »rauher« Hof, aber Peter sähe aus, als sei er ein abgehärteter Typ.

Wir waren so an Makler gewöhnt, die die ihnen zum Verkauf überantworteten Besitze in lyrischen Ergüssen priesen, daß Mr. Dawsons Beschreibung fast erleichternd wirkte, und da meine Tante und mein Vetter unterdessen nach Newtownbarry weitergerattert waren, bestand kein Grund, sein Angebot auszuschlagen, uns hinüberzufahren, um wenigstens einen Blick auf das Objekt zu werfen.

Als wir auf der Straße nach Shillelagh bei einer Gruppe kleiner Häuschen abgebogen waren, die Coolkenna Cross hieß, verwandelte sich die Straße in einen Erdweg. Etwa eine Meile weiter kamen wir an die »große Einfahrt«, wie Mr. Dawson sie lachend beschrieb. »Wird nicht mehr benutzt«, fügte er ganz überflüssig hinzu, denn es war kaum auszumachen, was hinter einem solchen Gewirr von Efeu und Geißblatt überhaupt vor sich gehen sollte. Nach einigen Metern an einer hohen Steinmauer entlang kamen wir zu einer zweiten Einfahrt. Hier gab es keine Gittertore, groß oder klein, und nach etwa fünfzig Metern endete die Auffahrt in einem matschigen Fußweg. Vor uns war durch Gebüsch und Unterholz eine graue Wand mit bröckelndem Verputz zu sehen, bei der es sich offenbar um das Haus handelte. Mr. Dawon verließ uns, um, wie er erklärte, die alten Herrschaften von unserer unerwarteten Ankunft zu unterrichten. Er würde hinten herum hineingehen, da es der Eingangstür genau wie der großen Einfahrt gegangen und sie nicht mehr in Benutzung sei.

Es wäre sinnlos zu behaupten, daß wir uns der Hintertür nicht mit den allergrößten Bedenken genähert hätten. Das Haus war größer, als wir erwartet hatten, nicht nur größer, sondern auch baufälliger. Es schien zwei Küchen zu geben. In einer von ihnen saß eine große, dunkle, ziemlich bedrohlich wirkende Gestalt auf einem Holzschemel vor einem offenen Feuer, über dem einige große, verrostete Eisentöpfe hingen. Sie drehte sich nicht um, als wir eintraten, sondern starrte weiter in die Flammen, unbeweglich, mit Ausnahme ihres rechten Arms, der in rhythmischer Bewegung ein Eisenrad drehte, das als eine Art Blasebalg zu dienen schien. In der zweiten, größeren Küche herrschte ein völliges Durcheinander. An der gegenüberliegenden Seite stand groß und schwarz das Wrack eines Herdes, der so aussah, als wäre er von einer Handgranate getroffen worden.

Unsere Ankunft schien eine gewisse Aufregung verursacht zu haben, denn während wir noch mit einer kleinen, vogelartigen alten Dame sprachen, die Mr. Dawson als Miss Lottie vorgestellt hatte, waren über uns die Geräusche hastiger Schritte, zuschlagender Türen und geöffneter Fensterläden zu hören. Schließlich kamen auch die übrigen Familienmitglieder etwas atemlos herbei, die alle ebenfalls alt waren und als Master Ralphy, Miss Maggie und Master Dick vorgestellt wurden.

Anderthalb Stunden später fuhren wir schweigend nach Tullow zurück. Ich schwieg, weil ich glaubte, auf meiner Führung durch das einsame leere Haus mit seinen abblätternden Wänden und zerschlissenen Vorhängen, unter all dem Staub und Verfall eine gewisse versteckte Schönheit entdeckt zu haben. Peter, der unterdessen einige der Felder abgegangen war, saß auch in Gedanken verloren da, und ich möchte annehmen, daß sich Mr. Dawson aus Taktgefühl jeder Bemerkung enthielt, um uns Zeit zu lassen, uns von dem Schock zu erholen.

Meine Tante, mein Vetter, ihr Auto und die Hühner waren noch nicht aus Newtownbarry zurückgekehrt. Erst als Peter und ich auf dem Stadtplatz auf sie warteten, unter den wohlwollenden Augen des lokalen Volkshelden, während sich die Ponywagen und die Eselskarren zu ihren diversen Heimstätten aufmachten, stellte Peter mir die schon so oft zuvor gestellte Frage:

»Und, was hältst du davon?«

»Ich weiß nicht«, erwiderte ich unsicher. »Was meinst du?«

»Ich weiß es auch nicht recht«, sagte er. »Es ist eine Menge Land. Ein einziger Rundgang reicht einfach nicht aus«, und fügte dann, in Gedanken an *Teach Yourself Farming*, hinzu:

»Man müßte selbstverständlich Bodenproben machen – und, eben Bodenanalysen ...«

Wir statteten Munny House zwei weitere Besuche ab, obwohl Mr. Dawson uns gesagt hatte, daß der Boden ausgepowert sei. Seit Jahren war er im *conacre*-System bewirtschaftet worden. Ein mörderisches Arrangement, da es den örtlichen Landwirten erlaubte, alle Nährstoffe aus dem Boden zu saugen, ohne ihm etwas zurückzugeben. Wir wußten, daß dies geschehen war, weil die Eigentümer, wie Mr.

Dawson uns erklärt hatte, der Sache nicht mehr gewachsen waren. Es stellte sich jedoch heraus, daß sie noch durchaus in der Lage waren, soviel Alkohol zu konsumieren, wie sie durch Verkauf ihrer Habe ergattern konnten. Als die Möbel alle verscherbelt waren und sie nur noch einen Tisch, vier Stühle, vier Betten, vier Truhen und einen Ponywagen besaßen, hatten sie Bäume fällen lassen und als Brennholz verkauft, und sobald sie herausfanden, daß sich ein Bangor-Dachziegel gegen eine Flasche Guinnessbier eintauschen ließ, hatten sie sich sogleich an die Dächer gemacht. Als wir auf der Bildfläche erschienen, waren sie zum Glück erst bis zu einem Teil der Wirtschaftsgebäude gekommen.

Wir wußten auch, daß dank der Loyalität sowohl von Paddy Dawson als auch ihres alten Hirten, Will Byrne, der Besitz noch nicht in Händen der Bank war – »der Bank«, die – seitdem Irland seine Freiheit gewonnen hatte – die Machtposition der einstigen britischen Grundbesitzer übernommen hatte.

»Er ist es und ist es nicht«, war Paddy Dawsons dunkle Antwort gewesen, als wir ihm diese lebenswichtige Frage gestellt hatten. Einerseits war der Besitz in Händen der Bank, weil die Lawrensons ihr £ 9000 schuldeten, andrerseits war er es auch nicht, weil Paddy Dawson jedesmal, wenn die Bank versucht hatte, den Hof zu verkaufen, resolut am Eingang gestanden und alle potentiellen Käufer gewarnt hatte, daß kein Glück bei der Sache sein würde, falls sie es sich einfallen ließen, den Mund zu einem Angebot aufzutun. Der Erfolg war, daß Paddy Dawson inzwischen der Meinung war, auch die Bank sei der Sache nicht länger gewachsen und daher nur zu gewillt, sich mit ein paar hundert Pfund abzufinden, anstelle einer, wie sie inzwischen wußten, nicht eintreibbaren Schuld.

Wir beide hatten uns unterdessen in die Vorstellung verliebt, Munny zu kaufen, falls wir es, in Anbetracht der noch ausstehenden Bodenproben und des Zustandes von Haus und Zäunen, billig genug bekommen könnten. Aber eine Bodenprobe mußte sein. Zum Glück hatte Peter den Sohn eines Direktors einer großen Mälzerei kennengelernt, der Landwirtschaft studiert hatte. Peter fragte ihn, wie man es anstellt, Bodenproben zu nehmen und untersuchen zu lassen, ein Konzept, das damals in Irland noch vollkommen fremd war. Dieser erklärte Peter, daß die Firma seines Vaters einen solchen Experten beschäftige. Stephen Cullinan arbeitete in seiner Begeisterung, seine wissenschaftlichen Kenntnisse praktisch anzuwenden, sehr schnell. Nach vier Tagen hatten wir das Ergebnis. Der Boden war äußerst sauer, besaß aber ordentliche Reserven an organischer Materie, die jedoch wegen der Säure nicht verwesen konnte, um dem Boden die notwenige Fruchtbarkeit zu geben. Es würden Mengen an Kalk und Phosphat erforderlich sein, aber dann sei der Boden für alles brauchbar. Das notwendige Rohmaterial und die meilenlange Umzäunung würden jedoch sehr viel Geld kosten, was wir im Kaufpreis mit einkalkulieren müßten.

Wir wandten uns abermals an Paddy Dawson. Da er Munny House schon seit fünfzehn Jahren an der Hand hatte, hegte er über dessen Wert keinerlei Illusionen. Er willigte ein, unser Angebot von £ 4500 Pfund den Eigentümern zu unterbreiten, und diese akzeptierten, ohne zu zögern. Wir setzten einen Vertrag auf und zahlten ein Viertel des Preises an. Im Februar 1949 war dann der Kauf abgeschlossen.

An dem Tage, an dem wir unsere Anzahlung leisteten, beschlossen wir, nachdem wir Paddy Dawsons Büro verlassen hatten, wo wir mit viel Tee und herzerwärmenden guten Wünschen traktiert worden waren, noch einmal in Richtung Shillelagh zu fahren und noch einen Blick auf das Haus zu werfen, das unsere zukünftige Heimat sein würde, sofern sich die Katastereintragungen als rechtmäßig erwiesen. Wir bogen an der Kreuzung von Coolkenna ab, und als wir das Land von Munny erreichten, glaubte ich jenseits der struppigen Hecken und bunten Sumpfwiesen ein Fenster des alten grauen Hauses über die Bäume hinweg auf uns herabblicken zu sehen.

Wir bogen an der hohen grauen Mauer ein und mußten auf halbem Wege das Motorrad anhalten. Wir hatten nicht die Absicht, die Vorbesitzer zu stören, und so kletterten wir über den Zaun und stellten uns an eine niedrige Mauer, die das, was einmal der Garten gewesen sein mußte, von dem darunter gelegenen Feld trennte, das, wie wir inzwischen wußten, *Lawn Field* hieß.

Wie so oft in Irland, war nach einem Tag mit stetigem Regen der Himmel jetzt wolkenlos, wie rein gewaschen, und die untergehende Sonne erhellte die Landschaft um uns her mit einem fast schillernden Glanz. Einige der großen Bäume, die Eichen und die Ulmen, waren schon leicht rot und gelblich getönt und standen in feinstem Relief gegen den violetten Hintergrund der Wicklow Berge. In der weiten, blauen Ferne türmte sich der höchste der Dublin Berge, Lugnaquillia – »der Berg nahe der Sonne«.

Peter ergriff meine Hand. »Nun ja, egal wie der Boden ist, egal wie es mit der armen, alten Ruine steht«, sagte er, »nichts, aber auch gar nichts, kann diese Aussicht übertreffen.«

Ehe wir gingen, wandte ich mich noch einmal nach dem alten, grauen Haus um, von dem ich hoffte, daß es unser Zuhause werden würde. Nur das obere Mansardenfenster konnte ich über die struppigen Eiben und die verfilzten Büsche hinweg sehen, und bei mir dachte ich: Du hast gesehen, wie diese Bäume gepflanzt wurden, wie sie heranwuchsen und sich entfalteten, und du hast die Generationen kommen und gehen sehen; jetzt hast du es mit neuen Leuten zu tun, und ich frage mich, was du wohl darüber denkst.

Vielleicht war es nur der Widerschein der untergehenden Sonne, vielleicht eine aus der Hoffnung geborene Reaktion. Jedenfalls glaubte ich, ein leichtes, wohlwollendes Blinzeln über die Büsche hinweg zu mir herüber zu erkennen. Es war schwer zu deuten, außer daß vielleicht, mit ein wenig Glück, Gottes Segen dabei war; aber da es sich um ein irisches Mansardenfenster handelte, konnte es ebensogut den Doppelsinn einschließen, daß, wenn wir in dieser widersprüchlichen Welt unser Glück versuchten, dies auch mit dem Teufel zugehen könne.

ELFTES KAPITEL

Ich hatte keine sehr klare Vorstellung, was es mit dem »Glück versuchen« auf sich haben könnte, als ich einige Wochen später abermals in Irland eintraf, um dort sozusagen meinen Wohnsitz zu nehmen.

Wieder einmal hatten wir uns aufgemacht, begierig mit einem neuen Kapitel unseres Lebens zu beginnen. Dieses Mal würde es auch bedeuten, den Abgrund zu überbrücken, der das Leben des Städters von dem des Landmannes trennt.

Der Tag, an dem ich reiste, war der 17. März, der Namenstag des heiligen Patrick, der von den Nachkommen jener, »die sich in die Boote gerettet« und im vorigen Jahrhundert in die neue Welt ausgewandert waren, jedesmal mit einem großen Aufgebot an irischem Überschwang begangen wurde, der sogar so weit ging, grünes Bier zu trinken.

Aus meiner Kindheit erinnerte ich mich an diesen Feiertag – »Paddy's Day« –, der in seinem eigenen Land eine sehr viel bescheidenere Angelegenheit war. Es paradierten höchstens ein paar Festwagen die O'Connell Street in Dublin hinunter, von einer bunt zusammengesetzten Prozession gefolgt, die, wie mir damals schien, aus sehr alten Männern in Schirmmützen und Regenmänteln bestand, denen es nie ganz gelang, im Gleichschritt zu marschieren. Eine Kapelle in safranfarbenen Kilts, die auf Dudelpfeifen und Trommeln mit Tschingderassassa patriotische Melodien zum Besten gab, erfreute mit einer kurzen Einlage, aber dann verstummte selbst dieses fröhliche Geräusch, als die Prozession am Hauptpostamt vorbeikam, dem Symbol des fehlgeschlagenen Aufstands gegen die Briten im Jahre 1916. Dort stand eine Reihe von Männern in Zylinderhüten auf einer klapprig aussehenden Tribüne stramm, die offensichtlich speziell für diese Feier errichtet worden war.

Ich war damals zwölf Jahre alt, und eine gutmütige Tante hatte sich, gänzlich gegen ihre Prinzipien, überreden lassen, mir das Spektakel zu zeigen. Sie war immerhin in der Lage gewesen, einen der Herren als Präsident de Valera zu identifizieren, eine hochgewachsene, asketische Figur in feierlichem Schwarz, der die vorbeiziehende Prozession mit ernster Strenge durch seine Stahlbrille betrachtete. Nur die fliegenden Händler, die in den Seitenstraßen das nationale Wahrzeichen verkauften, schienen sich zu amüsieren, besonders, wenn es ihnen gelang, einem arglosen Kunden statt des kleinen *Shamrock* ein Sträußchen aus normalem Wiesenklee anzudrehen.

Ich weiß nicht, ob es der Irischen Republik mit den Jahren gelungen war, zur Feier dieses Tages sich wenigstens eine Tugend ihrer früheren Herrscher anzueignen, nämlich die, eine wirklich gelungene Feier zu inszenieren. Womit ich jedoch auf jeden Fall rechnen konnte, war, daß an diesem Tage so viele »Exilanten« wie nur möglich alle Boote über die Irische See füllen würden, um zum »alten Boden« zurückzukehren. So würde meine Reise von London über Holyhead nach Dun Laoighaire wahrscheinlich langwierig, unbequem und dabei so trinkfreudig und geräuschvoll sein wie eh und je.

Um dem Krawall zu entfliehen, suchte ich mein gewohntes stilles Plätzchen auf einem der Oberdecks auf, wo nur der Wind, das Meer und das rhythmische Pochen der Schiffsmotoren in der Dunkelheit und Stille der Nacht zu hören waren.

Ich wollte allein sein, denn kurz ehe ich mich von meiner Familie in England trennte – der Möbelwagen stand schon vor der Tür, angefüllt mit Dingen, von denen meine Mutter behauptete, es handele sich lediglich um leicht entbehrliche »Kleinigkeiten« –, hatte mich Panik befallen. Der Grund hierfür mag die plötzliche Erinnerung an eine andere Trennung, zehn Jahre zuvor, gewesen sein, bei der alle versucht hatten, heiter auszusehen. »Alles Gute, Chris«, »Auf bald, Liebes«, bis zum schließlichen »Auf Wiedersehen« mit Küssen, Umarmungen, Winken. Damals reiste ich nach Deutschland ab, der Krieg stand vor der Tür; es sollten sechs lange Jahre vergehen und viel zu viele andere Abschiede geben, ehe ich sie alle wiedersah. Jetzt, obgleich Selbstanalyse sonst nicht meine Sache ist, mußte wohl etwas an dem gleichmäßigen Pochen der Schiffsmotoren sein, das meine Ängste auslöste.

Wir würden nun nicht mehr Stadtbewohner sein, deren Transportmittel ein Bus, eine Bahn oder ein Auto war und deren tägliche Bedürfnisse sich von einem Laden an der Ecke befriedigen ließen; die an Wochenenden aufs Land fahren konnten, um dort frische Luft zu schnappen und gelegentlich zu verweilen, um das friedliche Bild grasender Kühe auf saftigen Weiden zu genießen oder die Lämmchen zu beobachten, die unter den aufmerksamen Augen ihrer sanften Mütter auf den Feldern herumsprangen. Statt dessen würden wir uns unter diejenigen reihen, deren Lebensunterhalt davon abhing, ob diese Lämmer lebten und gediehen oder kränkelten und eingingen, und ob jene grasenden Kühe bei Sonne oder Regen von Montag früh bis Sonntag abend gemolken wurden, damit andere, die leicht verächtlich als »Städter« bezeichnet wurden, ihre morgendliche Milch in Flaschen vor der Tür stehen hätten.

Wenn auch unserer Vorstellung vom bäuerlichen Leben

ein Hauch Romantik anhängen mochte, konnte man jedenfalls sagen, daß wir alle gesund und für unser Wagnis wohl ausgerüstet waren. Mit Ausnahme meines Aufenthaltes im Schwarzwald, kannte ich das Landleben nur als äußerst komfortabel, mit Gärtnern, die sich um Rasen und Blumenbeete kümmerten, und einem Haushalt mit so vielen Angestellten, daß meine Mutter, weitaus unverblümter als ihre verwöhnten Kinder, einmal bemerkt hatte, sie frage sich, was wir den ganzen Tag täten.

Warum die plötzliche Panik? Vielleicht, weil ich inzwischen älter war und erkannte, wie wenig ich im Grunde von Irland wußte, und daß es nicht genügte, dies Land lediglich als den unbekümmerten Spielplatz meiner Jugend anzusehen. Das gleichmäßige Geräusch der Schiffsmotoren gemahnte mich an meinen Charakterzug, meine angeborene Unfähigkeit, einen Rhythmus unbeirrbarer, ungeminderter Zielstrebigkeit einzuhalten. Mir fiel es viel leichter, von einem zentralen Thema abzuschweifen, vom Pfade abzugehen, den Horizont nach etwas Neuem abzusuchen, begierig auf das, was wohl hinter dem nächsten Hügel liegen mochte. *»Du träumst schon wieder – paß auf, Christabel!«* Ohne Zweifel war dies ein Nachteil, der aber seinen Ausgleich in einem gesunden Optimismus hatte, der mich stets sicher gehen ließ, daß, was immer meiner harrte, sich vermutlich als etwas Angenehmes herausstellen würde.

Die Dunkelheit wich der Morgendämmerung, die Motoren gingen langsamer. Schon seit einer Weile meinte ich, schattenhafte Umrisse zu erkennen und die Nähe von Land zu spüren. Vielleicht eine der vorgelagerten Inseln, Ireland's Eye, zum Beispiel.

Der Morgen war bitterkalt. Schon seit einer Weile hatte ich bedauert, meinen Anorak im Möbelwagen mitgeschickt zu haben. Statt dessen hatte ich aus einem unerfindlichen

Grunde beschlossen, mich in Schwarz und Hellblau aufzutrimmen, so als ginge ich zu einem offiziellen Empfang, mit einem Hut, in dem ich mit einiger Phantasie wie Greta Garbo in ihrem Film *Anna Karenina* aussah. Das Resultat war, daß ich vor Kälte zitterte! So machte ich mich zu den unteren Decks auf, wo bereits die Aufregung der unmittelbar bevorstehenden Landung herrschte. Bündel und Beutel, Säuglinge auf den Armen, zusammengerolltes Bettzeug. Wenn die Iren heimkehren, so tun sie es zahlreich und in großem Stil; und nach der winkenden, willkommenheißenden Menge auf dem Kai zu urteilen, war die halbe Insel auf den Beinen, um die Heimkehrer in Empfang zu nehmen.

Ich konnte mein spezielles Stück Irland bereits ausmachen. Kopf und Schultern ragten über die Menschenmenge, er wartete reglos neben der Landungsbrücke. Ich empfand es fast als Erleichterung, daß Peter mich nach wärmster Begrüßung als erstes frage, ob ich auch nicht vergessen hätte, einen Sack Kobalt mitzubringen, der in Irland nicht aufzutreiben, aber offentlich wesentlich für unsern zukünftigen Lebensunterhalt war. Eine Erleichterung, denn selbst wenn ich ihm nicht mit großer Selbstsicherheit hätte antworten können, das Zeug käme mit dem Möbelwagen, konnte ich jedenfalls getrost sein, daß der für die unabdingbare, unbeirrte, ungeminderte Zielstrebigkeit verantwortliche Teil der Familie in bester Verfassung war.

Bei einem üppigen Frühstück in einem am Hafen gelegenen viktorianischen Hotel, das sicher schon vielen seekranken Reisenden Trost gespendet hatte, nach dem Stand der Einrichtung zu urteilen vielleicht sogar Königin Viktoria persönlich, waren Greta-Garbo-Hüte bald vergessen. Ich erkannte, daß Peter, zum ersten Mal seit seinem Unfall, wieder völlig bei der Sache war, in einer für mich noch neuen und unbekannten Welt.

Während ich beschäftigt gewesen war, unsere Angelegenheiten in England zu ordnen, hatte Peter bereits in Munny gelebt, mit den vorigen Besitzern zusammen, für die der unnachahmliche Paddy Dawson bemüht war, eine neue, ihren Mitteln angemessene Behausung zu finden. Es war ihm zwei Wochen vor meiner Ankunft gelungen, und um ihren Abgang zu feiern, hatte im Haus eine große Versteigerung stattgefunden. Markttage und Auktionen, zusammen mit Kirchgängen und Sonntagsmessen, waren, wie es schien, gesellschaftliche Anlässe, die sich die verstreut lebende Landbevölkerung unserer Umgebung ungern entgehen ließ. Es gab für sie nicht viel zu holen, dennoch erschien eine Prozession von Fahrrädern, Ponywagen, Eselskarren und sogar gelegentlich alten Traktoren, um sich den Spaß nicht entgehen zu lassen und auch, um einen Blick auf »diese Deutschen« zu werfen, die jetzt Eigentümer des »großen Hauses« waren. Zu holen gab es wenig, aber ermuntert von Paddy Dawson fanden Schrauben und Muttern, lecke Eimer, Leitern mit fehlenden Sprossen, verschlissene Vorhänge und selbst ein paar Farbtöpfe, die Peter in der Hoffnung gekauft hatte, vor meiner Ankunft noch einiges anzustreichen, ihre Interessenten, zusammen mit dem *pièce de résistance* in Gestalt eines Esels. Dieser Esel war eine spezielle Attraktion in der Gegend, da es seine Lebensaufgabe gewesen war, Kate, das Faktotum unserer Vorgänger, jeden Sonntag zur Messe zu fahren. Sie kam selten rechtzeitig an, denn sobald sie unterwegs von freundlichen Nachbarn, die mit diesem Spielchen wohlvertraut waren, gegrüßt wurde, blieb der Esel sofort unbeweglich stehen. »Ein schöner Tag, Kate«, das genügte bereits, und dann dauerte es mindestens zehn Minuten, bis Kate, Karren und Esel wieder in Gang kamen.

Peter konnte mir berichten, daß sich zu unseren andern Aktivposten inzwischen weitere Verbündete gesellt hatten.

Da war Michael Noctor, dessen Eltern bei Verwandten von mir Haushälterin und Gärtner gewesen waren; stoisch hatten sie weitergearbeitet, selbst als das große Haus zu bröckeln begann und der Garten zur Wildnis zu werden drohte. Michael, ihr zweiter Sohn, hatte beschlossen, das Wagnis auf sich zu nehmen, die fruchtbaren Äcker von Kildare zu verlassen und zu uns in die Grafschaft Wicklow zu ziehen, die für ihn ein fremdes Land war. Gleichzeitig war die Tochter eines Nachbarn gekommen, die uns warnte – wie sich herausstellen sollte zu Recht –, daß ihre Kochkünste »anarchisch« seien. Aber diese Molly hatte bereits das Regiment über Eisentöpfe und Pfannen angetreten und zauberte unter der Asche etwas hervor, das sie »Brotkuchen« nannte und von dem Peter schwor, daß er seit Deutschland nicht mehr etwas dem Vollkornbrot so ähnliches gegessen habe.

Dann war da der treue Will Byrne, der seine Arbeitsjahre als Hirte der vorigen Besitzer von Munny verbracht und, als diese immer tiefer in Schulden versackten, potentielle Käufer ferngehalten hatte. Und zu guter Letzt gab es Stephen Cullinan. Stephen, der die Bodenanalysen gemacht hatte, gehörte einer jener unverwüstlichen irischen Familien an, die von englischen Grundbesitzern gewaltsam in den Westen Irlands vertrieben worden waren – »in die Hölle oder nach Connaught«. Einer von sechs Söhnen und zwei Töchtern, alle herangewachsen auf dem steinigen und sumpfigen Stück Land, das man der Familie zugewiesen hatte. Alle hatten es überlebt und waren etwas geworden. Diejenigen seiner Brüder, die sich nicht »in die Boote geflüchtet« hatten, wie die Auswanderung nach Amerika damals genannt wurde, waren Ingenieure und Beamte geworden, seine Schwestern Nonne und Krankenschwester. Stephen selbst war Agrarchemiker. Als wir ihm das erste Mal begegneten, lebte er in beengten Verhältnissen in Athy in der Grafschaft

Kildare und arbeitete für einem Jammerlohn bei einer Mälzerei. Trotz seines fabelhaften Aussehens, seinem dicken, lockigen, dunklen Haar und den blau-grünen Augen, die man im Westen des Landes so oft antrifft, war Stephen von zarter Gesundheit, von Asthmaanfällen geplagt, die sicherlich durch seine Lebensweise nicht verbessert wurden. Nichts konnte jedoch seinen Enthusiasmus dämpfen.

»Versorge das Land, und das Land wird dich versorgen«, war sein Leitspruch, den er auf seines Vaters Knien gelernt hatte. Kaum hörte er, daß wir im Begriff waren, die heruntergekommene Farm in den Wicklow Bergen zu kaufen, da bot er uns auch schon an, zu uns zu kommen und uns bei unserm Vorhaben zu beraten.

Peter, der mir ein detailliertes Bild von allem zu geben suchte, sprach so viel und so hastig, daß es mir schwerfiel, mein vorzügliches Frühstück hinunterzuschlucken. Als er bei den Ergebnissen von Stephens Untersuchungen angekommen war, PH dies und PH das, klang seine chemische Terminologie äußerst fachmännisch. Aber soweit ich verstand, deuteten diese Resultate darauf hin, daß langfristige Vernachlässigung, ständige Auspowerung als Weide und Ackerland, dafür gesorgt hatten, keinerlei Fruchtbarkeit mehr in dem Boden zurückzulassen, auf dem wir nun pflügen, säen und ernten sollten. So beschloß ich, lieber schnell alles aufzuessen, da es so aussah, als sei dies auf Monate hinaus die letzte satte Mahlzeit.

Während wir Dublin hinter uns ließen und unser Lieferwagen, der keine einzige Feder mehr besaß, ungestüm von einem Schlagloch zum andern hüpfte, versuchte mir Peter zu erklären, daß er an diesem Morgen um fünf Uhr Munny in keiner sehr glücklichen Verfassung zurückgelassen habe.

Alle unsere Verbündeten, *Teach Yourself Farming* selbstverständlich eingeschlossen, waren sich darüber einig gewesen, daß ein Anfang mit wenig Kapital erfordere, in eine Herde Milchkühe zu investieren. Größere Summen, die aus dem Verkauf von Schlachtvieh, Schafen und den erhofften Getreideernten zu erwarten waren, gingen nur in unregelmäßigen Abständen ein, während der Milchscheck jeden Monat eintraf und dazu beitrug, unsere Löhne zu zahlen und uns finanziell über Wasser zu halten.

Es war eben diese zukünftige Milchherde, die ihm Sorge machte. Er hatte acht Färsen gekauft, sämtlich trächtig, und sie waren gestern mit dem Lastwagen geliefert worden. Während der Nacht habe er seltsame Geräusche aus dem Stall gehört, und ehe er abgefahren war, hatte ihm Michael bestätigt, daß mindestens zweien seiner schwangeren Damen die Überlandfahrt im Lastwagen nicht bekommen sei und sie nun auf dem besten Wege waren, ihre Kälber zu gebären. Um fünf Uhr hatte Peter es Michael überlassen müssen, mit der Situation allein fertig zu werden, und als wir die Auffahrt hinauf holperten und vor dem Kuhstall haltmachten, konnte selbst ich dem Gemuhe, dem Stampfen der Hufe und dem Kettengerassel entnehmen, daß die Lage drinnen außer Rand und Band zu geraten drohe. Peter sprang aus dem Lieferwagen, zerrte sich die Jacke vom Leib und ich hielt es trotz meiner feinen Aufmachung für das Beste, zu folgen.

Da ich, wie schon erwähnt, in der Tradition des »Zähnezusammenbeißens« erzogen worden bin, will ich den Anblick, der sich mir bot, als ich meinen Kopf vorsichtig durch die Tür des Kuhstalls schob, nur als eine etwas rauhe Einführung in das Landleben beschreiben.

Das auf dem Boden verstreute Stroh war blutgetränkt und mit irgendeiner glänzenden Masse vermischt, der Nachgeburt, wie ich später erfuhr. Zwei Kühe in der Reihe vor mir hatten ihre Qualen schon hinter sich und waren dabei ihre

Kälber abzulecken. Eines von ihnen hatte sich bereits aufgerichtet und die Milchquelle entdeckt. Die übrigen hatten beschlossen, dem guten Beispiel zu folgen, waren aber noch nicht erfolgreich. Im Gegenteil, sie waren hart am Arbeiten; Vorderbeine, Köpfe, Nasenspitzen und in einem Falle etwas Schwanzähnliches waren sämtlich bemüht, ihren Weg in die Welt zu finden. Der arme Michael war ebenfalls mit Blut bespritzt und mit einem Strick bewaffnet. Er sah erschöpft aus, aber als Peter die Jacke auszog und sich ins Gemenge stürzte, gelang ihm ein Lächeln, ein Willkommensgruß und die Bemerkung, es sähe wohl so aus, als stehe ihnen ein Kampf bevor.

Laut Michael war es nötig, den neugeborenen Kälbchen Salz auf den Kopf zu streuen, um ihre Mütter zu ermuntern, sie trocken zu lecken. Als daher Peter nach mehr Salz rief, war ich heilfroh, hastig das Feld räumen und mich im Haus danach umsehen zu können. Ehrlich gesagt, wenn mir nicht der Gedanke daran, wie ich da in meiner eleganten Aufmachung stand, wahrscheinlich grasgrün im Gesicht, plötzlich so unsäglich komisch vorgekommen wäre, wäre mir wohl die ganze Szene in Verbindung mit dem überwältigenden Geruch der Schöpfung ziemlich übel bekommen.

Ein schmaler Pfad, von Gras und Unterholz befreit, führte mich zum Haus und zur Eingangstür, die nur eines scharfen Stoßes bedurfte, um sich zu öffnen. Plötzlich fand ich mich in einer Eingangshalle, die längst nicht mehr so dunkel aussah, wie bei meinem vorigen Besuch. Dunkelrot mit gelegentlichen violetten Akzenten war das von unsern Vorgängern bevorzugte Kolorit gewesen, aber Peter mußte es gelungen sein, einige Farbtöpfe vor der Auktion in Sicherheit zu bringen, denn die Wände waren jetzt weiß. Bis zur Treppe hatte es nicht gereicht, aber kein dunkelbrauner Lack vermochte den graziösen Schwung zu verbergen, mit dem sie sich in den oberen Stock hob. Nur eine Sammlung verschiedener Eimer, die sich von Stufe zu Stufe aneinander reihten und von denen einige halb mit Wasser gefüllt waren, ließen mich einen Augenblick innehalten und zu dem Schluß kommen, daß diese Maßnahme wohl auf das Fehlen so mancher Dachziegel zurückzuführen war.

Als ich da in der leeren, teppichlosen Halle stand und meine Blicke über die gut gefugten Bodendielen und die schönen, so reichlich mit Wurmstichen versehenen Mahagonitüren wandern ließ, kam mir ein seltsamer Gedanke. War es eine sonderbare Kollektiverinnerung, eine zufällig überhörte Anekdote, oder eine von meinem Vater heraufbeschworene Remeniszenz bei der Durchsicht alter Familiendokumente, die mich bewogen hatte, mich zu kleiden, wie es sich für die Rolle einer Chatelaine schickte? Wie hatten sie sich benommen, meine anglo-irischen Vorfahren, während der verschiedenen Aufstände, der Hungersnöte, bei der Besetzung einer Insel, die geographisch so nahe lag und geistig in so weiter Ferne? Hatten sie Mitleid gefühlt, als die eingeborenen Iren zu Tausenden Hungers starben oder zu Schiff nach Amerika entkommen waren? Da ich nie zuvor wirklich hier gelebt hatte, fühlte ich mich frei vom Syndrom des »großen Hauses«. Zum Teufel mit den Wurmstichen und den Eimern auf der Treppe, für mich, für uns sollte alles anders werden.

Erst Mollys weiche Stimme, die mich willkommen hieß und Gottes Segen für uns und das Haus erbat, versetzte mich in die Wirklichkeit zurück, denn sie fügte hinzu, daß das Wasser im Kessel koche und sie annehme, der Boß und Michael würden eine Tasse Tee benötigen, sobald sie ihre Vorstellung draußen beendet hatten.

Salz – natürlich, sie brauchten ja Salz, und falls meine so überaus elegante Aufmachung irgend etwas mit Erinnerungen aus der Zeit der Vorväter zu tun hatte, so war jetzt der Augenblick gekommen, sie auszutreiben. Zum Teufel mit den Wurmstichen!

Ein paar Gummistiefel und ein Regenmantel schienen in der Halle keine nützliche Funktion zu erfüllen und so streifte ich die Schuhe ab, zog mein schwarz und hellblaues Ensemble aus und ließ meinen Greta-Garbo-Hut in einen der leeren Eimer fallen. Mein glühendes Verlangen, neue Bahnen zu betreten, war nur vorübergehend gemindert, und so folgte ich Molly in die Küche, wo sie mir ein Paket Salz reichte und mich durch die Hintertür auf den Hof hinausließ.

ZWÖLFTES KAPITEL

»Christabel hat dieses Trimester zufriedenstellend gearbeitet und sich gut eingewöhnt.« Jeder, der mit dem englischen Erziehungssystem vertraut ist, kennt diese abgedroschene Phase: in ganz England versuchen Kinder, die man zum Internat verurteilt hat und die sicher zu Haus sehr viel glücklicher wären, »sich einzugewöhnen«. Ich hatte diese Worte so oft in meinen Schulzeugnissen sowie denen meiner Geschwister und meiner Söhne gelesen, daß ich mich zuweilen fragte, ob sie nicht von überdrüssigen Pädagogen erfunden worden waren, um besorgte oder gar von Schuld geplagte Eltern zu beschwichtigen.

Der Eingewöhnungsprozeß in Munny verlief ganz anders, denn es war nichts Passives daran, sondern es handelte sich vielmehr um Szenen, die mir wie Blitzlichtaufnahmen in die Erinnerung gegraben sind, manche überraschend, manche anspornend, manche verwirrend und manche heiter; alle aber Meilensteine auf unserem auserwählten Weg, von den Milchkühen zu Fleischvieh und Schafen; von spärlichen Haferernten, die mit dem Binder geschnitten, dann zu Hocken gestapelt und gedroschen wurden, zu ansehnlichen Gerste- und Weizenernten, die von einem Mähdrescher in die Anhänger geblasen wurden.

Die Schulferien im Frühjahr 1949 waren für mich ein freudiges Vorspiel zu all dieser Tätigkeit. Es muß wohl in meinem Charakter auch ein Element der Glucke sein, denn mir war bewußt, daß der Hauptgrund meines Glückes darin lag, meine gesamte Familie unter einem Dach versammelt zu haben, was nicht mehr der Fall gewesen war, seit uns die Bomben aus Berlin vertrieben hatten. Ich konnte mich im Garten nicht hervortun, denn als ich meiner erfahrenen Mutter um Rat schrieb, lautete ihre Antwort, daß ich mit dem Pflanzen ein Weilchen warten sollte, um erst herauszufinden, was zum Vorschein kommen würde. Der Sommer verging und absolut gar nichts kam zum Vorschein, außer einem Wald von Topinambur, der uns mit mehr Suppe hätte versorgen können, als man in einem ganzen Leben aufessen kann.

Trotzdem war ich im tiefsten Herzen zufrieden, denn das leckende Dach war unser Dach, die Badewanne unsere Badewanne, und das Gestrüpp draußen vielleicht unser zukünftiger Garten. Ich konnte mir sogar denken, daß das alte, graue Herrenhaus mit seiner prachtvollen Aussicht auf die Hügel an dem Spaß teilhatte. Vielleicht lauschte es mit Vergnügen, wenn unsere ungebärdigen Söhne das Treppengeländer hinunterrutschten und die langen teppichlosen Korridore auf und ab polterten, oder teilte unsere Überraschung, wenn wir ein Bad einlassen wollten und das Wasser zwar aus den prächtigen Hähnen floß, aber damit auch ein Sortiment von Froschteilen und ein steter Strom von Kaulquappen.

Wenn ich meiner Phantasie wirklich die Zügel schießen ließ, konnte ich mir sogar vorstellen, daß die bröckelnden Mauern uns zu größerer Anstrengung anspornten, vielleicht in der Hoffnung, eines Tages zu der seit langem abhanden gekommenen Eleganz des achtzehnten Jahrhunderts zurückzukehren.

Während die Jungens alles auskundschafteten, und ich mit Nestbau beschäftigt war, wie Peter es nannte, widmete er sich mit unermüdlicher Energie seinem sogenannten

»Vier-Jahres-Plan«. Stephen Cullinan, Paddy Dawson und *Teach Yourself Farming* waren seine ständigen Ratgeber.

Kühe – warum nicht? Das fröhliche Jodeln der Kuhhirten und das Geläut der Kuhglocken, wenn die Tiere im Schwarzwald von den hochgelegenen Weiden zurückkehrten, klangen mir noch im Ohr. Und was war mit den »Margeriten«, »Rosas« und »Butterblumen« gewesen, allesamt sanfte Freundinnen, bereit den Haushalt mit frischer Milch und Butter zu versorgen?

Wait, till I tell you! Falls irgend jemand romantische Vorstellungen hegt über die Rolle der Kuh im Leben einer Landwirtsfamilie oder sich davon so etwas wie den Einklang von Natur und Mensch erwartet, sollte diese Vorstellung sofort aufgeben. Es gibt nichts Entnervenderes, als gezwungen zu sein, jeden Morgen und Abend, von Montag bis Sonntag, von Januar bis Dezember, eine Herde Kühe zu melken.

Die Laktationsperiode einer Kuh ist nicht unbegrenzt, und selbst wenn sie nicht von Milchfieber oder Mastitis ereilt worden ist, nimmt ihr Milchvorrat langsam ab, die Kurve auf der Wandtabelle fällt, die Laune des sie versorgenden Melkers ebenfalls. Wenn er dann immer weniger Kannen die Einfahrt hinunterschleppt und am Straßenrand auf den Milchstand hebt, wo sie auf Abholung warten, kann er nur mit zunehmendem Mißmut an den sich verringernden Milchscheck denken. Es dauert dann nicht lange, bis so mitfühlende Sätze wie »Du liebe Zeit, so ein Pech, mach dir nichts draus« jede Wirkung verlieren.

Was den Bullen betraf, so leuchtete mir zwar seine Notwendigkeit ein, aber ich hatte auch Visionen von Stierkämpfern, die wie Stoffpuppen durch die Luft flogen. Ich hatte zwar nicht die Absicht, den Vier-Jahres-Plan in Unordnung zu bringen, beschloß aber dennoch, daß ich auf unseren heckenlosen, gatterlosen, ungeschützten Feldern keinen sich frei herumtreibenden Bullen dulden würde. Ich gab nur nach, als man mir versicherte, daß dieses zusätzliche bedrohliche Mitglied unserer Menagerie auf eine einzige Weide beschränkt sein würde, fest eingezäunt in eine unüberwindbare Festung. Zweifellos eine jener uneinnehmbaren Festungen, von denen man immer liest, denn es war nur eine Frage von Tagen, bevor ich, von unserm Dorfpolizisten wegen eines Gewehrscheins nach draußen gerufen, dem Bullen von Angesicht zu Angesicht gegenüberstand. Nicht zur Heldin geboren, blieb mir nur Zeit zu schreien: »Der Bulle ist los«, ehe ich schnell wieder zurück ins Haus schoß. Zwar kam ich nicht bis auf das Dach, aber erreichte in Rekordzeit eines der Fenster im Oberstock, von wo aus ich unseren Gesetzeshüter beobachten konnte, wie er, den Gewehrschein vergessend, auf seinem uralten Fahrrad in halsbrecherischem Tempo die Auffahrt hinunter strampelte, während mein mutiger, aber sicherlich todgeweihter Mann, mit einem Golfschirm bewaffnet, das Tier zu bluffen versuchte, bis es sich schließlich rückwärts in eines der Stallgebäude verzog.

Mein Verdacht, was Kühe anbetrifft, wurde zur Gewißheit, nachdem sich Peter von Mentzingen für ein ganzes Jahr zu unserer Mannschaft gesellt hatte und für uns zu einem weiteren Sohn im Hause wurde. Peter war kräftig, sah hervorragend aus und besaß einen herrlichen Sinn für Humor. Da er ein Gut in Baden erben sollte, mit einem Schloß und vermutlich reichlich Schulden, war er sich der Bedeutung des monatlichen Milchschecks nur zu gut bewußt. Es dauerte eine Weile, ehe der Kuhstall seine Wirkung auch auf diesen fröhlichen Jungen auszuüben begann. Viele Wochen lang machte er das Spiel mit, erwartete sie, wenn sie vom Feld hereinkamen, beobachtete belustigt, wie sie sich in ihre bevorzugten Boxen drängten, pfiff vor sich hin, während er ihre Euter abwusch, ehe er sie an die Melkmaschine anschloß und sie dann schließlich, mit einem freundlichen Klaps auf das Hinterteil, wieder ins Freie trieb. Dennoch fand ich ihn eines Morgens, als ich über den Hof kam, an die Kuhstalltür gelehnt, tieftraurig in die Ferne starrend, während die üblichen Jauchebäche seine Stiefel umspülten.

»Die gräßliche alte Brunhilde hat mir heute das Leben sauer gemacht, Chris«, sagte er und fügte dann hinzu: »Ich fürchte, ich werde, wenn ich nach Deutschland zurückkehre, um die Kühe nicht herumkommen. Deutsche Kühe zwar, aber sie sind sich wohl auf der ganzen Welt gleich.«

Ich mußte gestehen, vom Benehmen deutscher Kühe keine Ahnung zu haben, konnte mir aber vorstellen, daß sie nicht im Stechschritt in ihre Ställe marschierten, sondern sich drängten und ausschlugen, Mastitis bekamen und gerade im falschen Moment mit dem Schwanz wedelten, genau wie alle andern Kühe. Als wir gemeinsam zum Haus zurückgingen, fühlte ich, daß ein fester Entschluß in mir reifte, auch wenn ich beileibe nicht den Vier-Jahres-Plan meines Mannes in Unordnung bringen wollte. Es würde eine Weile brauchen, aber mit einigen mehr oder weniger deutlichen Winken würde ich schon zum Ziel kommen. Die Kühe, das Geräusch der Melkmaschine, das sämtliche Drum und Dran, das dafür sorgte, daß irgendwelche Fremde jeden Morgen eine Flasche Milch vor der Tür stehen hatten, sollten, sobald wir es uns leisten konnten, der Vergangenheit angehören.

Peter von Mentzingen kehrte nach Deutschland zurück, erbte sein Schloß und heiratete ein bezauberndes Mädchen. Als wir ihn besuchten, konnten wir ihm berichten, daß unsere Kühe nun nicht mehr gemolken wurden, sondern ihre Kälber selber ernährten. Peter von Mentzingen war inzwischen zur Pferdezucht übergegangen. Von unserer Milchkuhherde Abschied zu nehmen, hatte sich als weit einfacher als erwartet herausgestellt, da wir inzwischen alle das Stadium erreicht hatten, daß wir das Ende unseres Liefervertrags kaum noch abwarten konnten. Der Vier-Jahres-Plan war erfolgreich zu Ende gebracht worden.

Irgend etwas mußte jedoch geschehen, um das, was selbst ich gelernt hatte, unsere Liquidität zu nennen, aufrechtzuerhalten. Es wurde beschlossen, mehr Getreide anzubauen und Schafe zu halten. Dies bedeutete, daß ein Viehmarkt besucht werden mußte. Markttage fanden in Tullow einmal im Monat statt, jeweils an einem Montag; dann wurde das Städtchen von den Farmern der Umgebung und ihren Familien überflutet, die in Begleitung ihres Lebensunterhaltes kamen. Umsichtige Ladenbesitzer verrammelten Fenster und Türen, während Kühe, Ochsen, Färsen und Kälber, Ponys und Esel die Hauptstraße in Beschlag nahmen, so daß diese in kürzester Zeit mit rutschigen Rinnsalen aus grünlichem Matsch bedeckt war. Niemand ließ sich hierdurch von dem Hauptgeschäft des Tages abbringen, noch beeinträchtigte es die allgemeine Atmosphäre fröhlicher Geselligkeit, die mir einmal begeistert als »ebenso gut wie eine alkoholreiche Totenwache« beschrieben worden war. In jenen Tagen spielten die Banken keine große Rolle bei Geschäften, da niemand »diesen Leuten mit ihren Hemden und Krawatten« erlauben wollte, die Nase in ihre Privatangelegenheiten zu stecken. Statt dessen genügte es, in die Hand zu spucken und den Handel mit einem Händedruck zu besiegeln; danach kamen diejenigen Ladenbesitzer, die mit einem privaten Hinterzimmer aufwarten konnten, zum Zuge. Sie entfernten die Barrikaden und konnten gewiß sein, auf ihre Weise von den darauffolgenden Feiern zu profitieren. Am Ende dieser Markttage rollten abends die Viehwagen auf der Bahn in Richtung Dublin – der einzige Zug im Monat – und unser Städtchen kehrte wieder zu seinem normalen Leben zurück.

Ich selbst fand meinen ersten solchen Tag in Tullow recht ungewöhnlich. Weil ich keine Ahnung hatte, was mich erwarten würde, beschloß ich, zum Friseur zu gehen. Gerade saß ich friedlich lesend unter der Haube, als mich eine gewisse Unruhe in den Spiegel blicken ließ, der mir zeigte, daß ich in meiner Kabine nicht länger allein war: ein Ochse hatte sich zu mir gesellt, es mag auch eine Färse gewesen sein. Das Tier sah mich einen Augenblick lang seelenruhig an, ehe es seinen Rückzug durch den Vorhang antrat, da es offenbar begriffen hatte, daß es an die falsche Adresse geraten war. »Heilige Mutter Maria – das ist ja noch schöner«, lachte die Friseuse, während sie das Tier aus dem Laden trieb, und es war klar, daß sie nicht zum ersten Mal mit einem so ungewöhnlichen Kunden fertig wurde.

Peters Besuch auf dem Markt war folgenreicher; er kehrte als stolzer und argloser Besitzer einer gewissen Schafrasse, die als »Hornies« bekannt sind, heim. Die Nachrichtenübermittlung auf dem Lande läßt sich nur mit afrikanischen Buschtrommeln vergleichen. Alle, die er auf dem Marktplatz traf, schienen bereits zu wissen, daß er »hinter Schafen her« war. Es dauerte nicht lange, bis sich ihm ein überzeugend klingender alter Hase näherte, der ihn sehr bald überredet hatte: Wenn es ihm wirklich um einen vorteilhaften Handel ginge, um wirklich ausdauernde, fruchtbare und vor allem preiswerte Schafe, so könne er ihm genau das richtige anbieten. Der Umstand, daß er, wenn er dieses attraktive Angebot besichtigen wollte, den Besitzer auf einen entfernt gelegenen Hügel begleiten mußte, hätte ihn vermutlich hellhörig machen müssen. Wie die Welt der Landwirte nun einmal ist, wäre es gegen alle Regeln gewesen, wenn der Besitzer erklärt hätte, daß sich seine Schafe nur für Bergweiden eigneten und Hecken, Zäune, Gräben und selbst hohe Holzgatter zum Kinderspiel wurden, wenn sich ein solches Tier einmal entschlossen hatte auszubrechen. Ihm folgten dann, sozusagen auf dem Fuße, seine sämtlichen blökenden Gefährten, um aus unerfindlichen Gründen nach einem neuen Weideplatz zu suchen.

»Die Schafe sind los« wurde zu Peters Schlachtruf, wenn das Geblök an unsere Ohren drang, das uns rennend und rufend durchs Gelände trieb, oft genug im Nachthemd, in dem vergeblichen Bemühen, diese Hornies von unseren Getreidefeldern fernzuhalten.

Vermutlich hätte uns jeder, der auf dem Lande aufgewachsen war, sagen können, daß es nichts Dümmeres gibt, als zu versuchen, Schafe mit Rennen und Rufen einzufangen, und man sich, wenn man schon keinen Hund hat, den Tieren leise, fast desinteressiert nähern sollte. Geduld, sehr viel Geduld war nötig, ehe sich das Leittier dazu bringen ließ, in der gewünschten Richtung zu laufen, wohin ihm mit etwas Glück auch die übrige Herde brav folgen würde. Ganz simpel im Grunde, aber eine der vielen Lektionen, die ein ehemaliger Jurist und eine völlig ahnungslose Frau, die früher einmal stolz darauf gewesen war, ein Stipendium für Oxford errungen zu haben, erst mühselig lernen mußten.

Ich muß gestehen: Sobald diese Hornies abgeschafft und durch eine weniger unternehmungslustige Rasse ersetzt worden waren, erreichte mein Interesse an Schafen, von ihrer finanziellen Einträglichkeit abgesehen, einen neuen Tiefstand. Es war nicht ihre Schuld, daß sie in meinen Augen die dämlichsten, mißmutigsten Gesichter auf Erden besaßen, aber es war mir unbegreiflich, warum sie keinen größeren Selbsterhaltungstrieb an den Tag legen konnten. Warum mußten sie sich beim geringsten Anlaß einfach hinlegen und verenden, oder wenn es schneite, mit tödlicher Sicherheit der nächsten Schneewehe zustreben und sich darin lebendig begraben lassen?

Es ist vermutlich an der Zeit zu gestehen, daß ich von Natur kein Viehliebhaber bin und daher der gelegentlichen Ermunterung bedarf. Sie wurde mir zuteil an einem herrlichen Apriltag, als das Lammen in vollem Zuge war. Das gelbäugige Mutterschaf lag neben dem Gatter, Michael zur Seite, und rang mit einer Steißgeburt; ihre Anstrengungen wurden jedoch von Minute zu Minute schwächer. Es muß wohl der Blick gewesen sein, mit dem sie mich ansah.

»Steh nicht nur dumm da«, schien sie mich anzuflehen, während sich ihre Augen vor Schmerz verschleierten, »du bist ja schließlich auch eine Frau, begreifst du denn nicht, was ich durchmache? Hilf mir doch, um Gottes willen.«

Ich sah zu Michael hinüber, der hilflos daneben stand mit seinem Eimer Desinfektionsmittel und seinem Stück Pears Seife, und plötzlich begriff ich sein Problem. Er hatte versucht, das Lamm umzudrehen, damit es in der richtigen Lage zur Welt kam, aber seine Hand war zu groß. Ich blickte auf meine eigene, und ohne genau zu wissen, wie ich es anstellen sollte, hörte ich mich murmeln:

»Nur Mut, Mädchen, das schaffen wir schon«, während ich meinen Ärmel aufkrempelte, meinen Arm in den Eimer steckte und gut desinfizierte, um mich dann an die Arbeit zu machen. Das schaffen wir schon – das war leicht gesagt. Tatsächlich hatte ich, sobald meine Hand drinnen war, wenig Ahnung, wo ich genau war; von nun an wurde das Sortiment an glitschigen Köpfen, Hinter- und Vorderbeinen völlig verwirrend. Ich hatte Glück an jenem Tag, denn das Schaf war kein Neuling, und der Kopf und die Vorderbeide, die ich zu fassen kriegte, gehörten zum Glück zueinander. Ein stetiges Ziehen – und das Wunder geschah: ein Lamm war geboren und ich war die Hebamme.

»Es könnten Zwillinge sein, Mam, vielleicht auch Drillinge!« Michael lächelte auch, als er dem Lamm das Gesicht abwischte, es mit dem Kopf nach unten hielt und ihm kräftige Klapse versetzte, bis es nieste. Zwillinge? Drillinge? Ich war zu allem bereit und als ich Nummer Drei entbunden hatte, versuchte das Erstgeborene bereits, auf die Beine zu kommen, um nach der Milchquelle zu schnuppern. Nur ein flüchtiger Moment im Fluß der Zeit, wenn sich der Himmel aufhellt und die Nebel hinweggefegt werden.

»Wie heißt es doch, alle sind wir Geschöpfe Gottes, oder so ähnlich, das sind wir, du und ich«, versicherte ich meiner Gefährtin reichlich atemlos, während wir aneinandergelehnt rasteten, in einer Lache aus Blut und Schlamm.

Ich würde gern behaupten können, daß ich nicht nur als recht brauchbare Hebamme, sondern auch in anderer Hinsicht eine wichtige Rolle bei den landwirtschaftlichen Arbeiten gespielt hätte.

Würde je eine nützliche Landwirtsfrau aus mir werden? Ich mußte es bezweifeln, denn nach einigen unserer tüchtigeren Nachbarn zu urteilen, mußte eine Landfrau ein wahres Wunder sein, wenn sie sich als vollwertig betrachten wollte. Nicht nur mußte sie ihre Familie ernähren und kleiden, Kälber und womöglich Ferkel aufziehen, sich um den Gemüsegarten kümmern und zu Hilfe eilen, wenn es Krisen gab; sie mußte obendrein, falls sie je Zeit zum lesen fand, lernen, wie man spezielle Kuchen buk, besondere Marmeladen einkochte, so daß der Anblick einer unreifen Tomate bereits genügte, die ihr noch verbliebenen Kräfte der Herstellung von schmackhaften Pickles, Chutneys und Konserven zu widmen.

Ich war jedoch entschlossen, mein Scherflein beizutragen, und entschied mich für Hühner, hauptsächlich wohl, weil Christopher in einem Alter war, in dem es noch zu den aufregenden und befriedigenden Erfahrungen gehört, Eier im Nest zu finden. Er war sechs, als er in Munny ankam und fürs erste sein Internatsleben hinter sich ließ. Einen großen Teil seiner Zeit verbrachte er nun damit, zu Fuß zur lokalen Schule zu gehen, wo eine reizende, junge Lehrerin sich bemühte, ein bißchen Wissen in die Köpfe einer Gruppe protestantischer Kinder im Alter von sechs bis vierzehn Jahren zu trommeln. Was unseren Sohn betraf, so war sie noch nicht sehr viel weitergekommen, als ihn dazu zu bringen, mit lauter Stimme und einem prächtigen irischen Akzent das Vaterunser zu sagen und mir zu Weihnachten eine Negerpuppe zu stricken. Die Hühner zu füttern und die Eier einzusammeln, diese Aufgabe nahm er sehr ernst.

Daher war es auch eine ausgesprochene Tragödie, als mir eine Freundin, die einen frühen Morgenspaziergang gemacht hatte, riet, mich dem Hühnerhof nicht zu nähern. Ein Fuchs mußte nachts in meinen Hühnerstall eingedrungen sein, und außer einigen verstümmelten Leichen war kein einziges Huhn mehr zu sehen.

Ich mußte doch eine gewisse Zuneigung zu diesen Vögeln empfunden haben, denn es bedurfte zweier Tage und der Beseitigung der Leichen, ehe ich es fertigbrachte, Christopher an die Hand zu nehmen und mit ihm zusammen ihre verlassene Behausung anzusehen. Als ich mich umsah und dabei fragte, warum nicht nur gewisse Menschen sondern auch Tiere zum Spaß töten, vernahm ich ein schwaches Geräusch, ein Blätterrascheln hoch oben in einem der umstehenden Bäume. Da saß doch wirklich eine meiner Hennen, den Kopf in den Federn versteckt und etwas wackelig auf den Beinen – offensichtlich die einzige Überlebende. Überglücklich über diese Entdeckung, wollte Christopher gerade laufen, um ihr etwas Futter zu holen, als sie wie ein Stein vor uns auf dem Boden landete und plötzlich in lautes Krähen ausbrach, ohne Zweifel die Töne eines Hahnes.

»Du liebe Zeit, Mami, was ist denn das?« Christopher

hielt abrupt inne, brach aber in helles Gelächter aus, als er meinen Gesichtsausdruck bemerkte. Ja, was war denn das? Eine gute Frage, und überdies eine, auf die ich keine Antwort wußte. Das Handbuch für den Hühnerzüchter hatte nirgends erwähnt, daß ein Todesschreck bei Hühnern eine Geschlechtsänderung bewirken kann.

Wir versuchten, unsere einzige Überlebende dazu zu bringen, wieder ein Huhn zu werden, in dem wir ihr Eier zum Brüten unterlegten. Eine Weile machte sie mit, aber dann ruinierte sie ihre Chancen, je wieder eine Familie aufzuziehen, weil sie jeden Morgen ihre Pflicht vergaß, um statt dessen den Sonnenaufgang mit gebührendem Trompetenschall zu begrüßen. Wir meinten, sie sei vielleicht einsam und machten sie mit drei Enten bekannt, aber es dauerte nicht lang, bis die ihr bizarres Verhalten satt hatten und voller Angst die Flucht ergriffen, sobald er/sie sich ihnen mit einem absichtsvollen Blitzen in den Augen näherte.

Die Tiermedizin wußte keine Erklärung, und da wir bezweifelten, daß Herr Freud sich je mit dem Problem der bisexuellen Henne befaßt hatte, überließen wir sie ihrem seltsamen Lebensstil, bis sie eines natürlichen Todes starb. Nur Christopher war sehr zufrieden, da er einem atemlosen Publikum in der Schule mitteilen konnte, daß einer seiner Schützlinge oben auf der Farm sicherlich für einen Weltrekord qualifiziert sei.

Wenn sich meine Gedanken jenen ersten Jahren in Munny zuwenden, jagt eine lebhafte Erinnerung die andere. Ich sitze jetzt warm und bequem, schalte das Licht ein und schalte es wieder aus. Ich gehe zum Telefon, und wenn mir der Sinn danach steht, kann ich mit der ganzen weiten Welt schwatzen. Wenn ich aber über die Schulter zurückschaue, steht hinter mir eine Ölfunzel, die ihre grotesken Schatten auf die Wand wirft, und daneben eine zischende, flackernde

»Tilly«-Lampe, die letzte Zeugin des einzigen, gewaltigen Krachs, den Peter und ich je über unsere Finanzen gehabt haben: Ich hatte das unselige Ding gekauft, ohne vorher seinen Vier-Jahres-Plan zu konsultieren!

Eingeführt in das, was man damals »the electric« nannte, wurden wir durch einen Mann, der in der Gegend als »genial mit den Leitungen« beschrieben wurde. Er installierte einen Generator, sechs alte Autobusbatterien und zwei zusätzliche Glühbirnen für das Haus. Wir wurden nur immer dann ins Dunkel zurückgeworfen, wenn sämtliche vorhandenen Energiequellen für die Melkmaschine benötigt wurden, und da dies sehr plötzlich geschehen konnte, war es sicherer, immer eine Kerze zur Hand zu haben. Das »Genie mit den Leitungen« machte nur einen Fehler bei dem Versuch, den Radius zu erweitern, um auch den Schweinestall mit einzubeziehen. Dieser beherbergte zwei Säue, die zusammen mit ihren Nachkommen den Reichtum unseres ältesten Sohnes Nicky begründen sollten.

Auf ihrem Rückweg von der Weide mußten die Kühe an der Tür des Schweinestalles vorbei und hatten dies höchstens zweimal getan, als unser damaliger Melker erklärte, er könne nicht länger bleiben, denn bei uns spuke es.

»Die Kühe springen herum, Sir, und haben solche Angst, als hätte sie der Teufel beim Schwanz«, erklärte er und setzte auch schon zu einer der vielen Schreckensgeschichten an, die es in allen einsamen Landstrichen in Hülle und Fülle gibt. Doch Peter überredete ihn, die Kühe noch einmal zurück auf den Hof zu treiben. Kein Zweifel, sobald sie sich dem Schweinestall näherten, begannen sie einen Veitstanz, der wie die Parodie eines Rituals wirkte, Beine hoch, Knie hoch, Kopf hinunter, Schwänze hoch – eine Jam Session des Rindviehs, die beeindruckend gewesen wäre, hätten nicht einige der Teilnehmerinnen deutliche Zeichen der Angst von sich gegeben. Überflüssig zu sagen, waren nasse Hufe und eine zu schlecht isolierte, kaum drei Zentimeter unter dem Boden verlegte elektrische Leitung die Lösung des Rätsels unseres von Geistern heimgesuchten Stallhofes.

Endlich kam der Tag, an dem das Gerücht umging, die Hauptstromleitung »sei im Anmarsch«, wie es ausgedrückt wurde, die ganze Strecke her von Dublin, oder war es Cork, vielleicht auch Limerick. Einerlei, die Begeisterung war groß, und so war es nicht leicht, das Elektrizitätswerk davon abzubringen, uns einen riesigen Mast direkt neben die Eingangstür zu setzen.

Mit etwas Takt ließ sich auch diese Krise beheben, und wir konnten nun nach Herzenslust Lampen ein- und ausschalten, im oberen Stock und im Parterre, überall, und unser nicht sehr feudales Haus in ein Feenland verwandeln.

Irgendwann entdeckte ich, daß es für einen Menschen mit einem unordentlichen Geist zu den Attraktionen des Lebens in Irland gehört, sich niemals über das Ob, Wie, Warum oder Wann eigentlich vorhersehbarer Ereignisse im klaren zu sein. Vielleicht – vielleicht auch nicht, man konnte nie ganz sicher sein. Zum Beispiel fragte ich mich oft, wieviele zusätzliche Stunden arglose Touristen daransetzen mußten, um ihr Ziel zu erreichen; denn nicht nur, daß sie keine Ahnung vom nationalen Zeitvertreib hatten, mit den Wegweisern herumzuspielen, hielten sie auch noch an und fragten nach dem Weg. Bezaubert von der freundlichen Hilfsbereitschaft der Befragten, die ihnen rieten, hier und dort abzubiegen, konnten sie, wenn sie die Reise dankbar lächelnd fortsetzten, nicht wissen, daß die weitverbreitete Unfähigkeit, die rechte Hand von der linken zu unterscheiden, sie höchstwahrscheinlich abermals in die Irre schickte.

»A chara – mise le meas.« Nachdem ich viele Stunden sinnlos im Krämerladen mit Warterei auf launische Telefon-

verbindungen verschwendet hatte, brachte ich meine fünf Worte Gälisch an, in der Hoffnung, damit bei meinem Antrag auf einen privaten Anschluß dem Telefonamt genügend Respekt zu bezeugen. Niemand schien von meiner patriotischen Anstrengung sehr beeindruckt, aber nach einigen Monaten erhielt ich trotzdem eine Antwort, in der mir mitgeteilt wurde, daß die Installation eines solchen Luxus £ 350 kosten würde. Wir fühlten uns damals nicht sonderlich wohlhabend und beschlossen daher mit Bedauern, die Sache auf einen späteren Zeitpunkt zu vertagen. Man stelle sich meine Überraschung vor, als ich einige Tage später auf dem Wege zum Postamt einer Gruppe fröhlicher Telefoningenieure begegnete, wohlausgerüstet mit Leitern, Drähten und Masten, die Löcher gruben, Äste absägten und offensichtlich entschlossen waren, eine Leitung bis vor unsere Türe zu führen. Dies war noch keineswegs das Ende der Geschichte, denn es dauerte nicht lang, bis uns zwei Telefone geliefert wurden. Das erste war eine Antiquität, mit einer Kurbel, die man rasch drehen mußte, um der Postmeisterin zu signalisieren, sie möge einem den langen Weg über die Leitung zur gewünschten Nummer bahnen. Diesem Apparat gesellte sich sehr bald ein zweiter hinzu, mit einer numerierten Drehscheibe. Inzwischen war Irland der Europäischen Gemeinschaft beigetreten, das Selbstwahl-System rückte näher, und man versicherte uns, daß wir »mit der ganzen weiten Welt« sprechen könnten, sobald der Neuankömmling angeschlossen sei und funktionierte.

Diese Information stellte sich, fast auf den Tag genau, ein Jahr später als zutreffend heraus. Nun ja, vielleicht nicht ganz zutreffend: wenn wir die Anweisungen, die uns mit der Post zugeschickt worden waren, genau befolgten, langsam und methodisch wählten, zugleich aber gewisse Geräusche außer Acht ließen, die klangen, als sei die Wanduhr aus der

Küche im Anmarsch, konnten wir, ungeachtet der Nummer, die wir gewählt hatten, mit Scharen von Menschen sprechen, die wir in unserem Leben noch nie gesehen oder gehört hatten.

Einige schienen über Gebühr verärgert, wenn man sich auf diese Weise in ein vielleicht dringliches Geschäftsgespräch einschaltete; andere verbrachten bereitwillig ein paar Minuten ihres Tages in freundlichem Gespräch mit Fremden. Nur eine arme Dame aus Donegal knallte uns den Hörer auf die Gabel, nicht ohne vorher zu erklären, das ganze Land sei drunter und drüber, und sie wandere nach Amerika aus. Ein anderes Mal, als ich eine Dubliner Nummer gewählt zu haben glaubte, bekam ich statt dessen den Mechaniker, der »an unserm Draht« arbeitete, wie er sagte, und wir machten unsere Witze und kamen überein, daß er nicht der einzige war, der die Bäume hochstieg.

Trotz all des Fortschritts – wir empfanden es als Verlust, als unser treuer Freund mit der Kurbel zum alten Eisen geworfen wurde. Außerdem wurde uns mitgeteilt, daß die freundliche Stimme der Postmeisterin aus dem Äther verschwinden werde; und wenn es jetzt in der Leitung krachte, daß einem das Trommelfell platzte, oder sie ganz plötzlich gänzlich verstummte, konnten wir auch nicht mehr wie früher mit einer langen Stange losziehen und die Telefondrähte so lange abklopfen, bis unsere Verbindung wieder hergestellt war.

Wir standen mit unserer leisen Trauer nicht allein: Man brauchte nur an all die vielen Frauen zu denken, die die Räder der ländlichen Industrie in Irland in Bewegung hielten, indem sie unverdrossen vor winzigen, elektrischen Heizkörpern in den Hinterzimmern kleiner Postämter saßen, von heulender Zugluft umweht. Eine von ihnen gestand, es würde »schrecklich einsam« werden, wenn die Selbstwahl erst eingeführt wäre. Keine vertraulichen Gratis-Gespräche mehr mit Freundinnen in andern kleinen Ämtern, keine Überkreuzverbindungen mehr, die einem Gelegenheit gaben, sich in lokalen und selbst nationalen Angelegenheiten auf dem laufenden zu halten. Für manche sah der Fortschritt nach größerer Einsamkeit aus.

Für mich bestand der Fortschritt in einer Glühbirne und Büchern – beides Luxusgegenstände, die ich seit Jahren nicht mehr gleichzeitig genossen hatte.

Ich wäre wahrscheinlich sinnvoller beschäftigt gewesen, wäre ich Peters gutem Beispiel gefolgt und hätte mich an meine gegenwärtige Rolle als Frau eines Landwirts gehalten; dann hätte ich mir ein Buch gesucht, mit dem Titel »Lerne Kühe, Schafe, Katzen und Hunde zu lieben«. Statt dessen steuerte ich einen einsamen Kurs auf irische Zeitgeschichte zu. Überflüssig zu sagen, war mir nicht bewußt, wie viele vor mir schon ohne Erfolg versucht hatten, diesem Thema einen Sinn abzuringen; es sollte nicht lang dauern, bis ich mich ihren konfusen Reihen hinzugesellte.

DREIZEHNTES KAPITEL

Irland – vereint, gälisch und frei. Wenn die Geschichtsbücher eines Tages auf die 1950er und 1960er Jahre zurückblicken, können sie stolz darauf verweisen, daß in diesen Jahrzehnten die Republik einen großen Sprung nach vorn gemacht hat: ein kleines, teilweise abhängiges Land, das auf intime, fast inzestuöse Weise mit seinen eigenen Angelegenheiten beschäftigt war, verwandelte sich in ein neues, nach außen orientiertes Irland, befreite sich von den letzten Fasern englischer Herrschaft, trat aus dem Commonwealth aus, wollte sein Schicksal selbst bestimmen und eine Rolle in internationalen Angelegenheiten spielen.

Ulster, Munster, Leinster und Connaught, die »Vier grünen Felder« – die einzige Wolke an einem so strahlenden Horizont war die unbequeme Tatsache, daß sich eines der grünen Felder immer noch hartnäckig weigerte, mit einbezogen zu werden und es eisern entschlossen vorzog, jenseits des Zaunes zu verharren.

Warum? Protestanten befanden sich nördlich, Katholiken südlich einer unbedacht gezogenen Grenze, die Nachbarn voneinander trennte, und Gehöfte von ihren Äckern, vor allem aber eingefleischte Protestanten von ebenso starren Katholiken. So waren die sogenannten *Troubles* entstanden, die noch immer keine Lösung gefunden haben.

Es läßt sich nicht bestreiten, daß die katholische Kirche, »der Glaube«, eine Ethik lebendig erhalten und die berühmten »Heckenschulen« eingerichtet hatte, als die britischen Oberherren im vorigen Jahrhundert die Iren von der Schulbildung ausschlossen. In solchen Zeiten des irdischen Leidens hatte sie überdies den Fluchtweg in ein seliges Jenseits geboten. Jetzt aber beherrschte sie die Szene, und der auf beiden Seiten der unordentlichen Nord-Südgrenze zur Schau gestellte bigotte Eifer überstieg mein Begriffsvermögen völlig.

Diese Konstellation bestimmte Irland nun schon seit Jahrzehnten, und ich fürchtete, daß sie eines Tages dazu führen würde, das kleine Land zu zerreißen. Dies war das Thema, über das ich zumindest einige Klarheit zu gewinnen hoffte, während ich es mir in unserm einzigen Lehnstuhl gemütlich machte, das gedruckte Wort auf dem Schoß, reichlich Zigaretten zur Hand, umgeben von der fast hörbaren Stille, die zu langen Winterabenden auf dem Lande gehört. Ich stellte bald fest, daß mir für meine selbstgewählte Aufgabe das Rüstzeug fehlte, denn die Unterscheidung zwischen Katholiken und Protestanten, Juden und Christen, war nicht Teil meiner liberalen Erziehung in England gewesen; meine Erfahrung des Hitlerregimes in Deutschland hatte mir einen Ekel vor jeder ethnischen oder religiösen Diskriminierung eingeflößt. Während jener Nazijahre hatte die Sache ganz anders gelegen – damals hatten Protestanten und Katholiken vereint gegen einen gemeinsamen Feind gestanden.

Da war Claus von Stauffenberg gewesen, ein frommer Katholik, der seinen Priester um Dispens gebeten und ihn auch erhalten hatte, ehe er sich zu Hitlers Hauptquartier aufmachte, um die Welt von einem Ungeheuer zu befreien, das er für den Antichristen hielt. Beide mußten sie sterben, ebenso wie einer meiner Helden, Pater Delp, der sich, ehe er hingerichtet wurde, an seine Verfolger wandte und gelassen sagte:

»In wenigen Minuten werde ich sicher wissen, worüber viele von euch noch rätseln.«

Da war Graf Galen gewesen, der katholische Erzbischof von Münster, dessen Predigten und Hirtenbriefe eifrig von Mund zu Mund, von Hand zu Hand weitergegeben wurden, einerlei ob es sich um Katholiken oder Protestanten handelte. Ebenso war es mit den Botschaften der protestantischen Pfarrer Niemöller und Bonhoeffer aus dem Gefängnis gegangen. Für mich hatte all dies nichts mit Kirchen, Statuen oder Monumenten zu tun, sondern bezeichnete die wahre Kraft des Christentums, so wie es meiner Auffassung nach sein sollte.

Ich war daher in zunehmendem Maße entsetzt, festzustellen, daß in dieser sogenannten »freien Demokratie« die Ethik und die moralischen Lehren einer Konfession – der römisch katholischen –, repräsentiert von einer Hierarchie der Bischöfe, einen so mächtigen Einfluß ausüben konnten, der sich nicht auf das Leben ihrer eigenen katholischen Gemeinde beschränkte, sondern auch auf alle andern ausdehnte, die in dem Land lebten, das sich jetzt die Irische Republik nannte.

Seit 1937 gab es ein Zensurgesetz, das sich auch auf Theaterstücke und Filme erstreckte, und die verschiedenen Zensurämter, zumeist unter dem Vorsitz eines Priesters, hatten ihre Position so gefestigt, daß es ihnen gelungen war, die Werke vieler hervorragender zeitgenössischer Autoren zu verbieten. Die Qualität mancher Urteilssprüche läßt sich daran ermessen, daß zum Beispiel ein gelehrtes Buch über Bodenerosion mit dem unglücklichen Titel *Rape Around Our Shores* (etwa: Die Vergewaltigung an unsern Gestaden) nie die Regale der Buchläden erreichte. Was Filme anbelangte, so bedeutete ein Besuch des örtlichen Kinos oft eine ziemliche Anforderung an die Phantasie, denn sobald auf der Leinwand eine Liebesszene dargestellt wurde, selbst in der harmlosesten Form, holte die Zensur ihre Schere hervor.

Schnapp, eine Lücke, und ein verwirrtes Publikum sah sich hastig an ein sichereres und weniger kontroverses Ufer verfrachtet. Das Tanzsaal-Gesetz von 1929 sorgte dafür, daß solche öffentlichen Unterhaltungen nur unter dem wachsamen Auge eines Priesters stattfinden konnten; seine Aufgabe war es, sich und seine Vorgesetzten in den Tanzpausen davon zu überzeugen, daß die Breite der Tanzfläche dafür sorgte, die Jungen säuberlich von den Mädchen getrennt zu halten und so keine »Ausschweifungen« möglich waren.

Scheidung und Geburtenkontrolle, außer durch Enthaltsamkeit, waren geregelt von einem Zusatzparagraphen des Strafgesetzes, der später in der Verfassung verankert werden sollte. Im Falle der Scheidung war etwas schief gelaufen: der Staat, der sie grundsätzlich verbot, stellte fest, daß er hinter der Kirche herhinkte, die in gewissen Fällen eine Annulierung der Ehe gewähren konnte. Da konnte es geschehen, daß man über die paradoxe Position der Kinder hinwegsah, die aus einer solchen Verbindung hervorgegangen waren, und schlicht erklärte, die Ehe sei nie vollzogen worden. Wenn ein Katholik am Trinity College von Dublin studierte, der ältesten Universität des Landes, die von Königin Elisabeth I., einer bekannten Ketzerin, gegründet worden war, beging er eine schwere Sünde. Er lief sogar Gefahr, exkommuniziert zu werden, ebenso wie ein Katholik, der sich in einer protestantischen Kirche blicken ließ.

Einige Gestalten nahmen während meiner Lektüre nach und nach Profil an wie der langjährige Ministerpräsident, später Staatspräsident Eamon de Valera, eine überragende Persönlichkeit, der seit dem Aufstand gegen die Briten im Jahr 1916 die politische Bühne fast ununterbrochen beherrscht hatte, mit seinem leidenschaftlichen Bestreben, die

Insel zu verteidigen, mit seinem Verhandlungsgeschick und seinem Erfolg, trotz allen Drucks von außen, während des Krieges die Neutralität Irlands zu bewahren.

Im Weiterlesen fragte ich mich, wie es diesem rätselhaften Patrioten von spanisch-amerikanischer Herkunft gelungen war, seinen erfolgreichen Weg nach oben zu nehmen und so fest auf seinem Sockel stehen zu bleiben, wenn man bedachte, wie unbeugsam er sich bemüht hatte, die dominante Rolle der katholischen Kirche und ihrer Morallehre in Staatsangelegenheiten zu sichern, und wie wenig er an sozialem Fortschritt oder Rücksicht auf religiöse Minderheiten interessiert war. Auch beunruhigte mich sein mythischer, fast Hitlerscher Traum von einer bäuerlichen irischen Gesellschaft, in der sich eben nicht üppige, blonde, blauäugige, als Bauern verkleidete Germanen tummelten, sondern unschuldige, leichtfüßige Kelten ihre *Jigs* und *Reels* tanzten und sich in einer Sprache unterhielten, die außer ihnen selbst wenigen verständlich war. Während ich die Seiten umblätterte, fragte ich mich, wie es vermutlich viele vor mir getan hatten, ob de Valeras Herrschaft nicht etwas zu lang gedauert und daher nicht nur mit Erfolg Irlands letztendliche Vereinigung, sondern auch seinen Eintritt in das 20. Jahrhundert verzögert hatte.

So viele Sünden, soviel Schlechtigkeit, so viele priesterliche Warnungen – ich aber hatte zwölf Jahre meines Lebens in einem Lande zugebracht, wo das wahre Böse regiert hatte. Ich konnte mich nur über die Trivialität so vieler autoritärer Regeln und Gesetze wundern, die das irische Volk auf dem engen, geraden, aber gänzlich freudlosen Pfad der Tugend halten sollten.

Was die früher einmal allmächtige protestantische Minorität anging, so schien sie aufgegeben zu haben, schien ganz zufrieden, keine Rolle mehr im öffentlichen Leben zu spielen, ihre Söhne nach England in die Schule zu schicken, daß sie später vielleicht für England und seine Belange das Leben ließen.

Meine Unruhe legte sich jedoch sehr rasch, sobald ich außer Haus ging; dann erkannte ich wieder diese gewisse philosophische Einstellung der Iren, nicht nur gegenüber den Landesgesetzen, sondern auch den priesterlichen Ermahnungen. Unter einem so strengen Regiment mußten sich viele Tragödien verstecken: Armut, Unwissenheit, ungewollte Schwangerschaften und herzzerreißende Abschiede. Wenn ich jedoch die einfachen Menschen um uns herum betrachtete, wie sie ihren täglichen Geschäften nachgingen, wie sie vom Gebet, von Hochzeiten oder auch Begräbnissen zurückkehrten, wie sie schwatzten, lachten, flirteten und Witze machten, dann sahen sie mir nicht so aus, als drückten sie ihre Sünden zu Boden, noch wirkten sie sonderlich reuig. Eine Haltung, die für ihre Pfarrer sicherlich frustrierend war, die ich hingegen mit Erleichterung wahrnahm.

Wenn ich gelegentlich wegen des scheinbar endlosen Gerangels zwischen Kirche und Staat zu verzweifeln meinte, wenn die Bataillone, die auf der einen Seite versammelt waren, eine zu gesicherte Position einnahmen, und die anderen zu träge schienen, wenn die Hoffnung auf ein gewisses Maß an sozialem Fortschritt im Interesse priesterlicher Heiligkeit immer wieder zunichte gemacht wurde, so erleichterte mich meine erste Begegnung mit dem irischen Wahlsystem. Das Land war wochenlang vorher und monatelang danach durch riesige Plakate mit den Abbildungen potentieller Staatsmänner verunziert, die alle bemüht waren, zielstrebig, ehrlich und verläßlich auszusehen. Entschlossen, eine loyale irische Staatsbürgerin zu werden, hatte ich meinen Paß abermals getauscht, diesmal gegen einen, der mit der irischen Harfe verziert war. Es gelang mir allerdings nicht, die Politiker alle in Bausch und Bogen abzutun, wie einer meiner Mitwähler, bei dem ich auf dem Wege zum Wahllokal Rat gesucht hatte:

»Alles Söhne ihrer toten Väter, Kneipenwirte und ähnliches Gesindel – allesamt Glücksritter«, hatte das Resümee meines Gefährten gelautet, während er, ohne ein Zeichen der Verbitterung, seine Mütze auf den Hinterkopf schob, ehe wir eintraten, um unseren Teil bei der Gestaltung der Zukunft des Landes zu tun.

Bei diesen Gelegenheiten tat ein weiter oben an der Straße gelegenes Farmhaus Dienst als Wahllokal. Als ich in der provisorisch im Wohnzimmer aufgestellten Wahlkabine stand und mit dem Bleistift in der Hand die Liste durchsah, deren Namen mir alle nichts bedeuteten, drang das Klappern der Teetassen aus der benachbarten Küche zu mir, wo unser örtlicher *Garda* – unser Gesetzeshüter – es sich mit einigen Nachbarn vor einem Torffeuer gemütlich gemacht hatte. Unvermeidlich schweiften meine Gedanken zurück zum letzten Mal, als ich Gelegenheit gehabt hatte, mein Stimmrecht auszuüben, im Jahr 1937.

»Heil Hitler, Ihren Namen bitte«, Nazi-Fahnen, braune Hemden, Käppis, glänzende Stiefel, zusammengeschlagene Hacken und eine leere Stelle auf dem Wahlzettel, nur eine, auf der man seiner Meinung Ausdruck geben konnte – ja oder nein; und das unheimliche Gefühl, daß meine Hand, die den Bleistift führte, von einem Paar sehr aufmerksamer Augen beobachtet wurde.

Soweit die Geschichtsbücher und mein laienhafter Versuch, mir einen Vers zu machen auf die Widersprüchlichkeiten des Landes, in dem wir jetzt lebten. Vielleicht legte ich aus Trägheit meine Bücher weg und wandte mich einer anderen Quelle zu, vielleicht rührte es aber auch von diesem

Gefühl der Traurigkeit, das diese Bücher durchzog; noch wahrscheinlicher war die Ursache der nahende Frühling, die länger werdenden Tage und die vielen prachtvollen Sonnenaufgänge, die den östlichen Himmel erleuchteten. Meine neue Quelle war eine heimliche, mir näher gelegene, zugänglichere, die aber mit dem Hinsterben der Menschen, dem Verblassen der Erinnerung, durch Auto und Fernsehen bald für alle Zeit in Vergessenheit geraten würde.

Die Fakten waren sorgfältig niedergelegt in Verträgen und Urkunden und durch statistische Vermessungen auf das genaueste belegt. Das Land von »Munny« oder »Money«, eine Anglisierung des gälischen Wortes *Muine*, das ein Wäldchen oder eine Baumgruppe bezeichnete, bestand aus 450 *statute acres* irischen Bodens, die nicht mit irischen *acres* von größerem Ausmaß zu verwechseln waren. Letztere waren Pseudoeinheiten, die Cromwell eingeführt hatte, als er irischen Grund und Boden an seine siegreiche Soldateska verteilt hatte. Im Jahre 1949 waren sie noch in Anwendung, aber ihren Ursprung hatten die Nachkommen der Enteigneten nicht vergessen.

Dieses Land wurde uns nun anvertraut, um nach Gutdünken dort zu walten. Wir konnten entweder Ginster und Farn erlauben, sich dort immer weiter auszubreiten, und die Binsen nach Belieben vordringen lassen, oder dafür sorgen, daß jedes einzelne Feld seine eigene Persönlichkeit entwickelte, sein Aussehen von Jahreszeit zu Jahreszeit, von Jahr zu Jahr wandelte und das ganze zu einem grün und gold getönten Fleckenteppich wurde.

Ich hatte mein eigenes Reich, dessen Grenzen ich bisher noch nicht erforscht hatte: das *Rath* Feld (gälisch für Heimstatt), das *Moate* Feld (engl. Graben) und die verborgenen Winkel, in denen mit Efeu bedeckte Ruinen standen; *Sibini* oder *Tigini*, winzig kleine dachlose Häuschen, in denen in vergangener Zeit große Kinderscharen geboren und aufgezogen worden waren.

Ich hatte auch meine Historiker zur Hand. Will Byrne, unser Hirte, lebte jenseits des Hügels und hatte sein Leben lang für unsere Vorbesitzer gearbeitet; er kannte jeden Bukkel und jeden Graben in seinem Reich. Von ihm erfuhren wir, daß jedes Feld einen Namen besaß. Das »Rath«, mit seinem kreisrunden Gebüsch, in dessen Mitte ein Schwarzdorn wuchs; für Uneingeweihte sah es unscheinbar genug aus, war jedoch ein eindeutiges Merkmal dafür, daß es darunter eine frühere Heimstätte gab. Sein Rat war, »am besten nicht daran zu rühren«. Das Gleiche galt für die grasbewachsene, mit hohen Bäumen bestandene Erhebung, die als »Moate« bekannt war, und vielleicht eine Begräbnisstätte war, denn bekanntlich gefiel es den Seelen der abgeschiedenen Druiden, an solche Orte zurückzukehren; den zeitweiligen Treuhändern würde kein Glück beschieden sein, wenn sie es sich einfallen ließen, Ordnung zu schaffen und solche Hindernisse einzuebnen und so den rechtmäßigen ursprünglichen Besitzern lästig zu werden.

Mistress' Bog (der Herrin Sumpfwiese) – *Nancy's Grove* (Nancys Hain) – *Racecourse* (Rennbahn). Wer war die unbekannte Herrin, nach der die mit Anemonen besäte Sumpfwiese benannt war? Wer war Nancy, die durch ihren Hain gewandelt sein mußte? War sie allein gewandelt?

Meine Informationsquelle war nicht sicher, wer die »Mistress« gewesen war, außer daß es eine Zeit gegeben hatte, als der damalige Lord Fitzwilliam oft zu Besuch gekommen war; er war es auch, der im Alter die graziöse Treppe bauen ließ, deren flache Stufen es der inzwischen auch älter gewordenen und vom Rheumatismus geplagten Herrin des Hauses erlaubten, leicht und bequem in ihr Gemach hinaufzugehen.

Nancy hingegen war ein armes Wesen, sie hatte ihr Herz an einen gutaussehenden Priester der Gegend verloren, und konnte ihre Liebe nur im Beichtstuhl gestehen. Und so kam es, daß kleine Billets durch das trennende Gitter ausgetauscht wurden. Alles ging gut, bis eines Tages ein Fremder vor ihr in der Dunkelheit saß und das Zettelchen in Empfang nahm, und der hielt es für nötig, seine Vorgesetzten über eine so offensichtliche Todsünde in Kenntnis zu setzen.

Als Will einen langen Zug an seiner Pfeife tat, fürchtete ich schon, er setze zum Bericht einer weiteren Tragödie an. War es das Ende der armen Nancy? War sie dahingesiecht, oder was sonst liebeskranke Damen in damaliger Zeit taten? Zum Glück nicht. Hier verwirrten sich die Berichte, denn einige behaupteten, der junge Priester sei in eine andere Gemeinde verbannt worden, andere, daß er nach Amerika ausgewandert sei; alle waren sich jedoch einig, daß er zu seiner Nancy zurückkehrte und sie eines Nachts zusammen weggegangen seien, wohin war unbekannt. Da keiner von uns ein vergnügtes Lächeln unterdrücken konnte, nahm ich an, daß auch Will mit dieser Lösung höchst zufrieden war; er fügte noch »Gott vergebe ihnen« hinzu, um ganz sicher zu gehen.

Das große Steinfeld gab seine ganze Geschichte preis, als eines Tages der ortsansässige Steinmetz auf dem Hof erschien; er habe gehört, der Boß wolle das Land von einigen der größeren Felsen säubern und Dynamit anwenden; er sei gekommen, um sich zu erkundigen. Nachdem er das Gespräch mit den üblichen Floskeln über das Wetter eröffnet hatte, das in Irland meistens als »großartig«, »weich« oder »barbarisch« bezeichnet wird, zögerte er, bevor er zur Sache kam. Dann erklärte er, als er den Auftrag annahm, habe er vergessen, Peter zu fragen, was er mit dem großen Stein im Steinfeld zu tun gedächte.

»Hat der Boß wohl vor, sich da hineinzumischen?« formulierte er es. Ich begriff, worauf es ihm ankam, und so war es mir ein Leichtes, ihn über den großen Stein zu beruhigen; ich war sicher, daß es allem Dynamit, das er besaß, nicht gelingen würde, auch nur ein kleines Loch in diesen Felsen zu sprengen. Als er sich erleichtert zeigte und mir sagte, er würde am folgenden Morgen vorbeikommen, konnte ich nicht umhin, ihn nach dem Grund seines anfänglichen Zögerns zu fragen. Er schien über meine Unwissenheit überrascht, war aber glücklich und ganz bereit, mir die Geschichte zu erzählen. Sie begann, wie er mir sagte, nachdem er mich zuerst zur Vorderseite des Hauses geführt hatte, auf der Kuppe des vor uns liegenden Aghold Hügels. Ich wisse ja sicher, daß der Heilige Kevin oft in den Bergen von Wicklow wandern würde. Vielleicht sei es mir aber neu, daß er eines Tages dort oben gestanden habe, den Wind im Rükken, und seinen Umhang in die Luft geworfen und in den Wind gerufen habe, da wo er zu Boden falle, würde er seine Kirche bauen. »Und der heilige Mann hielt Wort«, sagte der Steinmetz. »Denn dort steht sie noch immer, wie Sie sehen.«

Einen Augenblick lang war mir nicht klar, was eine kleine, vor über tausend Jahren erbaute Kirche ohne Dach mit Dynamit zu tun haben sollte, aber der Steinmetz war in vollem Schwung, gefangen in der natürlichen Beredtsamkeit seiner Landsleute.

»Jahrhunderte vergingen«, sagte er, »und die kleine Kapelle des heiligen Mannes wurde ein Treffpunkt für alle, die nicht vom Glauben ablassen wollten; wenn ein Glöckchen sie rief, kamen sie zur Messe herbei auf versteckten Pfaden, um am Altar von St. Kevin zu beten. Dann kam eine dunkle Nacht, als der Wind wieder wild aus dem Westen blies und die Glocke nicht mehr ertönte. Was sagen Sie dazu?« fragte er. Ich konnte ihn nur erwartungsvoll ansehen, in der Gewißheit, daß die Geschichte weitergehen werde.

»Es waren Diebe, müssen Sie wissen«, sagte er. »Sie zerrten die Glocke über die Felder, als plötzlich der Himmel von einem hellen Blitz erleuchtet wurde und ein mächtiger Donnerschlag ertönte. Sie drehten sich um und sahen, wie sich ein Felsblock vom Berghang löste und auf sie zukam. Aber wie sie sich auch drehten und wendeten, liefen und stolperten, er kam hinter ihnen her, bis sie das Feld hier vor uns erreichten und nicht mehr weiter laufen konnten; da ließen sie die Glocke fahren und flohen, aber der große Stein rollte weiter, auf die Glocke, und hielt genau dort inne, wo er auch heute noch steht.«

Der Steinmetz hatte mit dem Finger auf den Weg gewiesen, den die Diebe genommen hatten, so als sei das alles vorige Woche geschehen. Als er seinen Arm wieder senkte, glaubte ich, er wäre am Ende seiner Geschichte angekommen, aber:

»Es heißt, daß man alle sieben Jahre – so sagen jedenfalls die Alten – die Glocke läuten hören kann und auch, wenn man ein Ohr dafür hat, das Rascheln und Flüstern auf den alten Kirchenpfaden. Ich weiß es nicht, es kann sein, es kann auch nicht sein; sei es, wie es wolle, ich würde mich da nicht einmischen«, schloß er seine Rede und sagte mir bis zum nächsten Tag Lebewohl.

Das Rätsel, warum das Wasser kübelweise durch das Dach sickerte, war leicht zu lösen gewesen; eine Bangor-Dachschindel war eine Flasche Guinnessbier wert gewesen – und unsere Vorgänger hatten Bier vorgezogen. Warum ich mein Bad oft mit einigen Kaulquappen teilen mußte, gab mir sehr zu denken, bis Will Byrne auch hier Antwort wußte. Er hatte uns von der Wasserleitung erzählt und von »ihrer Großartigkeit«, wie er es nannte. Das Konzept war um die Mitte des neunzehnten Jahrhunderts allerdings großartig gewesen; großartig auch die Leistung, das Wasser von den

Hügeln her durch einen meilenlangen, aus dem Granit gehauenen Graben zu führen, in ausreichender Menge, um Wasserräder in Bewegung zu setzen, die einfache Maschinen antrieben, die ihrerseits die Produkte des Gutes Munny in seiner Glanzzeit um die Jahrhundertwende zentrifugierten, hackten, droschen und zermalmten.

Nicht so großartig, würde ich sagen, für die Kleinbauern. Aus Angst, vertrieben zu werden, arbeiteten sie für einen Hungerlohn an dem Bau mit; hätten sie es ahnen können, dann hätten sie ruhig abwarten können, bis die Macht, die ihre protestantischen Grundherren über ihr Leben ausübten, ihren unvermeidlichen Niedergang erfuhr. Zu Beginn des 20. Jahrhunderts folgte ein Bodengesetz dem andern, doch erst der Weltkrieg und eine geglückte Rebellion führten zur Gründung des irischen Freistaates und warfen die hergebrachte Sozialstruktur des Landes über den Haufen.

Es gab sicherlich auch Grundherren, die weniger verschwenderisch, weniger defaitistisch als unsere Vorgänger waren, aber vielleicht war es zuviel verlangt, von den früheren Pächtern Begeisterung für ein Wahrzeichen der Vergangenheit zu erwarten, in der sie bestenfalls als Heloten fungiert hatten. Als wir den Besitz übernahmen, mit all unsern Zukunftshoffnungen, hatten Jahre der Vernachlässigung dafür gesorgt, daß die Granitwände in den Wassergraben gestürzt waren, so daß das Vieh ungehindert am Wasser entlangstapfen konnte, während eine besonders geniale Schleuse, die einmal den Wasserzufluß geregelt hatte, unter einem schleimigen grünen Teppich aus Wassergewächsen verschwunden war. Am Ende der Leitung hingen jetzt die verrosteten Wasserräder mit verrotteten Schaufeln bewegungslos in ihren Achsen.

Irland, Irland – belastet mit so vielen aufgegebenen Projekten, mit so vielen heruntergekommenen Großartigkeiten.

Am Oberlauf der Wasserleitung sollten sehr bald die üblichen Intrigen folgen; hier ein überflutetes Feld, dort eine plötzliche Dürre, und niemand war da, dem man die Schuld geben konnte. Für uns zumindest sorgte die Entdeckung einer Quelle im Wald hinter dem Haus dafür, daß die Wasserrinne und »ihre Großartigkeit« ausgedient hatte – und mit ihr auch die Kaulquappen in der Badewanne.

VIERZEHNTES KAPITEL

Ich habe von jenen ersten Jahren erzählt, als Peter und ich sein zerstörtes Heimatland verließen, und davon, wie eine Windung auf unserm Wege dazu führte, daß wir auf unbekanntem Territorium weitermachten.

Wir waren nicht allein in unserm Unterfangen, denn wir hatten unsere drei Söhne bei uns, für die jetzt die Schulferien zu harten Arbeitszeiten wurden. Ein Besuch im Kino von Tullow bedeutete eine überwältigende Unterhaltung, auch wenn man immer einiger Flohstiche gewärtig sein mußte, und zwei ganze Pfundnoten im Monat konnten als fürstlicher Lohn betrachtet werden. Hecken schneiden, Gräben säubern, Hocken binden, stapeln – die tägliche Runde der Landarbeit. Peter und sein Vier-Jahres-Plan hätten ohne die zuverlässige Mithilfe unserer Söhne einen schweren Stand gehabt.

Fortschritt, Fortschritt; Vieh und Schafe, mehr Vieh, mehr Schafe, kaum noch Schulden; trotz düsterer Warnungen, daß auf unserm erschöpften Boden in Munny nur Hafer wachsen würde, hatte Peter mit der Guinness Brauerei einen Vertrag abgeschlossen, Malzgerste anzubauen, die damals als weit lukrativere Feldfrucht galt.

In jenen Tagen hatte noch keiner der Bauern in unserer Gegend gelernt, sauren Boden wie den unsern zu kalken. Bald stand so mancher neugierige Nachbar an unser Gatter gelehnt, in Erwartung unserer ersten Gerstenernte, bis es eines Tages abermals Will Byrne war, der endgültig erklärte, was immer Peter in das Zeug in den Säcken getan haben mochte, das Getreide wüchse und sähe so aus, als würde es überleben. Kalk war der Schlüssel, der offensichtlich einen unbegrenzten Vorrat ungenutzter Fruchtbarkeit erschlossen hatte, und Peters oft bestöhnter Vier-Jahres-Plan war mit Stephen Cullinans und Paddy Dawsons enthusiastischer Mithilfe volljährig geworden und hatte den Grundstein für ein Unternehmen gelegt, das zu florieren versprach.

Der Zyklus der Landarbeit gab einen unaufhaltsamen Rhythmus vor – das Pflügen und Säen, das Grünen und Reifen, das schließlich den Höhepunkt mit dem Erntetag erreicht, an dem – Krähen, Kaninchen und Wetter zum Trotz – das Gatter zum letzten abgeernteten Feld geschlossen werden kann.

Es ist nicht leicht, das überschwengliche Gefühl der Erfüllung zu beschreiben, das sich einstellt, wenn der letzte Anhänger mit seiner Ladung Korn die Straße entlang rattert, auf dem Wege in den Speicher, den Silo oder zum Händler.

Die Erntezeit in Munny war etwas besonderes, vielleicht sogar einzigartiges, denn zu unsern Söhnen gesellte sich jedes Jahr eine Mannschaft zusätzlicher Arbeitskräfte, die durchaus als kleiner Ansatz zur Völkerverständigung gelten konnte. Es waren die Söhne und Töchter von Freunden und Verwandten, vornehmlich aus England und Deutschland, aber auch aus Frankreich und Italien und selbst aus so entfernten Ländern wie Botswana – Christian und Otto, Fritz, Pierre und Winfried (Windi), Leapeetswe und Segkoma –, deren Ziel es meist war, Englisch zu lernen; aber die Sprachbarriere schien kein Hindernis zu sein beim Traktorfahren, Säckeschleppen und -verladen, oder dabei, sich an Erdwälle und Hecken zu lehnen und auszuruhen.

Meine spezielle Rolle beim Ernteritual war, den Tee zu bringen. Wenn ich hörte, daß die Arbeit auf dem Feld vermutlich noch bis in die Nacht weitergehen würde, erschien ich gegen sechs Uhr mit meinem ebenso internationalen Gefolge an »Hausgehilfinnen« und ausreichend Nahrung, um noch ein paar Stunden weitermachen zu können. Puppi und Angela, Verena und Adi, Renate und Rixi. Es war mir schon seit langem klar, daß ich wohl zu den untüchtigeren Hausfrauen dieser Welt gehörte. Ich konnte daher nur hoffen, ihre Mütter erwarteten nicht, daß ihnen unter meiner Anleitung außer Englisch auch noch nützliche Winke über die Führung eines großen Haushalts mitgegeben werden würden.

Ich kann mich jedoch nicht entsinnen, daß Mangel an Selbstvertrauen je zu meinen Fehlern gehört hätte, und so saß ich, an die prall gefüllten Säcke gelehnt, neben ihnen, während die Sonne hinter den Hügeln versank und die Teebecher und dicken Butterbrote die Runde machten, und hörte ihrem Gelächter und ihrem fröhlichen Mißbrauch der englischen Sprache zu; dann dachte ich bei mir, daß diese Reise nach Irland den Kindern vielleicht etwas noch wichtigeres mitgab. Einer jungen Generation angehörend, die nicht, wie wir damals, mit der Drohung eines bevorstehenden Krieges belastet war, würden sie hoffentlich von Fragen der Rasse und Hautfarbe unerschüttert bleiben und nie mehr auch nur daran denken müssen, ins Feld zu ziehen, um einander zu töten.

Im Laufe der Jahre lernte ich auch, daß sich im Leben einer Familie ein gewisses Muster herstellt. Am Anfang sind es zwei, einander noch fremde Menschen, die sich durch Zufall begegnen und sich freudig auf den gemeinsamen Weg machen, ahnungslos über das, was ihnen bevorsteht. Wenn dann Kinder auf der Bildfläche erscheinen, setzen sie eine Familienroutine in Bewegung – Kinderstube, Schule, Universität – und plötzlich sind sie keine Kinder mehr, sind erwachsen geworden, gehen auf und davon, wie es ihr Recht ist. Man hofft, daß die Familienbande intakt bleiben, aber der enge Bezug zu ihrem Leben lockert sich unvermeidlich. Praktisch betrachtet, sehen die Familienfinanzen dann zwar wieder sehr viel rosiger aus, doch ohne diese geliebten Marksteine wirkt die Landschaft seltsam verlassen.

Ich wußte, es mußte sein, fand es aber nicht leicht, meine Schützerrolle abzulegen und hinzunehmen, daß die Kinder der Zukunft angehörten, dem Land von morgen, das voller Überraschungen und Abenteuer, aber auch Leiden war, genau wie ich es erlebt hatte, als ich vor so vielen Jahren England verließ, um nach Deutschland zu gehen. Zum Glück dauerte die Periode des Abstandnehmens in unserer Familie nicht sehr lang. Ein, zwei Jahre später erschienen schon die Enkel. Wiegen, Kinderwagen und Teddybären konnten wieder aus dem Ruhestand heraustreten und abermals ihre Pflicht tun. Es war mir auch nicht beschieden, sehr lang deprimiert herumzusitzen, traurig, wenn ich auf verlassene Lieblingsverstecke und früher einmal mit Stolz besessene Gegenstände stieß; ein Baumhaus im Wald, ein alter Beutel mit Golfschlägern, selbst ein herumliegendes Paar Fußballstiefel konnten mich damals schon arg mitnehmen.

Ich wurde von solchen Wehmutsanfällen befreit, als ich von David Astor erfuhr, man wolle einen britischen Autor mit der Aufgabe betrauen, eine Biographie über Adam von Trott zu schreiben, über dessen Anstrengungen, 1939 den Ausbruch des Krieges zu verhindern und die britische Regierung von der Existenz einer deutschen Opposition zu überzeugen, die sich dann als nutzlos erwiesen.

Adam war in den dreißiger Jahren ein Rhodes-Stipendiat in Oxford gewesen, und mein Auftrag war, dem Verfasser mit Recherchen über diese Periode an die Hand zu gehen.

Ich tat es mit Freuden, denn Adam war während des Krieges ein enger Freund von uns gewesen; er, der glühende Nazigegner, war es, der uns 1938 bewogen hatte, nicht nach Irland auszuwandern, sondern sich ihm und anderen, die Hitler und seinem Regime feindlich gegenüberstanden, anzuschließen.

Bei meiner Rückkehr nach England hatte ich Gerüchte gehört, daß seine Unfähigkeit, überzeugend zu wirken, ihren Grund in Zweifeln an seiner Vertrauenswürdigkeit gehabt habe, die von vormaligen Kommilitonen an der Universität in Umlauf gesetzt worden waren. Viele von ihnen waren unterdessen namhafte Gelehrte in ihren jeweiligen Fächern geworden, und auf ihr Wort hatte man leider gehört.

Unter der Herrschaft Hitlers hatte Deutschland nichts, worauf es stolz sein konnte, aber es gab zwei herausragende Ausnahmen: erstens den Mut und die Ausdauer seiner Soldaten, die, obgleich unzureichend ausgerüstet, ihr Land schließlich gegen die ganze Welt zu verteidigen hatten; zweitens den Bombenanschlag des 20. Juli, als die Beteiligten so nahe daran waren, ihr Land von einem Ungeheuer zu befreien, das sie seit elf Jahren beherrscht hatte und das sie nun, nach dem mißlungenen Versuch, umbrachte.

Ich stellte fest, daß die Deutschen, im Gegensatz zu den Briten, zögerten, ihre wahren Helden zu ehren. Ich mußte oft an die versprengten, gebrochenen Reste des mächtigen deutschen Heeres denken, die ich 1945 in Frankfurt gesehen hatte, als sie dort auf Bürgersteigen hockten, in Türeingängen Unterschlupf suchten, die Bettlerschale neben sich, und verglich dann ihre Misere mit dem freudigen, herzerwärmenden Empfang, der den britischen Streitkräften zuteil geworden war, als sie 1940, ebenfalls besiegt, aus Frankreich zurückgekehrt waren. Anders, so ganz anders. Es erschien mir nicht nur angemessen, sondern auch charakteristisch, daß Adams heroische Geschichte eine der ersten sein sollte, die ein englischer Verfasser auf Englisch schreiben würde.

Ich war seit meiner Zeit als »Debütantin« im Jahre 1929 nicht mehr in Oxford gewesen, hatte es nicht recht gewagt, an diesen wunderschönen Sitz der Gelehrsamkeit zurückzukehren, vielleicht aus Angst, dieser Besuch würde meinen Entschluß, mein Stipendium auszuschlagen und statt dessen in Deutschland Musik zu studieren, ins Wanken bringen.

Als ich von einem noblen Gebäude zum andern ging, von einem Interview und von einem Fingerhut voll Sherry zum andern, wurde deutlich, daß Adam als Student im Balliol College, drei Jahre älter als seine Kommilitonen, eine dramatische Rolle im Leben vieler von ihnen gespielt hatte. Obgleich es nur einer der gelehrten Herren bereute, falsche Gerüchte verbreitet zu haben, konnte keiner von ihnen verstehen, warum Adam nicht auf ihre Freundschaft vertraut und ihnen seine wahre Einstellung zum Nationalsozialismus eröffnet hatte. Im Jahre 1959 verbrachte ich zehn Tage damit, ihnen zuzuhören, versuchte erfolglos zu erklären, wie unmöglich das gewesen wäre, wenn Adam wieder nach Deutschland zurückkehren wollte. Ohnehin machte die Nachricht meines eigenen, nicht sonderlich bedeutsamen Besuchs bereits eifrig die Runde in dieser klösterlichen Gemeinschaft, und ich konnte mir leicht ausrechnen, wie lange – Freundschaft hin, Freundschaft her – Adams Geständnis über seine wahre politische Einstellung gebraucht hätte, beamteten Nazis zu Ohren zu kommen.

Als mein Besuch seinem Ende zuging, wurde mir klar, daß mein Wunsch, einem Biographen behilflich zu sein, auch mir geholfen hatte, meine eigenen Gedanken zu klären. Ich gewann die Einsicht, daß intellektuelle Leistung oft auf sehr engen und emotional unreifen Fundamenten ruhen kann.

Das Studium der Geschichte war intellektuelle Arbeit; wie Geschichte gelebt wurde, entzog sich dem Begriffsvermögen meiner Zuhörer. Niemand konnte verstehen, wie es sich anfühlte, in einer Diktatur zu leben, es sei denn, er hätte es am eigenen Leib erfahren.

Ehe ich Oxford verließ, blieb mir nur noch ein Interview, dieses Mal mit einem namhaften Professor und Historiker, den ich sehr bewunderte. Nachdem ich meine übliche leidenschaftliche Suada von mir gegeben hatte, bemerkte er leise:

»Nun ja, meine Liebe, es sieht mir so aus, als fehlte da ein Buch. Warum schreiben Sie es nicht, wenn Ihnen die Sache so viel bedeutet?«

Die Rückreise nach London verging schnell. Ich wußte, daß trotz der Berge von Notizen, die ich für meine Aufgabe zusammengetragen hatte, die letzte Unterredung für mich die bedeutsamste gewesen war. Als der Zug im Bahnhof von Paddington zum Stillstand kam, hatte ich mich entschlossen, die Herausforderung anzunehmen.

Ich wohnte damals bei meiner Mutter, die, um der Einsamkeit nach dem Tode meines Vaters zu entgehen, in ein Haus in der Nähe meines älteren Bruders in St. John's Wood in London gezogen war. In den Sommermonaten besuchte sie uns immer in Irland. Als ich in ihr Zimmer stürmte, um ihr meine eben erst entdeckten Ambitionen mitzuteilen, war ich überrascht, ja fast überwältigt von der spontanen Begeisterung, mit der sie einen Plan begrüßte, der sich ja durchaus noch als Hirngespinst entpuppen konnte.

Ihre eigenen literarischen Anstrengungen waren nie über Postkarten hinausgegangen; diese waren aber stets eindrucksvoll gewesen und formulierten ihre Ratschläge in prägnantester Form. Sie vermittelten aber auch ein Bild davon, wie oft sie uns geholfen hatte, finanziellen Stürmen zu trotzen. »Gehen wir in die Pleite und kaufen einen Dauerbrenner.« »Hoffentlich tut die neue Erntemaschine ihre Pflicht.« »Gruß an Peter und Dank für Scheck.« Zu ihrer Zeit war, wie sie oft erklärte, die Ausbildung Söhnen vorbehalten gewesen, und sie war die Jüngste des Harmsworth Clans, mit elf älteren Brüdern. Ihr außergewöhnlich entschlossener Charakter hatte jedoch dafür gesorgt, daß sie sich trotzdem behauptete. Innerhalb weniger Tage hatte sie ein Zimmer im Oberstock für mich hergerichtet, das mit einem Schreibtisch, Stiften und Papier ausgestattet war. Wann immer ich nach London kam, galt die absolute Regel, mich in Ruhe zu lassen.

Während der nächsten Jahre war Ruhe nicht das Wort, meinen Geisteszustand zu beschreiben, denn es galt, mich traurigen Erinnerungen zu stellen, die ich in einen dunklen Winkel verdrängt hatte und die sich nicht ohne Qualen hervorholen ließen. Es gab Tage, an denen die Worte rascher flossen, als meine Feder folgen konnte, andere, wenn die Quellen versiegten, die Seite leer blieb, an denen ich mir nur wünschte, ein himmlisches Wesen möge herunterschweben und mir mit fester Stimme erklären, daß es jetzt reiche. Das einzige Wesen hingegen, auf dessen Urteil ich mich verlassen konnte, war mein Vetter, Cecil King. Er rief mich nach der Lektüre der ersten beiden Kapitel an, um mir auf seine typische Art zu sagen, falls ich nicht weiterschriebe, würde er nie mehr ein Wort mit mir reden.

Es ist ein langer, mühseliger Weg, ehe der Augenblick kommt, wenn einem der Verleger die eigene Geschichte überreicht, aus der auf wunderbare Weise ein säuberlich gebundenes Buch mit dekorativem Umschlag geworden ist, bereit, sich der Welt zu präsentieren. Es war 1968, als Ian Parsons von Chatto & Windus es mir sanft, fast liebevoll in die Hand drückte, nachdem er sich erst für die Verzögerung bei der Herstellung entschuldigt hatte und sagte:

»Hier ist es endlich, liebe Chris, und wenn ich es so sagen darf, haben wir es nach meiner Meinung mit einem zukünftigen Klassiker zu tun.«

Die Verzögerung des Erscheinungsdatums betrübte mich, denn ich hatte so sehr gehofft, meine Mutter könnte einen möglichen Erfolg noch miterleben. Es sollte nicht sein, denn sie starb, kurz bevor das Buch herauskam. Es kam mir so ungerecht vor, denn ich konnte ihr nicht sagen, daß ich bei der Wahl des Titels Hilfe gebraucht hatte und bei der traurigen Durchsicht ihrer Habe auf ihr kleines, viktorianisches Geburtstagsbuch gestoßen war; die Geburtstage von Familienmitgliedern und Freunden waren sorgsam darin eingetragen, dazu bei jedem Datum ein kleines Zitat aus den Werken von Robert Louis Stevenson. Ich blätterte instinktiv das Datum auf, das mir ebensoviel bedeutete wie mancher Geburtstag – der 20. Juli –, und das Zitat aus Stevensons *Tales of the Road* lautete: »Die Zukunft ist nichts, doch die Vergangenheit bin ich selbst, sie ist meine eigene Geschichte, das Saatkorn meiner heutigen Gedanken und die Gußform meiner heutigen Neigung.«

*The Past is Myself** – mein Buch hatte seinen Titel, und ich war getröstet, denn ich fühlte, daß die klare Stimme meiner Mutter noch nicht verstummt war.

* *The Past is Myself* (Die Vergangenheit bin ich selbst) – der Titel der englischen Ausgabe von *Als ich Deutsche war.*

EPILOG

Eines der vielen Probleme, denen sich jeder, der seine Autobiographie schreibt, gegenübergestellt sieht, muß die Entscheidung sein, wann diese Lebensgeschichte zu einem Schluß kommen soll. Schlicht gesagt, zu wissen, wo und wann man aufhören soll. Wenn das Leben ereignisreich war, ergibt sich die weitere Entscheidung, was eingeschlossen werden soll und was wegzulassen ist.

Ich hätte sicher mehr über Leapeetswe und Sekhoma Khama erzählen sollen, die uns für drei Tage besuchten, auf dem Wege in eine irische Schule, und vier Jahre blieben – Peachy und Secky, die »beiden schwarzen Jungens«, wie sie von den Leuten in Tullow genannt wurden – und von dem Brief, den Peachy mir nach dem Tode seines Vaters schrieb, als er vom Trinity College, Dublin, abgehen mußte, um nach Botswana zurückzukehren und seine Rolle als oberster Stammeshäuptling zu übernehmen. »Madre« – inzwischen hatten wir einander adoptiert, und ich war sehr traurig, meinen schwarzen Jungen ziehen zu lassen – »Madre«, schrieb er, »du kannst nicht ermessen, was es bedeutet, wenn einem die Tür des Wissens ein wenig geöffnet und dann wieder zugeschlagen wird.«

Ich hätte von den Friedensmärschen erzählen können und wie wir eines Tages mit unsern Bannern auf dem Südufer des Boyne ankamen, von dem Schweigen, das uns begegnete, ehe sich der Nebel über dem Fluß verflüchtigte und auf dem andern Ufer die Frauen aus dem Norden ebenso zahlreich standen, von den Freudenrufen, die ertönten, als wir über die Brücke strömten – Gelächter, Umarmungen, Küsse, ein herzerwärmender Empfang und später die Übereinstimmung, bei ungezählten Tassen Tee, wie falsch es sei, den Männern die Angelegenheiten dieser Welt zur Regelung zu überlassen.

Vielleicht hätte ich von meiner Verbindung mit der Friedensbewegung berichten sollen und ihren charismatischen Anführerinnen, Betty Williams und Mairead Corrigan, und meinen Erfahrungen mit der standhaften Selbstsicherheit der anderen nordirischen Frauen und meiner zunehmenden Bewunderung für sie; von meiner Begeisterung nach solchen Versammlungen, wenn die Frauen aus dem Süden und Norden Irlands gemeinsam die Grenze überquerten, und mich überzeugten, daß Friede und ein Ende des Blutvergießens auf dieser kleinen, geteilten Insel nur von diesen Frauen herbeigeführt werden könnte.

Wenn es mir darum gegangen wäre, mit großem Aplomb zu enden, was hätte dann dramatischer sein können, als plötzlich neben Betty Williams auf einer Tribüne in der Aula Maxima der Heidelberger Universität zu sitzen? Meine Rolle sollte die einer Dolmetscherin sein, aber obwohl der Saal voll war, sah es nicht so aus, als würden wir mit unserer Friedensbotschaft groß ankommen. Sobald Betty den Mund auftat, wurde sie von gröhlenden Gruppen wohltrainierter, offensichtlich deutscher Raufbolde begrüßt, deren im Chor geschriene Protestrufe auf nicht mehr als »Op se Repoblik« und »Get se Brits out of Doblin« herauskamen.

Die Polizei war schon im Begriff, uns zur Rettung zu kommen, als Betty von der Tribüne stieg, einen der Rädelsführer fest bei den Schultern packte, auf einen Stuhl drückte und in klingenden Tönen erklärte:

»Setz dich und wage nicht aufzustehen, bis ich's dir sage. Jetzt rede ich und du wirst zuhören, du kleiner Ficker!«

Von diesem Augenblick an saß der verdatterte Lümmel wie festgenagelt, während Betty einer schweigenden, gebannten Menge ihre Rede hielt. Ich saß neben ihr, tat mein Bestes, und war erleichtert, daß kein Dolmetscher nötig gewesen war, ihren anfänglich derben, für Belfast charakteristischen Redefluß zu übersetzen.

Nach einigem Überlegen entschied ich, mit meinem siebzigsten Geburtstag im Sommer 1979 abzuschließen und die Rolläden herunterzulassen.

Den siebzigsten Geburtstag zu erreichen und noch einigermaßen bei Verstand zu sein, hat auch den einen oder anderen Vorteil; nicht viele, würde ich sagen, aber ein oder zwei durchaus.

Erstens ist man mit etwas Glück zu dem Schluß gelangt, daß es völlig normal ist, gewisse Geschehnisse und Ereignisse zu vergessen, und es daher für den Seelenfrieden am besten ist, es als gegeben hinzunehmen. Zweitens ist dann eine gewisse Neigung zur Exzentrik erlaubt; sie wird einem zumeist mit Belustigung nachgesehen.

Ich brauchte ja nicht so weit zu gehen wie eine reizende alte Dame, der ich eines Tages vor den Auslagen von Harrods in London begegnete. Sie trug einen adretten Hut, eine kurze Pelzjacke und hatte irgendein Pelztier um den Hals geschlungen. Ich sprach sie an, da ich fand, jemand müsse ihr sagen, daß sie vergessen hatte, ihren Rock anzuziehen.

»Danke Ihnen, meine Liebe, danke«, sagte sie ohne jegliches Anzeichen der Peinlichkeit. »In diesem Fall gehe ich vielleicht besser nach Haus.«

Es gibt da auch gewisse Kniffe, wie ich, eingeklemmt zwischen zwei »Senioren«, auf einem Flug von Dublin nach London, feststellen konnte. Meine Nachbarinnen waren zwei vergnügte alte Damen, die offensichtlich weitgereist waren, denn bald fingen sie an, von Hongkong, Australien, der Karibik zu reden, als ob das alles Orte wären, die um die Ecke lägen. Es war auch klar, daß alles Drum und Dran des Reisens, das Überqueren von Staatsgrenzen, sie unbeeindruckt ließen, denn sie waren mit steuerfreien Waren beladen und schienen auch reichlich Gepäck im Laderaum mitzuführen. Beide waren sich einig, daß es wichtig war, hilflos auszusehen, wenn man Mitreisende dazu bringen wollte, besondere Rücksicht zu nehmen, oder Beamte, sich von ihrer wohlwollendsten Seite zu zeigen.

»Alle sind so freundlich«, strahlte die eine. »Und ich bin noch nie erwischt worden!« prahlte die andere.

Als wir gemeinsam unseren Whisky tranken, gestand mir die Dame zu meiner Rechten, daß sie gelegentlich soweit gegangen sei, ihren Arm in der Schlinge zu tragen, und sie führe immer eine bei sich – »für alle Fälle« –, während die Dame zu meiner Linken erklärte, nach ihrer Erfahrung reiche ein leichtes Hinken und ein Spazierstock völlig aus.

Als ich ihren Abenteuern fasziniert lauschte, begann ich an eine Art Senioren-Mafia zu glauben. In der Tat, es bedurfte nur eines weiteren Whisky, bis ich ein derartiges Betragen auch fast harmlos fand und sich mein anfängliches Unbehagen in Bewunderung verwandelte. Schließlich war es noch gar nicht so lang her, daß von alten Damen erwartet wurde, unausgesetzt Trauer zu tragen und in der Hoffnung zu leben, jemanden zu finden, der sie im Rollstuhl herumschob. Meine Reisegefährtinnen hingegen trotzten dem Alter, waren entschlossen, sich zu vergnügen und erfüllt von warmer Anerkennung für die besten Seiten der menschlichen Natur.

Nun zu meinem eigenen Geburtstag, dem 18. Juni, um es genau zu sagen. Es war ein Datum, daß ich mir leicht merken konnte, nicht nur, weil ich an diesem Mittsommertag des Jahres 1909 zur Welt gekommen bin, sondern weil 1815 die Schlacht von Waterloo am selben Tag stattgefunden hatte.

Eines meiner frühen Streitgespräche mit Peter hatte sich um diese spezielle Schlacht gedreht. In der Schule hatte unser Geschichtslehrer, zweifellos ein Patriot, mir die ziemlich rätselhafte Erklärung gegeben, daß dieser große britische Sieg »auf den Sportplätzen von Eton ausgefochten und gewonnen wurde«. Peter hingegen konnte aus seinem Geschichtsunterricht nur erinnern, daß die Schlacht Belle Alliance hieß, sich sehr in die Länge zog und Wellington betete: »Wäre es doch Abend und die Preußen schon hier.« Und gewiß, sie waren gerade noch rechtzeitig gekommen. Soviel zum Geschichtsunterricht; für uns beide jedoch eine angebrachte Mahnung, wenn wir uns zu einem tieferen Verständnis unserer beider Heimatländer vortasten wollten.

Inzwischen war ein halbes Jahrhundert vergangen und so viele gesprengte nationale Mythen lagen hinter uns. Unsere Familie hatte sich vermehrt und schloß nun Schwiegertöchter und eine Schar Enkelkinder mit ein, die alle übereinkamen, ein einziges Fest sei nicht genug, um den Umstand, daß ich als erste dieses ehrenwerte Alter erreicht hatte, gebührend zu feiern. In ihrem Enthusiasmus beschlossen sie, daß die Festlichkeiten ein ganzes Wochenende lang dauern und ihren Anfang am Vorabend in Munny nehmen sollten. Hier in Irland konnte man sicher gehen, daß das Feiern bis lange nach Mitternacht und in meinen Geburtstag hinein dauern würde. Dann, falls ich noch in der Lage war, sollte in einem früheren Schulhaus der Nachbarschaft, das geschickt in ein Restaurant verwandelt worden war, am nächsten Tag ein Abendessen stattfinden. Da viele die Absicht hatten, der Einladung »mit Vergnügen Folge zu leisten«, würde sich die

Feier bei uns zu Haus zwangsweise auch in den Garten erstrecken müssen. Weil es aber seit Wochen ohne Unterlaß geregnet hatte, erschien mir dies besonders gewagt.

Jetzt aber standen die Aussichten weniger schlecht. Trotz der vielen Wochen sogenannten »weichen Wetters«, hatten sich die Vorhersager soweit vorgewagt, eine sich vom Atlantik nähernde schmale Hochdruckzone anzukündigen, die sich eventuell vergrößern und bis zu uns nach Irland vordringen könnte. Endlich behielten sie einmal recht, denn am Tag, ehe unser Fest stattfinden sollte, kamen die Hügel hinter den Wolken zum Vorschein, der Nebel verzog sich ins Tal, die Sonne trat hervor und zog wärmend über einen wolkenlosen Himmel, um schließlich in einem jener unbeschreiblichen irischen Sonnenuntergänge den westlichen Himmel in Flammen zu tauchen.

Ein so unerwarteter, glücklicher Zufall bewirkte sofort großen Tatendrang in meiner Umgebung. Peter machte sich nach Kilmore Quay auf, um Hummer zu holen, Heather, eine meiner Schwiegertöchter, machte sich mit Cis, meiner treuen Haushälterin und Elke, einer guten Freundin, daran, das kalte Buffet vorzubereiten. Enkel erhielten den Auftrag, den Rasen zu mähen und die Hecken zu stutzen; mein Bruder John, der aus der Schweiz herbeigereist war, warf einen fachmännischen Blick auf meine zerzausten Blumenbeete und entschied, daß Instantgärtnerei die einzige Lösung war. Dies hieß, daß er sich in das nächste Gartencenter aufmachte, um eine Ladung Büsche und Pflanzen in voller Blüte zu besorgen; nicht gerade eine Art der Gartenkunst, wie sie in Schaugärten geübt wird, aber das Resultat würde, wie er uns versicherte, atemberaubend sein. Ich erhielt die Weisung von Familie und Freunden, mich auszuruhen und nichts zu tun.

So geschah es, daß ich inmitten des Bienenfleißes um mich

her in einem Liegestuhl in der Sonne saß; ich war mit meinen Gedanken und meinen Jahren allein an einem Plätzchen, das früher einmal mein Gemüsegarten gewesen war, ehe ich den ungleichen Kampf gegen Schnecken und Unkraut aufgab, über die Stränge schlug und ein Schwimmbekken dort bauen ließ.

Der alte Gemüsegarten war inzwischen ein stiller grüner Ort, das Schwimmbecken und der Rasen umgeben von grauen, mit Kletterrosen bewachsenen Steinmauern. Eine dicke Kirschlorbeerhecke bot Schutz vor dem Nordwind, der gelegentlich von den Wicklow Bergen hereinblasen konnte. Sehr still, sehr grün. Als ich da in dem Frieden und der Wärme saß, wanderten meine Gedanken ihre eigenen Wege.

Dreiunddreißig Jahre waren vergangen, seit ich mich an jenes Mäuerchen in Kilmore Quay gelehnt und über das Meer zu den Saltee Inseln geblickt hatte. Damals spülten kleine Wellen über die Felsen unter mir und die Schreie der Möwen, die den Fischerbooten zu ihren Fischgründen folgten, klangen mir in den Ohren. An jenem Tag war ich zu dem provisorischen Entschluß gelangt, wenn möglich den Rest meiner Tage auf dieser schönen und unberechenbaren Insel zu verbringen. Und so war es geschehen. Peter hatte seine Farm aufgebaut, die inzwischen als florierender Betrieb galt. Munny House selbst war uns zur Heimat geworden, war es auch für andere, nach all denen zu urteilen, die weit gereist waren, um an diesem Wochenende bei uns zu sein. Die Kinder von Männern, die Hitler umgebracht hatte, die früher in den Ferien kamen und immer wieder hierher zurückkehrten; unsere Söhne, die hier aufgewachsen und inzwischen verheiratet waren; unsere neun Enkel. Ich hoffte, Peter und mir war es gelungen, etwas aus den Ruinen, die wir verlassen hatten, aufzubauen. Vielleicht war es von uns gefordert worden, allein dadurch, daß wir überlebt hatten. Ich hoffte, daß wir einen Mittelpunkt geschaffen hatten, eine unveränderliche Realität, auf die sie zurückblicken konnten, und die sie glücklich im Herzen behielten, während sie aufwuchsen, um sich einer sich ständig wandelnden Welt zu stellen.

Auch Irland hatte sich in diesen dreiunddreißig Jahren verändert. Irland besaß jetzt Fernsehen, es hatte Supermärkte. Eselskarren und die mit Pferden bespannten Wohnwagen des fahrenden Volkes gab es nur noch für Touristen. In Irland gab es jetzt Autos, und weder die Jungfrau Maria noch Teddybären baumelten mehr »für alle Fälle« am rückwärtigen Fenster. Der Höhepunkt moderner Errungenschaften, als Familienplanung bekannt, hatte vielleicht die Gesetzbücher noch nicht erreicht, aber es gab immer die Möglichkeit, schnell die Irische See zu überqueren, um Vorrat zu kaufen oder, im schlimmsten Fall, die Folgen zu verhüten. Die Geburtenziffer war längst nicht mehr, was sie einmal gewesen war.

Eine Brise raschelte in den Blättern der Blutbuche, die über den Garten ragte, eine Schwalbe schwirrte an mir vorbei, berührte die Oberfläche des Beckens und schoß wieder hinauf zu ihren verspielten Gefährten. Die Schwalben waren dieses Jahr frühzeitig in ihre Nester unter dem Dach zurückgekehrt – und sie flogen hoch heute. Ein weiteres gutes Wetteromen für morgen.

Ich versuchte, mich auf die einzige Aufgabe zu konzentrieren, die mir aufgetragen worden war, nämlich die Sitzordnung für das Abendessen am folgenden Tage zu bestimmen. Eine sorgfältig zusammengestellte Liste aller Teilnehmer war mir in die Hand gedrückt worden, und ich hatte einen gewissen Enthusiasmus an den Tag gelegt, mich wenigstens irgendwie nützlich zu machen. Aber jetzt, als mein

Auge einen Namen nach dem andern überflog, David Astor, Segkoma Khama, Betty Williams, fragte ich mich, ob es eigentlich wichtig war, wo sie sich hinsetzten? Alle kannten sie einander, würden sich irgendwo einfügen, und alle würden auf ihre Weise, ohne viel Aufhebens, an die ihnen zugedachten Plätze im bunten Muster meines Lebens schlüpfen.

Die Sonne stand hoch und warm über mir, mein Stuhl wurde jede Minute bequemer, so hatte ich den Verdacht, daß es nicht lang dauern würde, bis ich einnickte.

Ich habe nie den genauen Moment entdecken können, wenn Realität in Schlaf und Träume übergeht. Als Kind gelang es mir mehr oder weniger, weil ich zu oft von einem immer wiederkehrenden Alptraum heimgesucht wurde. Im Traum war ich sehr klein und allein, umgeben von einer riesigen, lautlosen Leere, bis sich entfernte Wände immer enger um mich aufrichteten; während sie näher rückten, hörte ich Stimmen, viele Stimmen, die immer lauter wurden, bis das Geschwatze zu grellem Kreischen anschwoll. Das war der Punkt, an dem ich es nicht länger ertrug und meistens ebenso grell schreiend aufwachte und sehr viel Trost brauchte.

Heutzutage hätte man mich sicherlich zu einem Psychiater gebracht, aber damals lautete die Erklärung, daß ich etwas zu Abend gegessen hätte, was mir im Magen läge. Wenn ich einer Dosis Rhizinusöl entgehen wollte, mußte ich meine eigene Lösung finden. Ich tat es eines Nachts, indem ich mich diesen drohenden Wänden entgegenstellte und in lautes Gelächter ausbrach. Zu meiner Freude schwiegen sie sofort. Die Stimmen waren besiegt, und ich erwachte mit der kindlichen Überzeugung, daß Schrecken der Lächerlichkeit nicht gewachsen ist.

Einem Vorübergehenden hätte man es nicht übel nehmen

können, wenn er meinte, eine ältere, bequem in der Sonne liegende Dame vor sich zu haben, die ihre Hände im Schoß gefaltet hielt, ihre Augen geschlossen hatte und im Begriff war einzunicken. Aber Christabel schlief nicht, zumindest glaubte sie nicht, daß sie schlief, obwohl es etwas sonderbar war, nicht mehr allein im Garten zu sein; die mit Rosen bedeckten Steinmauern hatten sich anscheinend aufgelöst in den Wald dahinter, aus dessen Eichen nun Nadelbäume geworden waren; riesige Weihnachtsbäume, die im Winde schwankten und seufzten, wie sie es im Schwarzwald getan hatten, sobald sie vom Schnee des Winters befreit waren. In den Tiefen des Waldes war Bewegung und Christabel vernahm Stimmen. Nicht das grelle Gekreisch ihres Kindertraumes, sondern freundliche, sanfte Geräusche, und es lag Gelächter in der Luft.

War nicht die Rede gewesen von einem Geburtstagsfest? Konnte es wohl schon begonnen haben? Sie versuchte, aufzustehen und sich der farbigen Menge zu nähern, plötzlich schien ihr ein glitzernder Bach entgegenzufließen, aus den Schatten in das Sonnenlicht. Aber sie konnte sich nicht bewegen, konnte nicht zu ihnen kommen. Es schien, als sei sie in der Erde festgewurzelt und vermöchte nur schweigend zuzusehen, wie eine vertraute Gestalt nach der andern an ihr vorbeiging. Ihr Vater, ihre Mutter, ein sehr geliebter Bruder, Freda, Adam, Lexi, Frau Muckle – dies war keine alltägliche Zusammenkunft, dies waren nie vergessene Menschen, ihre Gesichter so klar und so geliebt wie vor Jahren, als sie sie verlassen hatten und Christabel den Rest des Weges ohne sie weitergehen ließen.

Platsch – ein Geräusch wie ein Pistolenschuß erklang und hallte durch meinen Kopf, zerbrach die Stille, verscheuchte meine Traum-Menschen. Ich erwachte ruckartig und blickte über den Rand des Schwimmbeckens in das lachende

Gesicht meines – Sohnes? – nein, es mußte mein Enkel sein. Wie kommt es, daß Menschen auf Photographien immer lächeln und in Träumen nie alt werden?

»Verzeih, Chris«, sagte er, drehte sich und tauchte wie ein Delphin, um am andern Ende des Beckens wieder emporzukommen und zurückzurufen: »Bitte werde nicht noch mal siebzig, Großmama, dein Rasen sieht super aus, aber ich bin erledigt!«

Worauf er begann, mit viel Geplansche das Becken auf und ab zu schwimmen, in einem Tempo, daß mir schwindlig wurde. Ich konnte nicht umhin, über seine Bemühung zu lächeln, seinen Erschöpfungszustand Lügen zu strafen, stand eine Weile da und sah ihm zu, denn ganz sicher gab er auch ein bißchen an, was bekanntlich ohne Zuschauer gar keinen Spaß macht.

Als ich um die Ecke des Hauses bog, hörte ich die emsigen Bienen unter den Dachziegeln arbeiten. Sie hatten sich schon seit einigen Jahren dort oben eingenistet und es erwartete den, der es auf sich nahm, einen Teil des Hauses auseinanderzunehmen, sicherlich kiloweise Honig.

Ehe ich in das Haus eintrat, stand ich eine Weile auf den Stufen vor der Haustür, die zur Feier des Tages neu gestrichen war, und blickte mich um. Im *Lawn Field* grasten die Schafe etwas lustlos, und unten im Tal beleuchtete ein wandernder Sonnenstrahl die dachlose, mit Efeu bewachsene, kleine Kirche von St. Kevin. Ich wurde schließlich nur siebzig, während sie, von den runden, mit Heide bewachsenen Hügeln Aghold und Aghade bewacht, den Elementen schon seit über sieben Jahrhunderten trotzte.

Vielleicht lag etwas Beklemmendes in der schwülen Luft; vielleicht hielt mich mein seltsamer Traum noch gefangen, denn als ich dastand und um mich blickte, und jeden Hügel und jede Vertiefung erkennen konnte, wollte es mir einen

Moment lang scheinen, als gehörte ich jetzt zu diesen Hügeln und sie zu mir, für immer – in alle Ewigkeit.

So geschah es, daß ich, ein wenig aus dem Gleichgewicht geraten, aber immer noch entschlossen, nützlich zu sein, mich zurückzog in das kühle, freundliche Halbdunkel des Hauses.

DANKSAGUNG

Das Schreiben ist oft eine recht einsame Betätigung, und ich bin daher meinem Mann Peter sowie meiner inzwischen sehr zahlreichen Familie zutiefst dankbar, denn sie haben mich stets ermutigt weiterzumachen.